英語丸のみ辞典

Everyday English Dictionary

日常会話篇 I

井上一馬

麗澤大学出版会

英語丸のみ辞典
Everyday English Dictionary

日常会話篇 I

麗澤大学出版会

はじめに

　外国語としての英語の習得は一見むずかしそうに思えますが，要は，次の3つの段階を踏めば，誰でもマスターすることができます。

①　日常会話で使う基本構文をからだで覚える。

②　その基本構文に当てはめて使う単語と熟語などの表現を覚える。

③　実践でトレーニングを積む。

この3段階です。

　本書『英語丸のみ辞典』は，この第1・第2段階をクリアしていくときに有効な本として作られています。

　本書は，3冊（トリオ）で構成されています。Ⅰ・Ⅱ巻は「日常会話篇」Ⅲ巻は「ビジネス英語・ニュース英語編」です。

　日常会話に必要な，役に立つ英語を覚えるテキストとして使っていただいてもいいですし，忘れたときに思い出したり，調べたりする辞書として使うこともできます。

　日常会話はたいてい短文をつなげることによって出来上がっています。

　そこでここでは，その日常会話でよく使われる短文をすべて収録するように心がけました。

　自分で話すだけならもっと少ない単語や表現量でも足りるのですが，現実には，会話は相手のいうことを聞いてわからないと成立しないものなので，少し幅をもたせて，そのぶんも含めて収録してあります。

　したがって，留学に必要な英語も，英検，TOEIC，TOEFLのテスト，さらには大学受験に必要な英語も，すべてこの本一冊で覚えられます。

　まさしく，必要な，役に立つ「英語の丸のみ」です。

　例文はすべて，4人のネイティブ・スピーカーのチェックを受けています。

　さらに，そうした英語表現の収録に際して，『英語丸のみ辞典』では，次の4つの工夫が施されています。

①　「英語⇒日本語」の順で英語を受け身で覚えていくのではなく，使

うために,「日本語⇒英語」の順で,アクティブに覚えていけるようにした。

② 実践の場で使いやすいように,単語・熟語別の配列や品詞ごとの配列をやめ,それらをひっくるめて,「銀行」「学校」「クラブ活動」「デート」「会社」など,日常生活の中で使われる場面ごとに英語を覚えたり,調べられるようにした。

③ TOEIC,TOEFL,英検,大学受験などの「テスト」のために英語を勉強するのではなく,あくまでも「使うために」英語を勉強することを目指し,そのために常に,各単語・各熟語の日常的な意味から覚えていけるようにした。

と同時に,上記の試験を受ける人のために,そうした試験でも8割方は点がとれるように配慮した。

④ ひとつの単語だけではなく,その単語と一緒によく使う語も同時に覚えられるように,調べられるように配慮した。

たとえば,「通り」streetという単語だけではなく,cross the street（通りを渡る）も一緒に覚えられるようにし,「眼鏡」glassesだけではなく,He wears glasses.（あの人は眼鏡をかけている）も一緒に覚え,調べられるようにした。

いまは,こうした工夫を施したこの本が,皆様の英語学習の一助になることを望んでやみません。

なお,本書『英語丸のみ辞典』は,2000年出版の『ＣＤブック話すための英語』（全6冊）を3冊に凝縮し,進化させたものです。出版に当たっては,麗澤大学出版会の西脇禮門氏をはじめ多くの方々に大変お世話になりました。ここに記して心よりお礼申し上げます。

2007年6月　　　　　　　　　　　　　　　　　　　　　井上一馬

●目次　日常会話篇 I

はじめに…iii

part 1　銀行…1
預金…2　　貯金…4　　振込…5
金利…7　　お金…9　　ローン…9
宝くじ…11

part 2　人のからだと基本動詞表現 1…13
指…14　　手…16　　つめ,癖,習慣…18
腕…20　　足…22　　靴…24　　脚…26
星占い…30

part 3　美容院…33
髪,美容院…34　　エステサロン…38
一日の移りかわり…39

part 4　人のからだと基本動詞表現 2…41
顔…42　　肌…45　　虫さされ…47
アレルギー…49　　汗…50　　やけど,日焼け…52

part 5 電話…55

電話…56　　　会社へ…58　　　ホテルへ…62

part 6 人のからだと基本動詞表現 3…65

目…66　　　視力…70　　　口…74　　　息…77
舌…79　　　喉,声…80　　　唇…81　　　歯…82
鼻…85　　　耳,イヤリング…88　　　額,あご…90

part 7 人のからだと基本動詞表現 4…91

首,肩…92　　　胸,お腹…93　　　背中,腰…95
身長,体重…97　　　体格,ダイエット…98
お尻…101

part 8 レストラン・外食…103

レストラン…104　　　注文…105　　　食べ方…109
味…109　　　消化…113　　　お酒を飲む…115
デザート…116　　　煙草…117　　　お勘定…118
テイクアウト…119

part 9 朝起きてから出かけるまで…121

時計,時間…122　　　目覚め…123　　　洗面…125

服,着替え…129　　　下着…132　　　新聞…133
朝食…135　　　キッチン…139
キッチン用品…142　　　コーヒー…144
トイレ…146　　　ゴミ…149

part 10　通学・通勤…153

鍵…154　　　持ち物…155　　　外出時…157
通学,通勤…158　　　バス…161　　　駅…163
電車…166　　　会社に着いて…173

part 11　あいさつ…175

出会う…176　　　あいさつ…177　　　別れる…180

part 12　帰宅してから夜寝るまで…183

帰り道…184　　　家…188　　　家の中…192
ペット…195　　　宿題…197　　　テレビ…200
ラジオ,CD…205　　　掃除…205
洗濯…209　　　縫いもの…213　　　お風呂,入浴…214
夕食…215　　　就寝…216

part 13　誕生から幼稚園まで…221

人間, 人類…222　　生まれる…223
家族…225　　遺伝…228　　子育て…229
しつけ…234　　嘘, 過ち…239
子供の性格…243　　反抗…246　　遊び…247
子供の遊び(室外)…250　　子供の遊び(室内)…251
ケガ…252　　ケガの種類…254
応急処置…255　　幼稚園…257　　友達…258
喧嘩…259　　いじめ…263　　学芸会…267
文房具271

part 14　学校——小・中学校…273

入学…274　　学校生活…282　　授業…286
頭がいい…290　　課目…295
興味, 趣味…302　　試験勉強, 試験…303
問題…307　　成績…312　　感想, 後悔…313
評価…314　　数字の読み方…317
算数, 数学…319　　文法…323

part 15　学校——高校・大学…327

クラブ活動…328　　試合…331
コンパ, パーティー…337　　生徒会…339
アルバイト…340　　非行…341
高校, 大学…343　　卒業…349
大学の学部と学科…351

part 16　結婚から老年まで…355

婚約,結婚…356　　妊娠,出産…363
浮気…367　　別居,離婚…369
引っ越し…371　　中年…371　　老年…373
死…376

part 17　天気…383

天気予報…384　　晴れ,曇り…387
雨,雷…389　　風…394　　雪,霧…395
暑さ,寒さ…398　　気温…399
異常気象,災害…400　　予報で使う言葉…405
月…408　　天文学…409

part 18　人の性格…411

特徴…412　　性格…413
立派な人,名声…418　　その他の性格,特徴…423

part 19　人づきあい…431

感謝…432　　約束…433　　頼みごと…434
貸し借り…434

●日常会話篇 II　目次一覧

- part 20　恋愛
- part 21　恋の暗雲・夫婦喧嘩
- part 22　買い物
- part 23　料理
- part 24　ドライブ・事故
- part 25　体調・病気
- part 26　旅行
- part 27　仕事―就職・入社
- part 28　仕事―会社の中で
- part 29　会議
- part 30　週末

索引・日本語
索引・英語

*

カバー・イラストレーション　松本孝志
ブックデザイン　　　　　　加藤光太郎デザイン事務所

part 1

銀行

私たちの勉強は，身近なところからやっていきましょう。
①預金口座
②記帳する
③定期が満期になった。
④お金をためる
⑤塵もつもれば山となる。
⑥暗証番号
⑦自動引き落とし
⑧公共料金
⑨金利が上がる。
⑩宝くじが当たった。
これをあなたは英語でいえますか？

預金

✓ 銀行口座 | **bank account**
ただの「口座」なら **account** といいます。
¶ I have to withdraw some money from my bank account.
銀行口座からお金を引き出さなくちゃ。

✓ 預金口座 | **savings account**
¶ I have a savings account at that bank.
私はあの銀行に預金口座をもっている。

当座預金(口座) | **checking account**
¶ I have a checking account at that bank.
私はあの銀行に当座預金口座をもっている。

✓ 口座を作る，開く | **open an account**
¶ I'd like to open an account at this bank.
この銀行で口座を開きたいのですが。
「東京三菱銀行に」なら **at the Tokyo Mitsubishi bank** となります。

✓ 口座をもっている | **have an account**
¶ I have an account at the Tokyo Mitsubishi bank.
私は東京三菱銀行に口座をもっている。

通帳 | ① **bankbook** ② **passbook**
¶ We'll make a bankbook for you.
 We'll make a passbook for you.
通帳をお作りします。

記帳する | **update my bankbook**
update は「最新のものにする」という意味です。
¶ I want to update my bankbook.
記帳したい。
¶ Maps should be updated often.
地図は新しくなくちゃね。

最新の | **up to date**
¶ His information is always up to date.
彼の情報はいつも最新のものだ。

3万円を預金する | **depósit 30,000 yen** (in the bank)
30,000yen は **thirty thousand yen** といいます。**thousands** と複数

形にはならないことに注意してください。
¶ I have to deposit 30,000 yen in [with] the bank.
銀行に3万円預金しなくちゃ。

| 預金 | deposit |

¶ I have a large deposit in the bank.
銀行に多額の預金がある。

| 預金者 | depositor |

¶ Banks should protect depositors.
銀行は預金者を保護すべきだ。

| お金を預ける | put money in bank |

日本語で「預金する」「預ける」「入れる」といった違う言い方があるように、英語にもいろいろな言い方があります。自分で使うのはひとつでも、相手の言うことを聞いてわからないと会話は成り立たないので、頭に入れていくようにしてください。
¶ I put some money in the bank.
銀行に少しお金を預けた。

| 3万円を引き出す | withdraw 30,000 yen (from the bank) |

過去形はwithdrew。【wiðrúː】「ウイズドゥルー」と発音します。「ウイズドゥリュー」とならないことに注意してください。過去分詞はwithdrawnとなります。
¶ I withdrew 30,000 yen from the bank.
銀行から3万円を引き出した。

| √ (預金の)引き出し | withdrawal |

この言葉は、ニュース英語では「(軍隊の)撤退」の意味でよく使います。「撤退する」はwithdraw。「退却(する)」ならretreatとなります。最近では、「引きこもり」という意味でもよく使います。
こういうふうに、まず日常的な使い方を覚えてから、ニュース英語や抽象的な使い方に入っていくのがいいと思います。そうすると、英語がずっと身近なものになっていきますから。
¶ He made a large withdrawal form the bank.
彼は銀行から多額の引き出しを行なった。

| お金をおろす | draw money from the bank |

¶ I need to draw money from the bank.
銀行からお金をおろす必要がある。

| 定期預金 | time deposit |

	「普通預金」は単に**deposit**，または**ordinary**［**regular**］**deposit**といいます。
10万円を2年定期にした。	① **I put 100,000 yen in a time deposit for two years.** ② **I put 100,000 yen in a two-year time deposit.** **two year** にハイフンを加えることで，「2年の」という形容詞になります。
定期が満期になった。	**My time deposit matured.** 「定期が満期になっている」と今も「満期になった」状態が続いているなら，**My time deposit has matured.** と現在完了形を使います。したがって，ふつうはこちらのほうをよく使うことになるわけです。この現在完了形の感じを，こういう日常的な表現の中で少しずつつかんでいってください。 **mature**「満期になる」はもともと「(果物などが) 熟する」という意味で，形容詞では「熟した，成熟した」という意味です。

満期日	① **maturity date** ② **due date**
	due dateには赤ちゃんが生まれる「予定日」の意味もあります。
	¶ **The maturity date is May 6th.**
	  The due date is May 6th.
	  満期日は5月6日です。

貯金

貯金	**savings** 複数で使います。
郵便貯金	**postal savings** ¶ **My postal savings are decreasing little by little.** 郵便貯金が少しずつ減ってきている。
貯金が順調に増えている，たまっている。	**My savings are increasing steadily.** **increase**【inkríːs】「増える」，**decrease**【dikríːs】「減る」は名詞としても使えます。その際アクセントの位置が変わります。「インクリーズ」「デイクリーズ」と最後がにごらないことにも注意してください。 増加　　**íncrease** ⇔減少　　**décrease** ¶ **Unemployment is on the increase.** 失業が増加傾向にある。

	¶**Unemployment is on the decrease.** 失業が減少傾向にある。
貯金がほとんどなくなってしまった。	**My savings are almost gone.**
口座の残高がマイナスになった。	**My bank account is overdrawn.**
残高	**balance（in my account）** ¶**I'd like to check the balance in my account.** 口座の残高を確かめたい。
残高照会	**balance inquiry** ¶**I'd like to make a balance inquiry.** 残高照会をしたい。
お金をためる	**save money** ¶**You should save money to get married.** 結婚するのにお金をためたほうがいいよ。 **save money** には「お金を節約する」という意味もあります。また, **save**には「（人などを）救う」の意味もありますね。さらに, 映画館などで, **Do you save this seat?/Are you saving this seat?** ときかれたら,「この席とってあるの？」という意味です。どれもみな「何かを危険などから守る」というところから来ています。 なお,「この席誰かいる？」というときは, **Is this seat taken?/Is this seat occupied?** となります。
悪銭身につかず。	**Easy come easy go.**
塵もつもれば山となる。	**A penny saved is a penny gained.**

振込

キャッシュカード	① **cash card** ② **bank card** ¶**Here is your cash card.** これがお客様のキャッシュカードです。 ¶**Someone misused my bank card.** 誰かが私のキャッシュカードを悪用した。
暗証番号	① **PIN（number）**

PINは personal identification number の頭字語で，一般的に「ピン」といいます。
② code number
codeには「暗号」「コード化する」という意味があります。これに「否定や逆転，分離」という意味合いを付加する接頭辞の**de-**をつけると，**decode**となって「暗号を解く」という意味になるわけです。東大の試験に出ました。

¶My PIN is 0123.
My PIN number is 0123.
My code number is 0123.
私の暗証番号は0123です。

四桁の	√	**four-digits**

¶Would you please choose a four-digit number besides your date of birth?
生年月日以外から4桁の番号をお選びいただけますか？

¶Because, if you drop your purse, someone can easily find your PIN number in your driver's license, or something like that.
財布などをなくされたときに，一緒にある運転免許証などからすぐに暗証番号がわかってしまうからです。

¶I'll change the number.
番号を変えます。

現金自動預け払い機	√	**automatic teller machine〔ATM〕**

¶Please use one of those automatic teller machines.
Please use one of those ATMs.
あそこにある現金自動預け払い機をお使いください。

ATMは何時まで使えますか？	**How long is the ATM available?**

何時まで手数料がかかりませんか？	① **Until when is the ATM free?** ② **Until when is the service charge free?**

現金自動支払い機	**cash dispenser**

¶You can use the cash dispenser by following the directions.
画面の案内に従って現金自動支払い機をお使いいただけます。

口座振替	**bank〔credit〕transfer**

¶I receive my pay through a bank transfer.

口座振替で給料を受け取る。

¶**If you receive your pay through our credit transfer, we'll add one percent to the usual interest rate.**
給料を私どもの口座振替でお受け取りですと，金利を1％上乗せいたします。

¶**This is a service for our customers.**
これが私どもの優遇サービスです。

お金を振り込む	**transfer money (to)** ¶**I want to transfer money to his account.** 彼の口座にお金を振り込みたい。
自動引き落とし	**automatic draft** ¶**If you pay your utility charges through our automatic draft, we'll add one percent to the usual interest rate.** 自動引き落としで公共料金をお支払いですと，金利を1％上乗せいたします。 **draft**には「お金の引き出し，引き落とし」の他，「下書き」「徴兵」「プロ野球のドラフト制」などの意味もあります。また「すき間風」という意味から，**This room is drafty.**「この部屋は（すき間風で）スースーする」という表現が出てきます。いずれも元は，「引くこと」というところから来ています。
公共料金	**utility bills [charges]** ¶**The utility bills were drawn automatically from my bank account.** 公共料金は私の銀行口座から自動的に引き落とされた。 **utility**は電気，ガス，水道などの公益事業のことを指します。**utility man**といえば何でもこなせる「便利屋さん」のことです。野球などで，どこでも守備のこなせる便利な選手のことは，**utility player**といいます。 ¶**He is a utility man.** 彼は便利屋だ。 ¶**He is a utility player.** 彼はどこでもこなせる選手だ。

金利

利子，利息	√	**interest**
元金	√	① **principal** ② **capital**

	capitalは「元手」のこと，他に，「資本」や「首都」という意味がありますね。principalはもちろん「校長先生」のこと。capitalもprincipalも形容詞では「主要な」という意味になります。 ¶ I have capital of 10,000 yen. 　私には1万円の元手がある。
元金1万円に3％の利子がつきます。	① There will be three-percent interest on a principal of 10,000 yen. ② You will earn three-percent interest on a principal of 10,000 yen.
金利　　✓	interest rate ¶ The interest rate for a two-year time deposit is 3.2 percent. 　2年定期の利息は3.2％です。
金利が上がる。	The interest rate is up. ⇔金利が下がる。　The interest rate is down. この「上がる」「下がる」はriseとfall [drop] でもいうことができます。go upとgo downでもOKです。「ずっと上がっていく」という感じならgo higherを使います。逆ならgo lower。 ¶ The interest rate rose one percent. 　The interest rate rose by one percent. 　金利が1％上がった。 ¶ The interest rate fell one percent. 　The interest rate dropped by one percent. 　金利が1％下がった。 ¶ The interest rate is going higher. 　金利がずっと上がっていきそうだ。 ¶ The interest rate is going lower. 　金利がずっと下がっていきそうだ。
金利を上げる ⇕	raise interest rates ¶ They raised interest rates. 　金利を上げた。
金利を下げる	lower interest rates ¶ They lowered interest rates. 　金利を下げた。 「引き下げる」ならreduceを使うことができます。 ¶ They reduced interest rates. 　金利を引き下げた。

固定金利	✓	**fixed rate**
変動金利		**adjustable rate** **adjust** は「調整する」という意味です。 ¶ **Would you like a fixed rate or an adjustable rate?** ; 　固定金利と変動金利のどちらをお望みですか？ ¶ **I prefer a fixed rate.** 　固定金利でお願いします。

お金

10億	**billion** 英語では「100万」**a** [**one**] **million**のあと,「1,000万」**ten million**,「 1 億」**a** [**one**] **hundred million**と数えて,そのあとの「10億」にこの **billion** を使います。 ¶ **The price is one million yen.** 　値段は100万円だ。 ¶ **The price is ten million yen.** 　値段は1,000万円だ。 ¶ **The price is one hundred million yen.** 　値段は 1 億円だ。 ¶ **The price is one billion yen.** 　値段は10億円だ。
1,000ドル	**a grand** 1,000ドルはもちろん**a thousand dollars**というわけですが,口語では**a grand**という言い方も使います。 5,000ドル **five grand** 複数 (**plural**) になっても **s** はつきません。**grand** はもともとは**grand piano**の**grand**で「大きな,壮大な」という意味です。 ¶ **Give me five grand.** 　俺に5,000ドルよこせ。
米ドル	**greenback** ¶ **We'll pay in greenbacks.** 　米ドルで払います。

ローン

ローン	**loan**

		ローンは英語でも **loan**（ロウン）といいます。
ローンを組む		**make a loan** ローンを借りる　**get a loan** ¶ **I'd like to make a loan on my house.** 　家を抵当にローンを組みたい。 ¶ **I'd like to get a loan.** 　ローンを借りたい。
ローンに5％の利子を払う		**pay five-percent interest on the loan** ¶ **You have to pay five-percent interest on the loan.** 　あなたはローンに5％の利子を払わなければならない。
長期の　　　✓ ⇕		**long-term** ¶ **This is a long-term loan.** 　これは長期のローンです。
短期の　　　✓		**short-term** ¶ **This is a short-term loan.** 　これは短期のローンです。 **term**は「ターム（用語）」の意味でカタカナ語でも使いますが，他に「期間」や「条件」という意味もあります。また **in terms of**〜「〜の点から」という熟語でもよく使います。 ¶ **The project was a success in terms of money.** 　その計画はお金の点からいえば成功だった。
住宅ローン，抵当ローン		**mortgage** 【mɔ́ːrɡidʒ】 「モーギッジ」と発音します。綴りにも注意してください。「抵当に入れる」というのがもともとの意味です。住宅ローンには **housing loan** という言い方もあります。ただし，これは家を抵当に入れない場合です。 ¶ **I'd like to apply for a mortgage.** 　住宅ローンを申し込みたいのですが。
家を抵当にしてお金を借りた。		**I mortgaged my house to borrow money.**
頭金		**down payment** ¶ **Do you mind if I ask you how much the down payment is?** 　失礼ですが，頭金はおいくらですか？
返済		**payment** ¶ **I allotted the money to the payment of debts.**

	そのお金を借金の返済に当てた。 ¶ **I had to suspend payments because of lagging sales.** 売れ行き不振で返済を停止せざるを得なかった。
貸し金庫	① **safe-deposit box**　② **safety-deposit box** ¶ **I'd like to use a safe-deposit box.** **I'd like to use a safety-deposit box.** 貸し金庫を使いたいのですが。
金庫	**safe** ¶ **I have a safe in my house.** 家に金庫がある。
銀行員	**bank clerk** 窓口で応対する人は **teller** といいます。 ¶ **He is a bank clerk.** 彼は銀行員です。
銀行家	**banker** ¶ **He is a banker.** 彼は銀行家です。
信用金庫	**credit association** ¶ **He works at a credit association as a teller.** 彼は信用金庫の窓口係として働いています。

宝くじ

宝くじ	**public lottery** ¶ **Did you buy a public lottery ticket?** 宝くじ（の券）を買った？ ¶ **I've never bought a public lottery ticket.** 宝くじ（の券）って一度も買ったことがないの。
当たったらいくらもらえるの？	**How much money will you get if you win?** ¶ **Three hundred million yen.** 3億円だよ。 ¶ **That's quite a lot.** そりゃあ、たいした額だ。
宝くじが当たった。	**I won the lottery.**

大当たり	① **jackpot** ② **bonánza**
	大当たりする　**hit [strike] the jackpot**
	¶ **If I hit the jackpot, I'll never have to work.**
	If I strike the bonanza, I'll never have to work.
	大当たりしたら，一生働かなくてもいいのに。
当たり券	**winning ticket**
はずれ券	**losing ticket**

part 2

人のからだと
基本動詞表現 1

さて,銀行へ寄ったあとは,すぐに外へ飛び出していきたいところですが,その前に,自分のからだにまつわる表現を英語でいえるようになりましょう。
英語で「おなら」をしたり,「いびき」をかいたり,「くしゃみ」をしたり,「背中」をかいたりできなければ,日常会話などできるようになるはずもありませんから,顔には「にきび」だってできますからね。
「お化粧」だってしなければなりません。
とにかく私たちは身近なところからやっていきましょう。
子供もそういうところから覚えていくわけですから。

①突き指
②手をつなぐ
③マニキュアを塗る
④つめ切り
⑤癖
⑥足が臭い。
⑦長靴
⑧靴のひもがほどけている。
⑨向こうずね
⑩正座する

これをあなたは英語でいえますか?

指

親指	**thumb** **thumb** 【θʌ́m】の **b** は発音しないことに注意してください。英語では，「親指」は **finger** とはいいません。 ¶ **I've got a cut on my thumb.** 　親指にケガをしてしまった。
画鋲（でとめる）	**thumbtack** ¶ **I fastened the poster on the wall with thumbtacks.** 　**I thumbtacked the poster to the wall.** 　画鋲で壁にポスターを貼った。 この「画鋲」のように，からだの一部から作られた言葉はたくさんあります。だからこそ，身近なことが大切なのです。**tack**は「留め金」のことです。では，**I have a green thumb.** といったら何のことかわかりますか？　これもよく使う表現ですが，「園芸の才能がある」という意味です。園芸（**gardening**）では，親指が大事なのですね。
不器用だ。	**I'm all thumbs.** **I'm clumsy.** ということもできます。**clumsy** 【klʌ́mzi】は「不器用な，ぶざまな」という意味です。 ¶ **I'm all thumbs when it comes to painting.** 　絵を描くとなるとからっきしダメだ。 この「～となると」**when it comes to~** という言い方も便利なのでよく覚えておいてください。
器用だ。	① **I'm skillful.** ② **I have good hands.**
人差し指	① **index finger**　② **forefinger** ¶ **I had a cut on my index finger.** 　**I had a cut on my forefinger.** 　人差し指にケガをした。 **index**には「指し示す」「索引」「指数」（たとえば**consumer price index**「消費者物価指数」）などの意味があります。 接頭辞**fore-**は，「前の，先の，第一の」の意味です。だから**forearm**といえば「前腕」，**foresight**といえば「先見の明」ということになります。**foresight**の反意語「後知恵」は**hindsight**です。 ¶ **He has foresight.** 　彼には先見の明がある。 ¶ **It's hindsight.**

	それは後知恵だ。
中指	**middle finger** ¶ My middle finger is swollen. 　中指がはれてしまった。
薬指	① **ring finger**　② **third finger** 人差し指から数えて「三番目の指」ということです。 ¶ She wears a diamond ring on her ring finger. 　She wears a diamond ring on her third finger. 　彼女は薬指にダイヤモンドの指輪をはめている。
猫に小判，豚に真珠。	**Don't throw pearls before swine.** swineは「豚」の意味です。
小指	**little finger** ¶ My little finger hurts. 　小指が痛い。 「痛み」は **ache**【éik】ですが，「痛む」という動詞としては，**ache** よりも **hurt** をよく使います。
指切りをした。	**We linked our little fingers to seal a promise.**
指をなめる	**lick my finger** ¶ He licked his finger again. 　彼はまた指をなめた。
指の関節	**knuckle** 指以外のからだの関節は**joint**といいます。 ¶ My knuckles ache. 　指の関節が痛い。
股関節	**hip joint** ¶ My hip joint hurts. 　股関節が痛い。
突き指	**sprained finger** **sprain** は「捻挫(する)」の意味です。 ¶ Check my sprained finger. 　突き指の具合を見てくれ。
突き指をする	**sprain my finger** ¶ I sprained my finger. 　突き指をした。

指先	**fingertip** ¶ **I touched it with my fingertip.** 指先でそれに触った。

手

手をつなぐ	**hold hands（with）** ¶ **I held hands with her.** 彼女と手をつないだ。
手をつないで	**hand in hand（with）** ¶ **I was walking hand in hand with him.** 彼と手をつないで歩いていた。
手をつかむ	① **grab his hand** ② **take him by the hand** ¶ **I grabbed his hand.** **I took him by the hand.** 彼の手をつかんだ。
手を出しなさい!	**Give me your hand!**
手を貸しましょう。	**Let me give you a hand.**
便利な	**handy** ¶ **This is a handy tool.** これは便利な道具だ。
役に立つ	① **come in handy** ② **be useful** ¶ **This device may come in handy.** **This device may be useful.** この道具は役立つかもしれない。
手の甲	**back of the hand** ¶ **I've got a cut on the back of my hand.** 手の甲にケガをしてしまった。
こぶし	**fist**
こぶしを握りしめる	① **make a fist** ② **clench my hand** clench は「歯をくいしばる」 clench my teeth にも使えます。 ¶ **I made a fist.** **I clenched my hand.**

	こぶしを握りしめた。
手のひら	**palm** 【pάːm】
手相を見る	① **read his palm**　② **read the lines on his palm** ¶ I read his palm. 　I read the lines on his palm. 　私は彼の手相を見た。
手相見	**palm reader** ¶ She is a palm reader. 　彼女は手相見だ。
占い	**fortunetelling** ¶ I like fortunetelling 　私は占いが好きだ。
占い師	**fortuneteller** ¶ She is a fortuneteller. 　彼女は占い師です。
占いをしてもらった。	**I had my fortune told.** **fortune**は「運」「財産」の意味です。
不運	**misfortune** ¶ It was a misfortune. 　不運だった。
迷信	**superstition** ¶ Some superstitions persist even today. 　一部の迷信は今も残っている。
迷信深い	**superstitious** ¶ He is superstitious. 　彼は迷信深い。
迷信はなかなかなくならない。	**Superstitions die hard.** **die hard** は本来は「激しく戦って死ぬ」という意味です。 『ダイ・ハード』という有名な映画がありましたね。 「癖はなかなかなくならない」も **Old habits die hard**. と表現できます。
予言，預言	① **prediction**　② **prophecy** ¶ His prediction came true.

Part 2 人のからだと基本動詞表現 1

予言する, 預言する	His prophecy came true. 彼の予言（預言）は当たった。 ① **predict** ② **prophesy** **prophecy** は動詞になると **c** が **s** になることに注意してください。主に神霊的な能力によって預言するときに使います。 預言者　**prophet** ¶ **He predicted the winner.** 彼は勝者を予言した。 ¶ **He prophesied war.** 彼は戦争が起きることを預言した。 ¶ **He is a prophet.** 彼は預言者だ。
前兆	**omen** 「吉兆」good omen,「凶兆」evil omen の両方に使えますが, **ominous** と形容詞になると,「不吉な」という意味になります。 ¶ **A broken mirror is said to be an omen of misfortune.** 鏡が割れるのは不運の前兆だといわれている。 ¶ **There were both a good omen and an evil omen.** 吉兆と凶兆の両方があった。 ¶ **This is ominous.** これは不吉だ。
予感	**hunch** ¶ **I have a hunch something bad is going to happen.** 何か悪いことが起きそうな予感がする。 **hunch** はもともとは「こぶ, 隆起」のことで, ヴィクトル・ユゴーの有名な小説『ノートルダムのせむし男』は, **The Hunchback of Notre Dame** といいます。

つめ, 癖, 習慣

つめ〈手足とも〉	**nail** 「手のつめ」をいうときは**fingernail**ともいいます。 ¶ **I trimmed my nails.** つめの手入れをした。 ¶ **I trimmed my fingernails.** 手のつめの手入れをした。

マニキュアを塗る	① **paint**　② **mánicure** 足のつめに塗る場合には**pédicure**という言葉を使います。 ¶**I painted my nails.** 　**I manicured my nails.** 　つめにマニキュアを塗った。 ¶**I pedicured my nails.** 　足にマニキュアを塗った。
つめがすぐ伸びる。	**My nails grow quickly.** 髪などが伸びるのも **grow** を使います。 髪を伸ばすわ。**I'll let my hair grow.**
つめ切り	**nail clippers** 複数形で使います。 ¶**Where are the nail clippers?** 　つめ切りはどこ?
つめを切る	① **clip my nails**　② **cut my nails** ¶**I clipped my nails.** 　**I cut my nails.** 　つめを切った。 **clip** には「(新聞記事などを) 切り抜く」という意味もあります。 **clip an article from the newspaper**というふうに。 ¶**I clipped an article from the newspaper.** 　新聞から記事を切り抜いた。
ささくれ	**hangnail** ¶**I have a hangnail.** 　ささくれができている。
動物のつめ	**claw**
つめを研ぐ	**sharpen his claws** ¶**The tiger was sharpening his claws.** 　その虎はつめを研いでいた。
つめを噛む	**bite my nail(s)** ¶**Like always she was biting her nails.** 　彼女はいつものようにつめを噛んでいた。
癖を直す	① **break the habit**（**of**）　② **get out of the habit**（**of**） **get rid**（**of**）「取り除く, 脱する」も使えます。 **get** は, **have** のくだけた表現である **have got**（**p.23参照**）のとき

	以外，通例，過去完了形は **gotten** を使います。 ¶ **I broke the habit of biting my nails.** **I've gotten out of the habit of biting my nails.** 　つめを嚙む癖を直した。 ¶ **I got rid of that habit.** 　私はその癖を直した。
癖	**habit**
なくて七癖。	**Everyone has habits.**
いつもの癖で	**out of habit** ¶ **I did it again out of habit.** 　いつもの癖でやってしまった。
クセになる。	① **It's habit-forming.** ② **It forms a bad habit.**
習慣	**habit** ¶ **I make it a habit to jog every other day.** 　**I'm in the habit of jogging every other day.** 　**I make it a point to jog every other day.** 　必ず一日おきにジョギングする。
慣習	**custom** ¶ **I observe Japanese customs.** 　私は日本の慣習を守っている。
一週間に一度	**once a week** ¶ **I jog once a week.** 　私は一週間に一度ジョギングをします。
一週間に二度	**twice a week** ¶ **I jog twice a week.** 　私は一週間に二度ジョギングをします。
一週間に三度	**three times a week** ¶ **I jog three times a week.** 　私は一週間に三度ジョギングをします。

腕

手首	wrist

¶ **I've hurt my wrist.**
　私は手首を痛めてしまった。

腕組みをする　| **fold my arms**
¶ **I folded my arms.**
　私は腕組みをした。

arms と複数になると,「武器, 兵器」の意味にもなります。武器は人間の手（腕）の延長として作られたものだからです。
He is up in arms. といえば,「彼は非常に憤慨（興奮）している」という意味になります。

二の腕, 上腕　| **upper arm**
¶ **I was given an injection in the upper arm.**
　上腕に注射された。

前腕　| **forearm**
二の腕の「力こぶ（二頭筋）」は **biceps**（通例, 複数）といいます。
¶ **I was given an injection in the forearm.**
　前腕に注射された。
¶ **He has large biceps.**
　彼の力こぶは大きい。

肘　| **elbow**
¶ **My left elbow hurts.**
　左肘が痛い。

肘でつつく　| ① **nudge**　② **elbow**
¶ **My wife nudged me.**
　My wife elbowed me.
　妻は私を肘でつついた。

腋の下　| **armpit**
医学用語では **axilla**【æksílə】といいます。
¶ **I have sweaty armpits.**
　I have sweaty underarms.
　I'm sweating under my arms.
　脇の下に汗をかいている。

腋臭　| **axillay odor**
ただしこの言葉はあまり使わず, 単に「体臭」**body odor** を使うことのほうが多いようです。**odor** は「におい」のこと。**smell** が鼻で感じられるにおいを意味するのに対して, **odor** のほうは体臭など,

	においの源に重点を置いた言い方です。 ¶**His body odor is strong.** 　**He has strong body odor.** 　彼は体臭が強い。 ¶**My body odor is not strong.** 　私は体臭が強くない。
デオドラント （体臭防止剤）	**deódorant** 脱臭剤の意味でも使います。 ¶**You should use deodorant.** 　デオドラントを使うべきだ。
脱臭する	**deodorize** ¶**I want to deododrize my body odor.** 　**I want to get rid of my body odor.** 　体臭をなくしたい。
においをかぐ	**sniff** ¶**I sniffed it.** 　私はそのにおいをかいだ。
いいにおいがする。✓	It smells good.
いやなにおいがする。✓	It smells bad.

足

足の指，つまさき	**toe【tóu】** 手の親指同様，足の指にも**finger**は使いません。 ¶**I stood on my toes.** 　つまさき立ちをした。
足の親指	**big toe** ¶**My big toe is itchy.** 　足の親指が痒い。
足の小指	**little toe** その他の足の指は，親指の次の指から，**second toe**, **third toe**, **fourth toe** というふうに呼びます。 ¶**My little toe is itchy.**

	足の小指が痒い。
足の指が痒い。	**My toes itch.** **itch**【ítʃ】は動詞，**itchy**は形容詞です。
くすぐったい，くすぐる	**tickle** ¶**My nose tickles from the dust.** 　ほこりで鼻がくすぐったい。 ¶**Don't tickle me.** 　くすぐらないで。
水虫	**athlete's foot**
水虫ができた。	**I have athlete's foot.** こういう場合の「できた，できている」はたいてい **have** ですませることができます。**suffer from** でも可能です。この便利な **have** の使い方をぜひ覚えておいてください。「しもやけ」でも「まめ」でも何でも使えます。日常語では **I've got athlete's foot.** という言い方もします。こういうふうに **have** のかわりに **have got** を使うことが日常語ではよくあるのです。ここでは「水虫ができちゃった」ぐらいの意味になるでしょうか。
足	**foot** 複数形は **feet** ですね。
足がしびれた。	① **My feet have gone to sleep.** ② **My feet have gone numb.** **numb**【nʌ́m】は「しびれた」の意味の形容詞です。
足が臭い。	**Your feet are stinking [stinky].**
足にまめができた。	**I have blisters on my feet.** ¶**I walked around until I had blisters on my feet.** 　足にまめができるまで歩き回った。
血まめ	**blood blister** ¶**I have a blood blister on my foot.** 　足に血まめができた。
いぼ	**wart**【wɔ́ːrt】 ¶**I have a wart.** 　いぼができた。
たこ	**callus**【kǽləs】

	通例，複数で使います。 ¶ **I have calluses.** 　たこができた。
扁平足	**flat foot** ¶ **He has flat feet.** 　**He is flat-footed.** 　彼は扁平足だ。
土踏まず	**arch（of the foot）** ¶ **His arches are flat.** 　**The arches of his feet are flat.** 　彼は土踏まずがない。
動物の足	**paw** ¶ **Dogs have four paws.** 　犬は4本足だ。

靴

靴をはく〈動作〉	**put on my shoes** ¶ **Put on your shoes.** 　靴をはきなさい。
靴をはいている〈状態〉	① **wear my shoes** 　② **have my shoes on** この **put on** と **wear** も大事な動詞で，身に着けるもののほとんどに使えます。「服を着る」**put on my clothes**,「服を着る，着ている」**wear my clothes**,「眼鏡をかける」**put on my glasses**,「眼鏡をかけている」**wear my glasses**,「指輪をはめる」**put on a ring**,「指輪をはめている」**wear a ring**,「口紅をつける」**put on lipstick**,「口紅をつけている」**wear lipstick** とこんな具合です。使用範囲が広い便利な動詞なので，ぜひ覚えておいてください。 ¶ **I wear my shoes.** 　**I have my shoes on.** 　靴をはいている。
靴を脱ぐ	**take off my shoes** この **take off** も，**put on** の反対の表現として幅広く使えます。 ¶ **Take off your shoes.** 　靴を脱ぎなさい。

どのサイズの靴をはきますか？	What size shoes do you wear?
はき心地のいい靴	**comfortable shoes** ¶ These are comfortable shoes. 　これははき心地のいい靴だ。
きつい靴 ⇅	**tight shoes** ¶ These are tight shoes. 　これはきつい靴だ。
ゆるい	**loose** ¶ These shoes are loose. 　この靴はゆるい。
靴がきつい。	**My shoes pinch（me）.** 「靴がきつくて死にそう」なら，**My shoes are killing me.** です。
ピッタリだ。	**They fit（me perfectly）.**
靴べら	**shoehorn** ¶ Give me the shoehorn. 　靴べらとって。
長靴，ブーツ	**boots** 靴同様，ふつう複数で使います。「ゴム長」なら **rubber boots**。 ¶ He is wearing boots. 　彼は長靴をはいている。 ¶ He is wearing rubber boots. 　彼はゴム長をはいている。
二足の長靴	**tow pairs of boots** ¶ I bought two pairs of boots. 　二足の長靴を買った。
運動靴	① **sneakers**　② **gym shoes** ¶ She is wearing sneakers. 　She is wearing gym shoes. 　彼女は運動靴をはいている。
靴がくたびれている。	**Your shoes are worn out.** **worn out** は人にも使えます。**I'm worn out from work.**（仕事でくたくただ）というふうに。

Part 2 **人のからだと基本動詞表現 1**

はだしの, はだしで	**barefoot(ed)** ¶ **He is barefoot.** 　彼ははだしだ。 ¶ **He is walking around barefooted.** 　彼ははだしで歩き回っている。
靴ひも	① **shoestring**　② **shoelace**
靴のひもがほどけている。	**Your shoestring [shoelace] is loose.**
（靴ひもを）結ぶ ⇕	**tie my shoes** ¶ **Tie your shoes.** 　靴ひもを結びなさい。
ほどく	**untie** ¶ **Untie your shoes.** 　靴ひもをほどきなさい。
結び目	**knot 【nάt】** ¶ **The knot is too tight.** 　結び目がきつすぎる。

脚

脚	**leg**
脚が細い。	**My legs are thin.** ⇔脚が太い。**My legs are fat [big].** **thin** の反対は **thick** と思いがちですが，こういう場合は **fat** がふつうです。 **thick** には「太い」のほか「厚い，濃い」という意味もあります。「ひげが濃い」というときは，この **thick** を使います。動詞は **thicken**。 ¶ **My beard is thick.** 　私はひげが濃い。 ¶ **The fog thickened.** 　霧が濃くなった。 **The plot thickens.** といえば，「（映画などの）話の筋がこみ入ってきた」という意味です。
太もも	**thigh** ¶ **My thighs are fat.**

	太ももが太い。
脚のつけ根	**groin** ¶ **My groin hurts.** 　脚のつけ根が痛い。
膝	**knee**
膝小僧	**kneecap** ¶ **My kneecap was dislocated.** 　膝のお皿が外れた。
膝を曲げる	**bend my knees** ¶ **Bend your knees.** 　膝を曲げて。 日本語で「膝の上に座る」というようなときの「膝」のことは，**lap** といいます。**knee** とはいいません。したがって「膝の上に座る」は **sit on his lap**（単数で使います），「膝枕をする」は **rest my head on his lap** といいます。 ¶ **The baby sat on his lap.** 　赤ちゃんは彼の膝の上に座った。 ¶ **I rested my head on her lap.** 　彼女に膝枕をしてもらった。
ひざまずく	① **get on my knees**　② **kneel**（**down**） ¶ **Get on your knees.** 　ひざまずきなさい。 ¶ **I knelt down.** 　私はひざまずいた。
向こうずね	**shin** ¶ **I was hit hard on the shin.** 　向こうずねをしたたかに打った。
ふくらはぎ	**calf**【kǽf】 「子牛」の意味もあります。複数は **calves**【kǽvz】となります。
ふくらはぎがつった。	**I've got a charley horse in my calf.**
肉離れ	① **pulled muscle**　② **torn muscle** 　**muscle**【mʌ́sl】は「筋肉」の意味です。綴りと発音に注意。 ¶ **I had a pulled muscle.**

	I had a torn muscle. 肉離れを起こした。
足首	**ankle**
足首を捻挫する	**sprain my ankle** 「突き指」のところでやりましたね。 ¶ **I sprained my ankle.** 　足首を捻挫した。
捻挫	**sprain** ¶ **I got a bad sprain my ankle.** 　足首をひどく捻挫した。
かかと	**heel**
正座する	**sit（down）on my heels［knees］** ¶ **I was sitting on my heels.** 　正座していた。 ¶ **I sat down on my knees.** 　正座した。
足を伸ばす	**stretch out my legs** ¶ **I stretched out my legs.** 　足を伸ばした。
足の裏	**sole** 「靴のかかと」「靴底」のこともそれぞれ **heel** と **sole** といいます。 ¶ **My soles are dirty.** 　足の裏（靴底）が汚い。
アキレス腱	**Achilles【əkíliːz】tendon** ¶ **I've hurt my Achilles tendon.** 　アキレス腱を痛めてしまった。 発音に注意してください。「アキリーズ・テンダン」と発音します。ただし，身体を指すときはこういいますが，「それが彼のアキレス腱（弱点）だ」というようなときには，**It's his Achilles heel.** と **heel** を使って表現します。
手足	**limb** ¶ **He lost his limbs in an accident.** 　事故で手足を失った。
危険を冒す	**go out on a limb**

¶**He went out on a limb for his friends by borrowing money.**
　彼は友人たちのためにお金を借りるという危険を冒した。

股 | **crotch**
My crotch itches.
　股がかゆい

星占い

少し息抜きも兼ねて，ここでは星占いの星座名を覚えることにしましょう。欧米の人で血液型（**blood type**）を話題にする人は少ないですが，星占いの話はけっこう出てきます。

① 牡羊座（3.21▶4.19）Aries【έːriːz】（**Ram**）
　I'm an Aries.　牡羊座です。
　英語では **Ram** といいますが，ふつう星占いではラテン名を使います。
② 牡牛座（4.20▶5.20）Taurus【tɔ́ːrəs】（**Bull**）
　I'm a Taurus　牡牛座です。
③ 双子座（5.21▶6.21）Gemini【dʒémənài】（**Twins**）
　I'm a Gemini.　双子座です。
④ 蟹座（6.22▶7.22）Cancer【kǽnsər】（**Crab**）
　I'm a Cancer.　蟹座です。
⑤ 獅子座（7.23▶8.22）Leo【líːou】（**Lion**）
　I'm a Leo.　獅子座です。
　Leonardo DiCaprio の愛称が **Leo** ですね。
⑥ 乙女座（8.23▶9.22）Virgo【vέːrgou】（**Virgin**）
　I'm a Virgo.　乙女座です。
⑦ 天秤座（9.23▶10.23）Libra【líːbrə】（**Balance**）
　I'm a Libra.　天秤座です。
⑧ 蠍座（10・24▶11・22）Scorpio【skɔ́ːrpiòu】（**Scorpion**）
　I'm a Scorpio.　蠍座です。
⑨ 射手座（11・23▶12・21）Sagittarius【sædʒətέəriəs】（**Archer**）
　I'm a Sagittarius.　射手座です。
⑩ 山羊座（12.22▶1・20）Capricorn【kǽprikɔ̀ːrn】（**Goat**）
　I'm a Capricorn.　山羊座です。
⑪ 水瓶座（1.21▶2.18）Aquarius【əkwέəriəs】（**Water Bearer**）
　I'm an Aquarius.　水瓶座です。
⑫ 魚座（2.19▶3.20）Pisces【páisiːz】（**Fishes**）
　I'm a Pisces.　魚座です。
ついでに覚えてください。
⑬ 星占いをする　**cast a horoscope**
　She cast a horoscope.　彼女は星占いをした。
⑭ 占星術　**astrólogy**
　I believe in astrology.　私は占星術を信じています。
⑮ あなたの星座は何ですか？　**What is your sign〔star〕?**

星座のことは**constellation**といいますが，星占いの星座のことは **sign** か **star** といいます。
⑯ 彼女は幸運な星のもとに生まれた。　**She was born under a lucky star.**
⑰ 獅子座と蠍座は相性がいい。　**Leos and Scorpios get along well.**

　ちなみに，干支（**12 oriental zodiacal animals which represent years**）は次のようにいいます。**zódiac**【**zóudiæk**】というのは十二宮（十二の星座）のことです。子（**mouse，rat**），丑（**ox，cow**），寅（**tiger**），卯（**hare，rabbit**），辰（**dragon**），巳（**serpent，snake**），午（**horse**），未（**sheep**），申（**monkey**），酉（**cock，chicken, fowl**），戌（**dog**），亥（**boar，wild boar**）
　What is your zodiacal animal?　あなたの干支は何ですか**?**
　A mouse. /A rat.　子（ねずみ）です。
　An ox. /A cow.　丑（うし）です。
　A tiger.　寅（とら）です。
　A hare. /A rabbit.　卯（うさぎ）です。
　A dragon.　辰（たつ）です。
　A serpent. /A snake /　巳（へび）です。
　A horse.　午（うま）です。
　A sheep.　未（ひつじ）です。
　A monkey.　申（さる）です。
　A cock. /A chicken. /A fowl.　酉（とり）です。
　A dog.　戌（いぬ）です。
　A boar . /A wild boar.　亥（いのしし）です。

「うるう年」のことは **leap year** といいます。
　This is a leap year.　今年はうるう年です。

part 3

美容院

さてさて,私の説明で英語の単語や表現が皆さんの頭に
うまく入っていくでしょうか。日常語には本当にいろいろな
言葉があって,覚えるのはシンドイですね。
ここではゆっくりとやっていきますから,
どうか挫けないでついてきてください。
からだの表現はまだまだたくさんあるのですが,
ここでちょっとひと休みして,気晴らしに美容院にでも行って,
髪の毛の手入れをしてもらうことにしましょう。
① 美容院を予約する
② 髪を切ってもらった。
③ 短くしてください。
④ 髪がうすくなった。
⑤ ふけ
これをあなたは英語でいえますか?

髪，美容院

美容院	① **beauty shop**　② **beauty salon** ¶**I went to the beauty shop today.** 　**I went to the beauty salon today.** 　今日，美容院へ行った。
美容師	**beautician** ¶**He is a beautician.** 　彼は美容師だ。
床屋，理髪店	① **barbershop**　② **barber** ¶**I don't like to go to barbershops.** 　床屋は嫌いだ。
理髪師	**barber** ¶**He is a barber.** 　彼は理容師だ。
予約する	**make an appointment** ホテルや飛行機，レストランの予約は **reservation** ですが，美容院や医師などの予約は個人との約束なので，**appointment** を使います。気をつけてください。 ¶**I made an appointment with my beautician for 5p.m.** 　美容院を午後5時に予約した。
髪を切ってもらった。	**I had [got] my hair cut.** 「〜してもらう」は，「しわをとってもらった」**I had my wrinkles removed.** などのように，みんなこの言い方（**have**〜過去分詞）ができます。この表現も覚えておくととても便利です。 「彼に髪を切ってもらった」なら **I had him cut my hair.** となります。「彼に髪を切らせた」なら，**I made him cut my hair.** もっと強くなれば **force him to** とか，**compel him to** を使うことになります。また，「（説得して）彼に髪を切ってもらった」なら，**I got him to cut my hair.** ということができます。 ¶**You should have a haircut.** 　髪を切ってもらったほうがいいよ。
短くしてください。	**Cut it short, please.**
2センチ切って。	**Cut it two centimeters shorter.**

あまり短くしないで。	**Don't cut it too short.**
ちょっとだけ切ってください。	**Just trim it.** trimは「そろえる程度に切る」という意味です。「口ひげの手入れをする」こともtrim my mustacheといいます。
前髪をもう少し切ってください。	**(Take) a little more off the front.** 「後ろを」ならthe back, 「横を」ならthe sides, 「上のほうを」ならthe top となります。 ¶ **Take a little more off the sides.** 　横をもう少し切ってください。 ¶ **A little more off the back.** 　後ろをもう少し切ってください。
もみあげ	**sideburns** ¶ **Let the sideburns be.** 　もみあげはそのままにしてください。
顎ひげ	**beard**
顎ひげを生やす	**have [wear] a beard** ¶ **You have a beard now.** 　顎ひげを生やしたんですね。
口ひげ	**mustache** ¶ **You have a mustache now.** 　口ひげを生やしたんですね。
頬ひげ	**whiskers** ¶ **You wear whiskers now.** 　頬ひげを生やしたんですね。
髪の毛を金色に染めた。	**I dyed my hair blond.** 人に染めてもらった場合は **I had my hair dyed blond.** でしたね。
シャンプーとセットをお願いします。	**Shampoo and set, please.** さらに丁寧に、「シャンプーとセットをお願いしたいのですが」なら、**I'd like to have a shampoo and set.** となります。
パーマをかける	**get a permanent** ¶ **I'd like to get a permanent.** 　パーマをかけたいのですが。

ヘアスタイル，髪型	**hairstyle** 男性は **haircut**，女性は **hairdo** ということもあります。 ¶**What hairstyle would you like?** 　**What haircut would you like?** 　**What hairdo would you like?** 　どんなヘアスタイルにしますか？
髪をどのように（カット）しますか？	¶**How would you like your hair?** 　**How would you like your hair cut?**
角刈り	**crew cut** ¶**I'd like a crew cut.** 　角刈りにしたのですが。
おかっぱ，ボブ	**bob** ¶**Give me a bob, please.** 　おかっぱにしてください。
おかっぱ頭	**bobbed hair** ¶**I like your bobbed hair.** 　そのボブの髪型いいわね。
ポニーテール	**ponytail** ¶**I had my hair in a ponytail.** 　髪をポニーテールにした。
三つ編み	**braids** 複数で使います。 ¶**I had my hair in braids.** 　三つ編みにした。
お下げ髪	**pigtails** ¶**I had my hair in pigtails.** 　お下げ髪にした。
くせ毛	**unruly hair** ¶**I have unruly hair.** 　くせ毛だ。
枝毛	**split ends** ¶**I have lots of split ends.** 　枝毛がたくさんある。

抜け毛	**fallen hair** ¶ **That is all my fallen hair.** 　みんな私の抜け毛です。 ¶ **I'm worrying about losing hair.** 　**I'm worrying about my hair falling out.** 　抜け毛で悩んでいる。 ¶ **I've been losing a lot of hair lately.** 　最近，髪がたくさん抜ける。
髪がうすくなった。	**My hair is thinning.**
ふけ	**dandruff 【dǽndrəf】「ダンドゥラフ」** ¶ **I've been having lots of dandruff recently** 　最近ふけがたくさん出る。
汚い	**dirty** ¶ **Your hair is dirty.** 　あなたの髪は汚い。
不潔な	**filthy** ¶ **You are filthy.** 　あなたは不潔だ。
髪の毛を乾かす	**dry my hair** ¶ **I dried my hair.** 　髪の毛を乾かした。
髪の毛をとかす	**comb my hair** comb【kóum】は名詞では「くし」の意味になります。bは発音しません。「ブラシでとかす」なら**brush my hair**となります。 ¶ **Comb my hair, please.** 　髪をとかしてください。 ¶ **Brush my hair, Please.** 　髪をブラッシングしてください。
ヘアブラシ	**hairbrush** ¶ **Where is the hairbrush?** 　ヘアブラシはどこ？
ボサボサの	**unkept** **ratty hair**（直訳すれば「ネズミのような髪」）という表現も使います。

	¶You hair is unkept. You have ratty hair. 髪がボサボサよ。
髪をセットする	do my hair ¶Do my hair, please. 髪をセットしてください。
髪の毛を真ん中で分ける	part my hair in the middle ¶Part my hair in the middle, please. 髪を真ん中で分けてください。
髪を七三で分けてください。	¶Part my hair on the side, please.
分け目をつけないでください。	I don't need a part. part は「分け目」のことです。
髪のつや	gloss ¶Her hair has a good gloss. 彼女の髪はつやがある。 「なめらかでつやのある髪」sleek and gloss hair といいます。

エステサロン

エステサロン	(a) esthetique salon
会員	member
会費	membership fee ¶How much is the membership fee of this esthetique salon for a month? このエステサロンの月々の会費はいくらですか？
フェイシャルパック	facial pack
脱毛	removal of hair
脚の脱毛をしてもらった。	I had hair removed from my legs.
予約でいっぱいです。	We are booked up.

一日の移りかわり

　さて，あなたはいつも一日のいつ頃，美容院へ行きますか？　ここで，一日の移りかわりを英語で勉強しておきましょう。

①夜明け前　**before dawn**
②夜明け　**dawn**
　I got up before dawn this morning
　今朝は夜明け前に起きた。
③朝，午前中　**morning**
④朝早く　**early in the morning**
　I went to the beauty shop early in the morning.
　朝早く美容院へ行った。
⑤午前中遅く　**later on in the morning**
　I went to the beauty salon later on in the morning.
　午前中遅くに美容院へ行った。
⑥正午　**noon**
　正午に　**at noon**
　正午頃　**around noon**
　I'm going to meet him at noon.
　正午に彼に会うつもりだ。
　I'm going to meet him around noon.
　正午頃，彼に会う予定だ。
⑦午後　**afternoon**
　午後に　**in the afternoon**
⑧午後一番に　**first（thing）in the afternoon**
　First thing in the afternoon.
　午後一番にお願いね。
⑨夕方　**evening**
　夕方に　**in the evening**
　I made an appointment with my beautician in the evening.
　夕方，美容院を予約した。
⑩夕暮れ前　**before dusk**
⑪夕暮れ　**dusk**
　I want to go home before dusk.
　夕暮れ前に帰りたい。
⑫たそがれ　**twilight**
　We continued our work into twilight.

Part 3 美容院

たそがれの中で仕事を続けた。
⑬夜　**night**
　夜に　**at night**
　We finished it at night.
　夜にそれを終えた。
⑭真夜中，午前零時　**midnight**
　真夜中に　**around midnight**
　I noticed a strange noise around midnight.
　午前零時頃（真夜中）に，私は変な物音に気づいた。
⑮夜中の1～3時頃に　(1) **in the early hours**
　　　　　　　　　(2) **in the wee [small] hours**
　He came to our house in the early hours.
　He came to our house in the wee hours.
　He came to our house in the small hours.
　夜中の1～3時頃，彼は我が家を訪ねてきた。

part 4

人のからだと基本動詞表現 2

さて、髪の毛の手入れをしてもらってさっぱりしたところで、またからだと基本動詞の勉強に戻りましょう。
① 顔色が悪い。
② 真面目な顔をする
③ 青くなる
④ えくぼ
⑤ 色白だ。
⑥ ほくろ
⑦ 軟膏
⑧ 花粉症
⑨ 手にやけどした。
⑩ 日焼け用オイルを塗った。
これをあなたは英語でいえますか？

顔

顔	**face** **face** には動詞で「向く」「立ち向かう」の意味もあります。 ¶ **He hit me in the face.** 　彼は私の顔を殴った。 ¶ **My room faces a park.** 　私の部屋は公園に面している。 ¶ **We faced the problem with courage.** 　私たちは勇気をもってその問題に立ち向かった。 「(問題に) 取り組む」なら **work on**,「解決する」なら **work out** を使います。 ¶ **We worked on the problem.** 　我々はその問題に取り組んだ。 ¶ **We worked out the problem.** 　我々はその問題を解決した。
顔の表情	**facial expression** **expression** には「表現」の意味もあります。「口語的な表現」なら **colloquial 【kəlóukwiəl】 expression** となります。 ¶ **She tried to tell me the truth with facial expressions.** 　彼女は顔の表情で真実を私に伝えようとした。 ¶ **That is a colloquial expression.** 　それは口語的な表現です。
顔色	**complexion** ¶ **His complexion is good.** 　彼の顔は色つやがいい。
顔色がいい。 ⇕ 顔色が悪い。	**You look well.** **You look pale.** **You have a good [bad] complexion.** ともいえますが, **look** を使うほうがふつうです。
しかめっ面をする	① **make a face**　② **pull a long face**　③ **grimace**　④ **frown** **grimace** や **frown** には名詞で「しかめっ面」の意味もあります。 ¶ **She made a face.**

	She pulled a long face. 彼女はしかめっ面をした。 ¶The teacher grimaced at the students. The teacher frowned at the students. 先生は生徒たちにしかめっ面をした。
真面目な顔をする	have a straight face ¶He had a straight face. 彼は真面目な顔をしていた。
笑う	laugh ¶She laughed. 彼女は笑った。
ほほえむ	smile ¶She smiled at his joke. 彼女は彼の冗談にほほえんだ。
にやりと笑う	grin ¶She grinned at his joke. 彼女は彼の冗談ににやりと笑った。
あざ笑う	mock ¶She mocked his joke. 彼女は彼の冗談をあざ笑った。
冷笑する	sneer ¶She sneered at his joke. 彼女は彼の冗談を冷笑した。
クスクス笑う	chuckle ¶She chuckled at his joke. 彼女は彼の冗談にクスクス笑った。
バカ笑い(をする)	horselaugh ¶He horselaughed. 彼はバカ笑いをした。 ¶His horselaugh gets on my nerves. あいつのバカ笑いが気にさわる。 nerve は「神経」の意味です。
彼のことを笑う	laugh at him ¶Are you laughing at me?

Part 4 人のからだと基本動詞表現2

		私のことを笑ってるの？
赤くなる		**blush** ¶She blushed with shame. 彼女は恥ずかしくて赤くなった。
青くなる		**turn pale [white]** ¶He turned pale at the news. ¶He turned white at the news. その知らせを聞いて彼は青くなった。
顔をくもらせた。		① His face was clouded. ② He looked disappointed.
頬		**cheek** ¶I kissed her on the cheek. 私は彼女の頬にキスした。 ¶Her cheeks turned red. 彼女は頬を赤く染めた。
頬紅		**rouge** 【rúːʒ】 ¶She put rouge on her cheeks 彼女は頬に頬紅をつけた。
えくぼ		**dimple** ¶She gets dimples when she smiles. 彼女は笑うとえくぼができる。
(顔の)しわ		① **wrinkle**　② **line** **line** は顔のしわのこと，**wrinkle** は，日本語と同じように，顔のしわと衣類のしわの両方に使えます。また **wrinkle** は動詞「しわになる」としても使えます。他に **cockle**「(紙, 皮などの) しわ」や **crease**「(ズボンなどの) 折り目, しわ」という言葉もあります。
顔にしわができた。		I have wrinkles [lines] on my face. 水虫やまめと同じように，ここでも「できた」は **have** でいいわけです。
ズボンがしわくちゃだ。		¶My pants are all wrinkled.
スカートがすぐしわになる。		¶My skirt wrinkles easily. ¶I ironed out the wrinkles on my dress. アイロンでドレスのしわを伸ばした。

しわになりにくい布	**crease-resistant cloth** ¶ **This is crease-resistant cloth.** 　これはしわになりにくい布です。
整形手術を受ける	**have plastic surgery** **have** のかわりに **undergo** という動詞も使えます。 ¶ **She had plastic surgery.** 　**She underwent plastic surgery.** 　彼女は整形手術を受けた。
しわをとってもらった。	**I had my wrinkles removed.** 「髪の毛を切ってもらった」**I had my hair cut.** も同じようにいいましたね。

肌

肌, 皮膚	**skin**
色白だ。	**She has fair skin.** 「色白の肌」は **fair skin** といいます。反対は **dark skin** となります。
きれいな肌, きめの細かい肌	① **fine skin**　② **delicate 【délikət】 skin** ¶ **She has fine skin.** 　**She has delicate skin** 　彼女はきれいな［きめの細かい］肌をしている。
荒れた肌, 肌荒れ	**rough skin** ¶ **I have rough skin.** 　荒れた肌をしている。 ¶ **My hands are rough.** 　手が荒れている。
かさかさの肌	**dry skin** ¶ **I have dry skin.** 　かさかさの肌をしている。
肌にやさしい	**gentle on the skin** ¶ **This soap is gentle on the skin.** 　この石けんは肌にやさしい。
ひび［あかぎれ］ができる, 荒れる	**chap** ¶ **My hands are chapped.** 　手にあかぎれができている。

Part 4 人のからだと基本動詞表現 2

	¶**My skin is chapped.** 肌が荒れている。
しもやけ	**frostbite** ¶**I have frostbite on my feet.** 足にしもやけができている。
ほくろ, しみ	**mole** アメリカ人は「ほくろ」と「しみ」を区別せず, **mole** と呼ぶようです。「ほくろ」が魅力的な場合は, **beauty mark** ともいいます。 ¶**She has a mole on her face.** 　**She has a beauty mark on her face.** 彼女は頬にほくろがひとつある。 服などについた「しみ」のことは, **stain** もしくは **spot** といいます。 ¶**The stain hasn't come off.** しみは落ちなかった。
そばかす	**freckles** 通例複数で使います。 ¶**She has freckles on her face.** 顔にそばかすがある。
にきび	① **pimple**　② **acne**【ǽkni】 **acne** は, 総称や皮膚病として使います。 ¶**I've gotten more pimples lately.** 最近にきびが増えたわ。 ¶**Acne is common among young people.** にきびは若い人のあいだでは一般的です。
にきびを潰す	**squeeze my pimple** ¶**I squeezed my pimple.** にきびを潰した。
吹き出物, かぶれ, 発疹	**rash** 肌に現れた「かぶれ, 発疹」などにもっとも一般的に使うのが, この **rash** という言葉です。 おむつかぶれ **diaper rash** ¶**I have a rash on my face.** 顔に吹き出物ができている。 ¶**He suffers from diaper rash.** 彼はおむつかぶれしている。

かぶれる	**have [get] a rash** ¶He has a rash on his buttocks. 　彼はお尻がかぶれている。
あせも	**heat rash** ¶I have a heat rash. 　あせもができている。
じんましん	**hives** ¶I've got hives. 　じんましんができた。
湿疹	**eczema 【éksəmə, igzíːmə】** 「エクサマ」，もしくは「イグズィーマ」と発音します。 ¶I've got eczema. 　湿疹ができている。
できもの	**boil** ¶I've got a boil on my bottom. 　お尻にできものができている。
腫れもの	**swelling** ¶I have a swelling on my leg. 　脚に腫れものができている。
腫れる	**swell** ¶My leg is swollen. 　脚が腫れている。
腫れをひかせる	**relieve the swelling** ¶You need to relieve the swelling immediately. 　すぐ腫れをひかせる必要がある。

虫さされ

ハチに刺された。	**I was [got] stung by a bee.** stingは「刺す」の意味です。
ハチの巣	**beehive** ¶I found a beehive in the tree. 　木にハチの巣を見つけた。
蚊に刺された。	**I was stung by a mosquito.**

	mosquito は【məskíːtou】と発音します。 「蚊に喰われた」なら，**I was bitten by a mosquito.** と，「かむ」**bite** という動詞を使います。
ぼうふら	① **mosquito larva**　② **wriggler** **larva** は「幼虫」のことです。複数形は **larvae**。 ¶ **There is mosquito larvae in the water.** 　**There are wrigglers in the water.** 　水たまりにぼうふらがわいている。
足にとげが刺さった。	**I've got a thorn [splinter] in my foot.** **thorn** は「植物のとげ」のことです。何かの破片のとげなら **splinter** といいます。
ぶよ	**gnat**【nǽt】 ¶ **I got stung by a gnat.** 　ぶよに刺された。
ハエ	**fly** ¶ **There is a fly in the room.** 　部屋の中にハエが一匹いる。
ハエたたき	**flyswatter** ¶ **Bring me the flyswatter.** 　ハエたたきをもってきて。
殺虫剤	① **bug killer**　② **bug spray**　③ **insecticide** **bug** は「虫」のことです。 ¶ **Give me the bug killer.** 　**Give me the bug spray.** 　**Give me an insecticide.** 　殺虫剤をかして。
駆虫剤	**insect repéllent** ¶ **I scattered insect repellent.** 　私は駆虫剤をまいた。
防虫剤	**mothballs** 　これは衣類の虫よけのことです。**moth** は「蛾」のことです。 ¶ **I put mothballs in the closet.** 　クローゼットに防虫剤を置いた。 ¶ **There's a moth.** 　蛾がいる。

軟膏	**ointment**【ɔ́intmənt】 「オイントゥマントゥ」と発音します。 ¶ **I applied the ointment to my pimples.** 　にきびに軟膏を塗った。
かゆみ止め	① **ointment for itching**　② **anti-itch cream** ¶ **This ointment for itching doesn't agree with my skin.** 　**This anti-itch cream doesn't agree with my skin** 　このかゆみ止めは私の肌に合わない。 **agree with** はふつう「〜に同意する」という意味ですが，こういう使い方もします。文法の「時制，人格の一致」などにもこの **agree with** を使います。

アレルギー

皮膚炎	**dermatitis**【də̀ːrmətáitəs】「ダーマタイタス」 ¶ **I have dermatitis.** 　**I suffer from dermatitis.** 　皮膚炎にかかっている。 病気や症状を表すときにも **have** を使うのが一般的です。**suffer from** というと，「苦しんでいる，悩まされている」感じが強くなります。
アトピー性皮膚炎	**atopic dermatitis** アトピーは **atopy**【ǽtəpiː】ですが，形容詞になると **atopic**【eitápik】で，発音とアクセントの位置が変わるので注意してください。 ¶ **I suffer from atopic dermatitis.** 　アトピー性皮膚炎にかかっている。 ¶ **I suffer from atopy.** 　アトピーにかかっている。
アレルギー	**allergy**【ǽlərdʒi】 発音に注意してください。 ¶ **Hay fever is an allergy.** 　花粉症はアレルギーです。
アレルギー体質	**allérgic tendency** ¶ **I have an allergic tendency.** 　アレルギー体質です。

花粉アレルギーです。	**I'm allergic to pollens.** **pollen** は「花粉」のことです。 ¶ **This year the pollen count is higher than usual.** 今年は例年より花粉の量が多い。
卵のアレルギーなんです。	**I'm allergic to eggs.**
花粉症	**hay fever** **hay** は「干し草」のことです。 ¶ **I'm suffering from hay fever.** 花粉症に悩まされている。
アレルゲン	**allergen**【ǽlərdʒən】 ¶ **I identified the allergen.** アレルギー源を突き止めた。
膿	**pus**
膿む	**form pus** **pus** のような流動的なものは数えられないので，**a** はつきません。これについてはまたあとで説明します。 ¶ **The wound formed pus.** 傷口が膿んだ。
膿を出す	**remove the pus** ¶ **I removed the pus.** 膿を出した。
化膿する	**fester**
傷口	**wound** ¶ **The wound has festered.** 傷口が化膿してしまった。

汗

汗	① **sweat** ② **perspiration** ¶ **Sweat is dripping (down) from his body.** 汗がしたたり落ちている。 ¶ **His forehead was damp with perspiration.** 彼の額は汗で濡れていた。

汗びっしょりだ。	**I'm drenched with sweat.**
汗をかく	① **sweat**　② **perspire** ¶ **I sweat a lot.** 　**I perspired a lot.** 　たくさん汗をかいた。 sweat には「心配する，気にする」という意味もあります。『小さいことにくよくよするな！（*Don't Sweat the Small Stuff*）』という本もありましたね。 ¶ **Don't sweat the small stuff.** 　小さいことにくよくよするな。
冷や汗	**cold sweat** ¶ **I was in a cold sweat.** 　冷や汗をかいた。
もう少し汗をかく（努力する）必要がある。	**You need to sweat a little more.**
汗をふく	**dry my sweat** ¶ **She dried her sweat.** 　彼女は汗をふいた。
汗を拭う	**wipe off my sweat** ¶ **She wiped off her sweat.** 　彼女は汗を拭った。
汗止め	**anti-pérspirant** ¶ **I used anti-perspirant.** 　汗止めを使った。
新陳代謝	**metábolism** ¶ **I have a high metabolism.** 　新陳代謝がいい。 ¶ **I have a low metabolism.** 　新陳代謝が悪い。
毛穴	**pore** ¶ **He is sweating from every pore.** 　彼は汗だくになっている（すべての毛穴から汗をかいている）。

やけど，日焼け

やけど(する)	**burn**
手をやけどした。	① **I burned my hand.** ② **I got a burn on my hand.** **I burned my fingers.** といえば「痛い目にあった」の意味です。
水ぶくれ	**blister** 「足のまめ」と同じ言葉を使います。 ¶ **I got a blister on my hand.** 　手に水ぶくれができた。
日焼けする	① **get tanned**　② **get suntanned**　③ **get sunburned** ③は皮膚の炎症を伴うときに使います。 ¶ **I got tanned.** 　**I got suntanned.** 　日焼けした。 ¶ **I got sunburned from a day on the beach.** 　海辺に一日いて日焼けしてしまった。
日焼け	① **suntan**　② **sunburn** ②は「日に焼ける」という意味にもなります。 ¶ **I don't want to get a suntan.** 　日焼けしたくない。 ¶ **Bad sunburns often cause freckles.** 　ひどく日焼けするとそばかすができやすい。 ¶ **My skin sunburns very quickly.** 　私，すぐ焼けちゃうの。
日焼け用オイル	**suntan oil**
日焼け用オイルを塗った。	**I rubbed suntan oil on my skin.** **rub** というと，**put on** や **apply** と違って，「擦り込む」というニュアンスが含まれます。
日焼け止めクリーム［オイル］	① **sun-block cream［oil］**　② **sun-screening cream［oil］** **Sunscreen** という商品名をそのまま普通名詞で使うこともあります。**Kleenex**（**tissue paper**）などと同じですね。 ¶ **I rubbed sun-block cream on my skin.** 　日焼け止めクリームを塗った。 ¶ **I applied sun-screening oil to my skin.** 　**I put Sunscreen on my skin.**

		日焼け止めオイルをつけた。
日射病		**sunstroke**
		¶ **I had sunstroke.**
		日射病にかかった。
熱射病, 熱中症		**heatstroke**
		¶ **I had heatstroke.**
		熱射病にかかった。
炎症		**inflammation**
		炎症を起こす　**inflame**
		¶ **The sunshine caused inflammation of my skin.**
		日光のせいで肌に炎症を起こした。
		¶ **My skin inflamed.**
		肌が炎症を起こした。
日陰		**shade**
		¶ **We were sitting in the shade.**
		私たちは日陰に座っていた。
		¶ **We ran for the shade.**
		私たちは日陰に避難した。

part 5

電話

やれやれ，英語の単語や表現を覚えるのは本当に大変ですね。
「かゆみ止め」「汗びっしょりだ」「しかめっ面をする」などを
英語でいえるようになりましたか。
大変なので，またちょっと寄り道をして，今度は電話をかけて
気晴らしをしましょう。あとでちゃんと英語で
「恋」も「結婚」も「離婚」もしますから，
心配しないでください。
①はい，私です。
②総務部へ転送します。
③別の電話に出ています。
④どうすれば連絡がつきますか？
⑤番号を間違えました。
これをあなたは英語でいえますか？

電話

電話をかける	① **call him** ② **make a（tele）phone call to him** ¶ **I called you yesterday.** 　**I made a phone call to you yesterday.** 　昨日，電話したんだ。
電話を切る	① **hang up（the phone）** ② **get off the phone** ¶ **Don't hang up.** 　切らないで。 ¶ **I got off the phone.** 　電話を切った。
電話をとる	① **get the phone** ② **pick up the phone** ③ **answer the phone** ¶ **Get the phone, please.** 　**Pick up the phone, please.** 　**Answer the phone, please.** 　電話をとってちょうだい。
僕が出るよ。	**I'll get it.**
あなたが出て。	**You get it.**
おしゃべりをする	① **chat** ② **make small talk** ¶ **We chatted on the phone.** 　電話でおしゃべりをした。 ¶ **We made small talk.** 　おしゃべりをした。
何話してるの？	**What are you talking about?**
ただのおしゃべりだよ。	**Just chatting.**
誰と話してるの？	**Who are you talking to?**
長すぎるわよ。	**You are talking too long.**
自分の自由に使える電話を持っている。	**I have a telephone at my disposal.** **at my disposal** は「自由に使える」の意味です。
お邪魔してすみ	**I'm sorry to disturb you.**

ません。	
邪魔，迷惑	**disturbance** ¶ **I'm sorry for causing a disturbance.** ご迷惑をおかけしてすみません。
お邪魔じゃない といいのですが。	**I hope I'm not disturbing you.**
お邪魔じゃあり ませんか？	**Am I bothering you?**
お邪魔じゃあり ませんよね。	**I'm not bothering you, am I?** **bother to** には **He doesn't bother to call me.**「彼はわざわざ電話なんかしてこない」のように，「わざわざ〜する」の意味があります。通例否定文で使います。
電話をくれて嬉 しい。	**I'm glad you called.**
お話しできてよ かったです。	**It was nice talking to you.**
またいつでも電 話してください。	① **Call me anytime.** ② **Please feel free to call me.** ③ **Don't hesitate to call me.**
公衆電話	① **public（tele）phone**　② **pay phone** ¶ **This is a public phone.** 　**This is a pay phone.** 今，公衆電話なの。
お金を入れる	**insert coins** ¶ **Insert coins, please.** 硬貨を入れてください。
市内通話	**local call** ¶ **I want to make a local call.** 市内へ電話をかけたい。
長距離電話	**long-distance call** ¶ **I want to make a long-distance call.** 長距離電話をかけたい。
市外電話	**out-of-town call**

	¶ **I want to make an out-of-town call.** 市外へ電話をかけたい。
市外局番	**area code** ¶ **What is the area code?** 市外局番は？
携帯電話	① **cellphone**　② **mobile phone** ¶ **I'm calling you from my cellphone.** 携帯電話からかけているんだ。 ¶ **Why don't you call his mobile phone?** 彼の携帯電話のほうへかけてみたら？
留守番電話	**answering machine** ¶ **I got the answering machine.** 留守番電話だったよ。 ¶ **I left a message on the answering machine.** 留守番電話にメッセージを残した。
いたずら電話	**prank call** ¶ （**It was a**）**prank call again.** またいたずら電話だ。
わいせつ電話	**obscene call** ¶ **Obscene call again.** またわいせつ電話だ。 **obscene**【əbsíːn】は「オ［ア］ブスィーン」と発音します。
匿名の	**anónymous** ¶ **Anonymous call again.** また匿名電話だ。

会社へ

ジョンはいる？	**Is John around [there]?**
佐藤さんとお話したいのですが。	**I'd like to speak [talk] to Mr. Sato.**
佐藤さんをお願いできますか？	**May I speak to Mr. Sato?**
はい，私です。	**Speaking.**

	新しい間柄なら **It's me.** でいいのですが，ビジネスなどではこの言い方が一般的です。 ああ，僕だよ。**Yes, it's me.**
そういう名前の者はおりませんが。	**There is no one here by that name.**
どちら様ですか？	① **May I ask who's calling?** ② **May I have your name?**
すみません。お名前がよく聞きとれませんでした。	**Sorry, I didn't catch your name.**
お名前のスペルは？	**How do you spell it?** 余談ですが，**spell** には「呪文」とか「魔法をかける」という意味もあります。
書き留める	**write it down** ¶ **Wait a minute, I'll write it down.** 　お待ちください。書き留めますから。
今つなぎます。	**I'll put her on.**
総務部へ転送します。	**I'll transfer your call to the general affairs department.** 郵便物の転送の場合には，**forward** を使います。
内線231番へおつなぎします。	**I'll connect you to extension 23l.** 231は **two thirty one** か **two three one** といいます。
ちょっと待ってくださいよ…	**Let me see...** 電話以外でも，よく使います。
少しお待ちいただけますか？	**Would you hold on a second?** もう少し親しい間柄なら **Will you hold on a second?** でいいわけです。さらに親しければ，**Hold on a second.** となります。
別の電話に出ています。	**She is on another line.**
今，席をはずしています。	**He is away from his desk now.**

今, 出かけています。	① **He is out now.** ② **He is not here now.**
今, お昼に出ています。	**He is out to lunch now.**
いつ戻りますか？	**When is he coming back?**
すぐに戻ると思います。	**He'll be back soon.** もっとすぐになら **He'll be right back.** となります。
1時間後には戻ると思います。	**He'll be back in an hour.** 「30分後」なら **in half an hour** となります。 1時間後のときは **in,** 1時間以内のときは **within** となります。 ¶ **He should be back within an hour.** 　1時間以内には戻るはずです。 ¶ **He'll be back in half an hour.** 　30分後に戻ると思います。 ¶ **He'll be back within half an hour.** 　30分以内に戻ると思います。
ただいま来客中です。	**She has company [a guest] now.**
ただ今会議中です。	**She's in a meeting now.**
今, 彼女は手が離せません。	**She is tied up now.**
今日は休みです。	**He is off today.**
休暇中です。	**He's on vacation now.**
いつまで?	**Until when?**
明後日には出社します。	**He'll be here [back] the day after tomorrow.**
一昨日	**the day before yesterday** ちなみに,「再来週」なら **the week after next,**「先々週」なら **the week before last,**「再来年」なら **the year after next,**「一昨年」なら **the year before last** となります。 ¶ **I called him the day before yesterday.**

彼に一昨日電話した。
¶ **He'll be back the week after next.**
再来週は出社します。
¶ **I called him the week before last.**
彼に先々週電話した。
¶ **I can go to the States the year after next.**
再来年はアメリカに行けます。
¶ **I went to the States the year before last.**
一昨年アメリカに行った。

戻ったら電話させましょうか？	**Would you like him to call you when he gets back?** 「帰ったら」なら，when he comes back となるわけです。 ¶ **Would you like him to call you when he comes back?** 帰ったら電話させましょうか？ ¶ **I'll have him call you back.** 戻ったら折り返し電話させます。
ええ，お願いします。	**Yes, please.**
電話番号を教えてください。	**May I have your（phone）number?**
番号を確認させてください。	**Let me repeat [confirm] the number.**
何か伝言を伺いましょうか？	**May I take a message?**
伝言をお願いできますか？	① **Would [Could] you take a message?** ② **May I leave a message?**
なるべく早く電話するよう伝えてください。	**Please tell him to call me back as soon as possible.**
井上から電話があったと伝えてください。	**Please tell him Inoue called.**
いつでも時間のあるときにお会いしたいと，お	¶ **Would you please tell him I'd like to see him whenever he has time?**

伝え願えますでしょうか？	
またあとで電話します。	I'll call him later.
失礼ですが，ご用件は？	May I ask what it's regarding?
新しいプロジェクトの話です。	It's regarding our new project.
今日お会いする件です。	It's about today's meeting.
急ぎなんです。	It's urgent.
どうすれば連絡がつきますか？	① How can I contact him? ② How can I get in touch with him?
家のほうでつかまると思います。	You can reach him at home.
お電話ありがとうございました。	Thank you for calling.

ホテルへ

シェラトン・ホテルですか？	Is this the Sheraton Hotel?
715号室をお願いできますか？	**Would you connect me to Room 715?** 「715」は **seven fifteen**，もしくは **seven one five** といいます。 「1180号室」なら，**room eleven eighty** となります。 ¶ **Please connect me to Room 1180.** 　1180号室をお願いします。
お話し中です。	The line is busy.
電話がつながりました。	You are connected.
相手が出ました。	**Your party is on.** **party** は「電話の相手」のことです。

電話が切れた。	① I was cut off. ② I was disconnected.
電話が通じない。	I can't get through to him.
すみません（番号を）間違えました。	I'm sorry. I have [dialed, pushed] the wrong number.
番号をお間違えのようですが。	I'm afraid you have the wrong number.
電話が遠いようです。	I can't hear you very well.
もう少し大きな声で話してもらえますか？	Could you speak up?
速すぎてついていけません。	I can't keep up with you.
もう少しゆっくり話してもらえますか？	① Would you slow down? ② Would you speak more slowly?
電話が混線しています。	The lines are crossed.
ごめん，ちょっと取り込み中だったもので。	Sorry, I was sort of in the middle of something. **sort of** は「ちょっと」，**in the middle of** は「～の最中で」の意味です。

part 6

人のからだと基本動詞表現3

さあ電話をかけて，リフレッシュしましたか。それではまた，人のからだの勉強に戻りましょう。
あと少しですから，頑張ってください。
① 目がいい。
② 近視
③ 乱視
④ あくびを我慢する
⑤ せき払いをする
⑥ 息が臭い。
⑦ 喉まで出かかってる。
⑧ 唇が厚い。
⑨ 鼻がつまっている。
⑩ 耳が遠い。
これをあなたは英語でいえますか？

目

目	**eye** ¶ **She has beautiful eyes.** 　彼女は美しい目をしている。
監視する，見守る	**keep an eye on him** ¶ **I'll keep an eye on him.** 　彼のことを見てるよ。
目を閉じる ⇕	**close my eyes** ¶ **Close your eyes.** 　目を閉じて。
目を開ける	**open my eyes** ¶ **Open your eyes.** 　目を開けて。
つり目	**upward-slanted eyes** ¶ **He has upward-slanted eyes.** 　彼はつり目だ。
たれ目	**downward-slanted eyes** ¶ **He has downward-slanted eyes.** 　彼はたれ目だ。
瞳，瞳孔	**pupil** ¶ **Her pupils contracted when I flashed light in them.** 　光を当てると彼女の瞳孔は収縮した。
まぶた	**eyelid** ¶ **My eyelid is twitching.** 　まぶたがピクピクする。
眉(毛)	**eyebrow** ¶ **He has thick eyebrows.** 　彼は眉毛が濃い。
眉をひそめる	**raise my eyebrows** ¶ **He raised his eyebrows.** 　彼は眉をひそめた。
眉間	**between his eyebrows** ¶ **He made wrinkles between his eyebrows.**

	彼は眉間にしわを寄せた。
まつげ	**eyelashes** ¶ **Her eyelashes are long.** 　彼女のまつげは長い。
つけまつげ	**false eyelashes** ¶ **She wears false eyelashes.** 　彼女はつけまつげをしている。
目をこする	**rub my eyes** 「床をごしごしこする」場合は **scrub the floor** となります。 ¶ **Don't rub your eyes.** 　目をこするな。 ¶ **Scrub the floor with a brush.** 　ブラシで床をごしごしこすりなさい。
涙目	**watery eyes** ¶ **You have watery eyes.** 　涙目をしているよ。
目がしょぼしょぼする，かすむ。	**I have bleary eyes.**
視界がかすむ。	**My vision is blurred.** **blur** は「くもらせる」の意味です。
目が充血している。	**You have red eyes.**
目薬	**eyedrops**
目薬をさす	**put eyedrops in my eyes** ¶ **I put eyedrops in my eyes.** 　目薬をさした。
目障りなもの	**eyesore** ¶ **That is an eyesore.** 　あんなものは目障りだ。
見つめる	**stare（at）** もちろん単に「見る」なら **look（at）** です。 ¶ **I stared at him.** 　私は彼を見つめた。

凝視する	**gaze**(**at**) ¶ **I gazed at him.** 　私は彼を凝視した。
にらみつける	**glare**(**at**) ¶ **I glared at him.** 　私は彼をにらみつけた。
私の目[視線]を 避けた。	**He avoided my eyes.** 「視線」は英語ではふつう **eyes** ですませてしまいます。
目を逸らさない	**maintain eye contact** ¶ **I maintained eye contact.** 　私は目を逸らさなかった。
泣く，涙を流す	① **cry**　② **weep**　③ **sob** この順で泣き方が激しくなっていく感じです。**sob** は「しゃくり上げながら泣く」という感じです。 ¶ **She cried.** 　**She wept.** 　彼女は泣いた。 ¶ **She sobbed.** 　彼女はしゃくり上げるように泣いた。
叫ぶ	① **cry**　② **shout**　③ **yell**　④ **scream** こちらもこの順で激しくなる感じです。**scream** になるともう「悲鳴（を上げる）」といったほうがいいでしょう。「金切り声（を上げる）」なら **shriek** となります。 ¶ **He cried for help.** 　**He shouted for help.** 　**He yelled for help.** 　彼は助けを求めて叫んだ。 ¶ **He screamed.** 　彼は悲鳴を上げた。 ¶ **He shrieked.** 　彼は金切り声を上げた。 また **cry** を使った熟語で **a far cry** といえば，「似ても似つかぬもの」という意味になります。 ¶ **This is a far cry from his previous work.** 　この作品は，前のとはぜんぜん違う（質が落ちた）。

涙	**tears** 【tíərz】 ふつう複数で使います。 ¶ **Her eyes were full of tears.** 　彼女は目にいっぱい涙をためていた。 **tear** には動詞で「（物を）引き裂く」という意味もあります。【térz】と発音が変わります。過去形は **tore**。 ¶ **Tear the paper in two.** 　その紙を二つに裂いて。
ひと粒の涙	**teardrop** ¶ **I saw a teardrop running down her cheek.** 　彼女の頬を伝うひと粒の涙を見た。
泣き出す	**burst [break] into tears** ¶ **She almost burst into tears.** 　**She almost broke into tears.** 　彼女はほとんど泣き出しそうだった。
笑い出す	**burst out laughing** ¶ **She burst out laughing.** 　彼女は笑い出した。
涙をふく	**dry my tears** 涙を拭う **wipe off [away] my tears** 「汗をふく」「汗を拭う」も，**dry my sweat, wipe off my sweat** でしたね。**wipe away** になると，「拭い去る」という感じになります。**away** は，**walk away**「立ち去る」，**run away**「走り去る」，**get away**「逃げ去る」のように，「去ってよそへ」という感じを表す副詞です。そこから **He turned his eyes away.**「彼は目を逸らした」とか，**push away**「押しのける」という表現も出てくるわけです。 ¶ **She dried her tears.** 　彼女は涙をふいた。 ¶ **She wiped off her tears.** 　彼女は涙を拭った。 ¶ **She wiped away her tears.** 　彼女は涙を拭い去った。
涙をこらえる	**suppress my tears** 「あくびを我慢する」ときなども，この **suppress** を使います。 ¶ **I suppressed my tears.** 　涙をこらえた。

うそ泣きをする, 空涙を流す	**shed crocodile tears** **shed** は文語で「(涙や血を) 流す」の意味です。**crocodile** は「ワニ」ですね。ワニが食後に余分な塩分を目の下から流す様子が, 食事を後悔している涙に見えたことからこの表現が生まれました。 ¶ **He shed crocodile tears.** 彼は空涙を流した。 ¶ **He is crying crocodile tears.** **He is pretending to cry.** 彼はうそ泣きをしている。
(目が)腫れぼったい	**puffy** ¶ **You have puffy eyes.** 腫れぼったい目をしているよ。
(目が)くぼんだ	**deep-set** ¶ **You have deep-set eyes.** **Your eyes are deep-set.** 目がくぼんでるよ。
くまができてるよ。	**You have dark rings [circles] under your eyes.**

視力

視力	① **eyesight** ② **vision** ¶ **He lost his eyesight.** 彼は失明した。
視力検査	**eyesight [vision] test** ¶ **I took an eyesight test.** **I took a vision test.** 視力検査を受けた。
目がいい。 ⇕	**I have good eyesight [vision].** 視力のような漠然としたものは数えられませんから, **a (an)** はつきません。
目が悪い	**I have poor eyesight [vision].**
視力は1.0です。	**I have 20 / 20 [twenty-twenty] vision.** これは, 20フィート (約6メートル) の距離から視標番号20の文字が見えるということで, これが普通の視力 (**normal eyesight**) と

見なされます（日本ではふつう5メートルの距離から測ります）。分子が距離，分母が視標番号を表しています。ですから，20/30と分母が大きくなるほど目が悪いということで，測れる範囲では20/200がもっとも悪いということになります。20/30というのは，普通の人が30フィート離れても見えるものが，20フィートの距離からしか見えないということです。

近視	① **nearsightedness**　② **shortsightedness** ¶ **My nearsightedness is hereditary.** 　**My shortsightedness is hereditary.** 　私の近視は遺伝です。
近視の	① **nearsighted**　② **shortsighted** ¶ **I'm nearsighted.** 　**I'm shortsighted.** 　近視です。
遠視	① **farsightedness**　② **longsightedness** ¶ **My farsightedness is hereditary.** 　**My longsightedness is hereditary.** 　私の遠視は遺伝です。
遠視の	① **farsighted**　② **longsighted** ¶ **I'm farsighted.** 　**I'm longsighted.** 　遠視です。
乱視	**astigmatism**【əstígmətìzm】「アスティグマティズム」 ¶ **My astigmatism is inherent.** 　私の乱視は生まれつきです。
乱視の	**astigmátic** ¶ **I'm astigmatic.** 　乱視です。
斜視，斜視の	**squint** ¶ **He has a squint.** 　彼は斜視です。 ¶ **His squint look improved when he wore his glasses.** 　眼鏡をかけたら彼の斜視はよくなった。
老眼	**presbyópia**【prèzbióupiə】 「プレズビオウピア」と発音します。

Part 6 人のからだと基本動詞表現3

	¶I suffer from presbyopia.
老眼の	**presbyopic** ¶I'm presbyopic. 　老眼です。
眼鏡	**glasses** 　レンズが2つあるから複数になります。
眼鏡をかける〈動作〉	**put on my glasses** 　「靴」のところでやりましたね。 ¶I put on my glasses. 　眼鏡をかけた。
眼鏡をかけている〈状態〉	**wear glasses** ¶He wears glasses. 　その人は眼鏡をかけています。
眼鏡をはずす	**take off my glasses** ¶I took off my glasses. 　眼鏡をはずした。
私の眼鏡は（度数が）強い。 ⇕	**My glasses are strong.** 　「弱い」場合は **weak** が使えます。日本語と同じですね。
私の眼鏡は（度数が）弱い。	**My glasses are weak.**
湯気で眼鏡がくもった。	**The steam clouded my glasses.**
遠近両用眼鏡	**bifocal glasses** ¶I wear bifocal glasses. 　遠近両用眼鏡をかけています。
虫めがね	**magnifying glass** 　レンズが1つだから，単数になります。**magnify** は「拡大する」という意味です。 ¶Do you have a magnifying glass? 　虫めがねもっている？
双眼鏡	**binoculars** ¶May I use your binoculars?

	双眼鏡を貸してもらえますか?
望遠鏡	**telescope** ¶ **I looked at the stars through the telescope.** 　望遠鏡で星を見た。
顕微鏡	**microscope** ¶ **This microscope magnifies objects 100 times.** 　この顕微鏡は物を100倍に拡大してみせる。
眼鏡店	**optical shop** 眼鏡屋(の人)　**optician** ¶ **I went to the optical shop.** 　**I went to the optician.** 　眼鏡店へ行った。
コンタクトレンズ	**contact lens** 「コンタクトレンズをしている」も **wear contact lenses** となります。眼鏡同様，ふつうに使うときは複数になることに注意してください。 ¶ **I wear contact lenses.** 　コンタクトレンズをしている。
結膜炎	**conjunctivitis** 【kəndʒʌŋktəváitis】 「カンジャンクタヴァイティス」と発音します。 ¶ **I suffer from conjunctivitis.** 　結膜炎です。
ものもらい	**sty** ¶ **I've got a sty.** 　ものもらいができた。
白内障	**cátaract** ¶ **Having cataracts is frightening.** 　白内障になるのはこわい。
緑内障	**glaucoma** 【glɔːkóumə】 「グローコウマ」と発音します。 ¶ **Glaucoma is dangerous.** 　緑内障はこわい。
角膜	**cornea** ¶ **He had a cornea transplant.**

	彼は角膜移植を受けた。
網膜	**retina**【rétənə】 「レティナ」と発音します。
網膜剥離	**detachment of the retina** ¶ He suffers from detachment of the retina. 彼は網膜剥離です。
眼帯	**eye patch** ¶ He wears an eye patch. 彼は眼帯をしている。
眼医者	① **eye doctor** ② **ophthalmológist** 日常会話では eye doctor を使うのがふつうです。 ¶ She is an eye doctor. She is an ophthalmologist. 彼女は目医者です。

口

口を閉じる	**shut [close] my mouth** ¶ Shut your mouth. Close your mouth. 口を閉じなさい。
口コミで	**by word of mouth** ¶ The rumor spread by word of mouth. その噂は口コミで広まった。
おしゃべりだ。	① **He has a big mouth.** ② **He is a big talker.**
ほらを吹く，大袈裟にいう	**talk big (about)** ¶ He talked big about it. 彼はそのことについてほらを吹いた。
僕が今言おうとしていたのに。	**You took the words right out of my mouth.**
あくび(をする)	**yawn** ¶ I yawned several times. 私は何度もあくびをした。

あくびをしそうだったでしょ。	**You were about to yawn.** **about to** で「いまにも〜しようとしている」の意味です。
あくびを我慢する，かみ殺す	① **hold back a yawn**　② **suppress a yawn** ¶ **I held back a yawn.** 　**I suppressed a yawn.** 　私はあくびを我慢した。
せき(をする)	**cough**【kɔ́(ː)f】 発音に注意してください。 ¶ **I can't stop coughing.** 　せきが止まらない。
せき込む	**have a fit of coughing** **fit** は「一時的な発作」を指します。 ¶ **She had a fit of coughing.** 　彼女はせきこんだ。
しつこいせき	**persistent coughs** ¶ **I'm suffering from persistent coughs.** 　しつこいせきに悩まされている。
せき止め	**cough drop**［**syrup**］ **drop** は「あめ」のことです。 ¶ **I took cough drops.** 　**I took cough syrup.** 　せき止めを飲んだ。
せき払いをする	**clear my throat** ¶ **I cleared my throat.** 　せき払いをした。
くしゃみ(をする)	**sneeze** 欧米では人前でくしゃみをすると，まわりの人がたいてい **God bless you.**「お大事に」と声をかけてくれます。これは昔，くしゃみが不吉なものとされていた名残です。 ¶ **I sneezed several times.** 　私は何度もくしゃみをした。 ¶ **I kept sneezing.** 　くしゃみが止まらなかった。
ゲップ(をする)	① **belch**　② **burp** ¶ **He belched.**

Part 6 人のからだと基本動詞表現 3

	He burped. 彼はゲップをした。
しゃっくり(をする)	**hiccup** 【híkʌp】 「ヒカップ」と発音します。 名詞では **hiccups** と複数で使います。(但し，扱いは単数)。 ¶ **I hiccupped.** 　しゃっくりをした。 ¶ **I had the hiccups.** 　しゃっくりが出た。
うめき声(を上げる)	① **moan**　② **groan** **moan** は主に悲しみなどから上げるうめき声，**groan** は痛みなどから上げるうめき声です。 ¶ **She moaned.** 　**She groaned.** 　彼女はうめき声を上げた。
つぶやく	**murmur** ¶ **She murmured.** 　彼女はつぶやいた。
もぐもぐいう	**mumble** ¶ **She mumbled.** 　彼女はもぐもぐいった。
もっと大きな声で言って！	**Speak up!** 会議などでもぐもぐやっていると，すかさずこの声が飛んできます。
ささやく	**whisper**
耳もとでささやく	**whisper in her ear** ¶ **I whispered in her ear.** 　彼女の耳もとでささやいた。
どもる	**stutter** ¶ **He sometimes stutters.** 　彼はときどきどもる。
どもること	**stuttering** ¶ **His stuttering is a psychological problem.** 　彼のどもりは心理的な問題です。 興奮して「どもる」ときには，**slur** や **stammer** を使います。 ¶ **He slurred his words.**

	He stammered.
	彼はどもった。
言語障害	**speech defect** ¶ He has a speech defect. 　彼には言語障害がある。
つば(を吐く)	**spit** ¶ Don't spit on the ground. 　地面につばを吐くな。 ¶ Don't spit in my face. 　私の顔につばを吐きかける。
唾液	**saliva** 【səláivə】 「サライヴァ」と発音します。 「よだれ」のことも **saliva** といいます。「よだれをたらす」は **drool** とか **dribble**。バスケットボールのドリブルと同じです。**slobber** という言葉も使えます。 ¶ Wipe off the saliva. 　よだれをふきなさい。 ¶ He is drooling. 　He is dribbling. 　He is slobbering. 　彼はよだれをたらしている。
痰	**phlegm** 【flém】 発音に注意してください。
痰を切る	**clear the phlegm** ¶ I couldn't clear the phlegm from my throat. 　私は痰を切ることができなかった。

息

息	**breath** 【bréθ】
息が臭い，口臭がする。	He has bad breath.
息をする	**breathe** 【bríːð】 ¶ I can't breathe. 　息ができない。

息をきらす	**lose my breath** ¶ **I lost my breath.** 　息をきらせた。 「あえぐ」という感じになると **pant**,「ゼイゼイいう」だと **wheeze** という言葉を使います。 ¶ **He is panting.** 　彼は息が上がっている。 ¶ **He is wheezing.** 　彼は（苦しそうに）ゼイゼイいっている。
息をきらして	**out of breath** ¶ **He is out of breath.** 　彼は息をきらせている。
息をつく	**catch my breath** ¶ **I had no time to catch my breath.** 　息をつく間もなかった。
深呼吸する	① **take a deep breath**　② **breathe deeply** ¶ **Take a deep breath.** 　**Breathe deeply.** 　深呼吸して。
呼吸	① **breathing**　② **respiration**
呼吸困難	**difficulty in breathing** ¶ **She is having difficulty in breathing.** 　彼女は呼吸困難になっている。
人工呼吸	**artificial respiration** ¶ **I gave her artificial respiration.** 　彼女に人口呼吸を施した。
息を殺す，息をつめる	**hold my breath** ¶ **I held my breath.** 　息を殺した。
息をのむ	**gasp** ¶ **I gasped with surprise.** 　驚いて息をのんだ。
はっとさせる	**take my breath away** ¶ **It took my breath away.** 　それは私をはっとさせた。

ため息(をつく)	**sigh** ¶ **I sighed.** 　ため息をついた。
窒息させる，息がつまる	**choke** ¶ **The smoke choked me.** 　その煙で窒息しそうだった。 ¶ **I choked when a piece of meat got stuck in my throat.** 　肉が喉にひっかかって，息がつまった。
絞め殺す	**strangle** ¶ **She was strangled.** 　彼女は絞め殺された。
この部屋は息苦しい。	**This room is stuffy.**

舌

舌	**tongue 【tʌŋ】** ¶ **I bit my tongue.** 　舌をかんだ。 **tongue** には「言葉」の意味もあります。 母国語 **mother [native] tongue** ¶ **Japanese is my mother tongue.** 　**Japanese is my native tongue.** 　日本語が私の母国語です。
喉まで出かかっている。	**It's on the tip of my tongue.** **tip** は「先」の意味ですね。ペン先のことも **tip** といいます。また日本語の「チップ（心づけ）」も **tip** で，**chip** ではありません。**chip** は「ポテトチップス」や「シリコンチップス」のことです。 ここでは舌の先の上に思い出せない言葉がのっかっている感じです。だから「～の上に」ということで前置詞には **on** がくるわけです。「身に着ける」の意味の **put on** も，みな「何かの上にのせる」ということだからこそ **on** が使われるわけです。**on the table** もそうです。 **over**の場合には「～の上のほうに」という意味で，**on** とは違ってすぐ上にはのっていません。たとえば，**There was a picture over the fireplace.** といえば，「暖炉の上のほうに絵がかかっていた」と

いう意味になります。

このように前置詞も、それぞれ理由があってそこで使われています。その理由がわかると、やみくもに暗記しなくても、どの前置詞を使えばいいか、だいたいわかるようになります。前置詞と冠詞の使い方はおいおい説明していきます。その説明を通して、ぜひ前置詞と冠詞の使い方の感覚をつかんでいってください。ここではとりあえず、**on** は"上にのっている"感じなんだな、ということを頭に入れておいてください。

口がすべった。	**It was a slip of the tongue.** **slip** は日本語の「スリップ」から察せられるように「すべること」、「(床などが) すべりやすい」ことは **slippery** といいます。 ¶ **Watch your step. The floor is slippery.** 　足元に気をつけて。床がすべりやすいです。
口をすべらせた (まずいことを言った)。	**I put my foot in my mouth.**
ど忘れした。	**It slipped my mind.**
思い出せない。	**I can't remember（it）.**

喉，声

喉	**throat** ¶ **A fish bone got stuck in my throat.** 　魚の骨が喉に刺さった。
喉が痛い。	**I have a sore throat.** **sore** は「ヒリヒリするような感じ」をいいます。
口内炎	① **cold sore**　② **canker sore** 「目障りなもの」は **eyesore** でしたね。**cold sore** の **cold** はまたあとでやりますが、「風邪」のことです。 ¶ **I have a cold sore. That hurts a lot.** 　口内炎ができている。痛くてしょうがない。 ¶ **I have a canker sore.** 　口内炎ができている。 **It sticks out like a sore thumb.** というと「ひどく目立つ」という意味になります。

扁桃腺	**tonsil** ¶ **My tonsils are swollen.** 　扁桃腺がはれている。
扁桃腺炎	**tonsillitis**【tànsəláitis】「タンサライティス」 ¶ **I'm suffering from tonsillitis.** 　扁桃腺炎なんだ。
しわがれ声	**hoarse〔husky〕voice** ¶ **You have a hoarse voice.** 　**You have a husky voice.** 　しわがれ声だね。
声がしわがれている。	**I have a frog in my throat.** 「喉にカエルがいる」と表現するわけです。
低い声	**low voice** ¶ **She has a low voice.** 　彼女は声が低い。
⇕	¶ **She has a high voice.** 　彼女は声が高い。
(甲)高い声	**high(-pitched) voice** ¶ **She has a high-pitched voice.** 　彼女は声が甲高い。
太い声	**deep voice** ¶ **He has a deep voice.** 　彼女は声が太い。
喉が渇いた。	**I'm thirsty.**

唇

唇	**lip**
上唇	**upper lip** ¶ **I bit my upper lip.** 　上唇をかんだ。
下唇	**lower lip** ¶ **I bit my lower lip.** 　下唇をかんだ。

口をすぼめた。	**She puckered her lips.**
唇がうすい。 ⇕	**He has thin lips.**
唇が厚い。	**He has big lips.** ここでも **thin** の反対語として **thick** はあまり使いません。**thick** は **The wall is thick.**（その壁は厚い）のように使います。
じっとこらえた。	**I bit my lip.**
口紅	**lipstick** **rouge**（頬紅）を口紅の意味で使うこともあります。
彼女は口紅をつけていない，つけない。	① **She doesn't wear lipstick.** ② **She wears no lipstick.**

口紅をつける，さす	① **put on lipstick** ② **use lipstick** ③ **apply lipstick**
	¶ **I put on lipstick.**
	   I used lipstick.
	   I applied lipstick.
	   口紅をつけた。

歯

歯	**tooth** 複数形は **teeth** です。 ¶ **I clenched my teeth.** 歯をくいしばった。
歯が痛い。	**I have a toothache.**

歯を磨く	**brush my teeth**
	¶ **Brush your teeth well.**
	同じ「磨く」でも「靴を磨く」ときは，**polish [shine] my shoes** となります。**brush up my English**は，「英語に磨きをかける」という意味になります。
	¶ **Polish your shoes.**
	   Shine your shoes.
	   靴を磨きなさい。
	¶ **I brushed up my English.**
	   私は英語に磨きをかけた。

歯ブラシ	**toothbrush**
歯磨き粉	**toothpaste** ¶ **Someone used my toothbrush.** 　誰かが私の歯ブラシを使った。 ¶ **We've run out of toothpaste.** 　歯磨き粉がなくなっている。
虫歯	① **rotten tooth** 　② **bad tooth** 　③ **decayed tooth** 　④ **cavity** **cavity** は「穴のあいている虫歯」のことで，本来の意味は「空洞」ということです。センター試験の問題にも出ました。その穴に詰める「詰め物」のことは **filling** といいます。 ¶ **I have a rotten tooth.** 　**I have a bad tooth.** 　**I have a decayed tooth.** 　**I have a cavity.** 　虫歯がある。 ¶ **I got a filling.** 　(虫歯に)詰め物をしてもらった。
甘いものに目がない。	**I have a sweet tooth.**
歯医者	**dentist** ¶ **I went to see a dentist.** 　歯医者へみてもらいに行った。 ¶ **I went to the dentist.** 　歯医者へ行った。
歯を抜く	**pull out [extract] a tooth** ¶ **I had a decayed tooth pulled out at the dentist.** 　歯医者で虫歯を抜いてもらった。 ¶ **I had a bad tooth extracted.** 　虫歯を抜いてもらった。
抜歯	**extraction** ¶ **Her teeth are so bad that she needs two extractions.** 　彼女の歯は相当悪いので，二ヶ所抜歯が必要です。
永久歯	**permanent tooth** ¶ **This is a permanent tooth.** 　これは永久歯です。

乳歯	**baby tooth** ¶ **He pulled out a baby tooth.** 　彼は乳歯を抜いた。
奥歯	**back tooth** ¶ **My back tooth hurts badly.** 　奥歯がひどく痛い。
前歯	**front tooth** ¶ **His front teeth are prominent.** 　彼の前歯は出っぱっている。
出っ歯(の)	**bucktooth**(**ed**) ¶ **He has buckteeth.** 　**He is bucktoothed.** 　彼は出っ歯だ。
親しらず	**wisdom tooth** ¶ **I have a wisdom tooth.** 　親しらずがある。
入れ歯	① **artificial tooth**　② **false tooth** 「総入れ歯」の場合は **dentures** という言葉を使うのがふつうです。 ¶ **My artificial tooth has come off.** 　入れ歯がとれてしまった。 ¶ **This is a false tooth.** 　これは入れ歯です。 ¶ **I can't chew this meat with my dentures.** 　私の入れ歯ではこの肉はかめない。
歯石	**tartar** ¶ **I have tartar forming on my teeth.** 　歯石がたまっている。 ¶ **I want to get rid of the tartar.** 　**I want to have the tartar cleaned off my teeth.** 　歯石をとりたい。
歯槽膿漏	**pyorrhéa**【pàiərí:ə】「パイアリーア」 ¶ **I suffer from pyorrhea.** 　歯槽膿漏です。
歯ぐき	**gums** ふつう複数で使います。日本語の「ゴム」もこの **gum** を使います。

	「チューウイング・ガム」(**chewing**) **gum** も同じです。 ¶ **There is something wrong with my gums.** 　歯ぐきがおかしい。 ¶ **You are always chewing gum.** 　君はいつもガムをかんでいる。
つまようじ	**toothpick** ¶ **It's not polite to use a toothpick in public.** 　人前でつまようじを使うのは不作法だ。
歯列矯正治療	**orthodontic treatment** ¶ **I'm having orthodontic treatment.** 　歯列矯正治療を受けている。
歯列矯正医	**orthodontist** ¶ **He is an orthodontist.** 　歯列矯正医です。
歯列矯正器	**braces** ¶ **I wear braces.** 　歯列矯正器をつけている。
歯列矯正をする	**straighten my teeth** **straight** は「まっすぐな」, **straighten** は「まっすぐにする」。 ¶ **I straightened my teeth.** 　歯列矯正をした。
歯ぎしりする	**grind my teeth** **grind**【gráind】の発音に注意してください。 ¶ **You were grinding your teeth at night.** 　夜, 歯ぎしりしてたわよ。 ¶ **I can't take your teeth grinding anymore.** 　あなたの歯ぎしりにはもう我慢できないわ。 **grind** の本来の意味は「挽いて粉にする」ことで,「コーヒー豆を挽く」というときも, **grind the coffee beans** といいます。過去形は **ground**。

鼻

鼻が高い。 ⇕	**I have a long nose.**

鼻が低い。	**I have a flat nose.** **high** とか **low** といわないことに注意してください。**flat** は「平坦な」という意味です。「胸が小さい」というときも，この **flat** を使って，**She has a flat chest.** といいます。「胸が大きい」は **She has a big chest.** です。
鼻くそ	① **snot** ② **boogers** ¶ **Don't throw away your snot.** 　**Don't throw away your boogers.** 　鼻くそを捨てるな。
鼻をほじる	**pick my nose** ¶ **Don't pick your nose.** 　鼻をほじるな。
鼻水が出てるよ。	**Your nose is running.**
鼻水（が出る），鼻水をすする	**sniffle** ¶ **I couldn't stop sniffling.** 　鼻水が止まらなかった。 ¶ **Stop sniffling.** 　鼻をすするのはやめなさい。
鼻風邪	① **sniffles** ② **nose cold** ¶ **I might have the sniffles.** 　**I might have a nose cold.** 　鼻風邪かもしれない。
鼻をかむ	**blow my nose** ¶ **Blow your nose.** 　鼻をかみなさい。
鼻が詰まっている。	① **My nose is stuffed**（**up**）**.** ② **I have a stuffy nose.** 台所の流し（**sink**）などが詰まった場合は **blocked**，**clogged** やこの **stuffed** を使うので覚えておくと便利です。**stuff**【stʌf】は名詞では「物」，動詞では「詰める」の意味で，日本語のいわゆるスタッフ（**staff**【stɑːf】）とは違うので注意してください。 ¶ **The sink was blocked.** 　**The sink was clogged.** 　流しが詰まった。
鼻の穴	**nostril**

	¶ **His nostrils are big.** 彼の鼻の穴は大きい。
鼻毛	**hair in my nostrils** ¶ **He has lots of hair in his nostrils.** 鼻毛が多い。 ¶ **Don't pull the hair out of your nose in public.** 人前で鼻毛を抜くな。 鼻毛でも歯でも釘でも，「抜く」のはみな **pull out** です。**out** は「外へ」ということですから，「引っぱって（**pull**）外へ出す」というところからきています。
鼻声	**nasal voice** ¶ **You have a nasal voice.** 鼻声だね。
においをかぐ	**sniff** ¶ **I sniffed the flowers.** 花のにおいをかいだ。
鼻血	**nosebleed** **noseblood** でないことに注意してください。 ¶ **I had a nosebleed.** 鼻血が出た。
ちくのう症	**empyema**【èmpaiíːmə】「エムパイーマ」 ¶ **I got empyema.** ちくのう症になった。
鼻炎	① **nasal inflammation** ② **rhinitis**【raináitəs】 「ライナイタス」と発音します。 ¶ **I have nasal inflammation.** 　**I suffer from rhinitis.** 鼻炎なんだ。
アレルギー性鼻炎	**allergic rhinitis** ¶ **I have allergic rhinitis.** 　**I suffer from allergic rhinitis.** アレルギー性鼻炎なんだ。

耳，イヤリング

耳	ear
耳あか	① earwax ② wax
耳あかをとる	pick out the earwax
耳かき	earpick ¶ I picked out the earwax from my ears with an earpick. 　耳かきで耳あかをとった。
綿棒	cotton swab ¶ I removed the wax with a cotton swab. 　綿棒で耳あかをとった。
耳だれ	discharge ¶ You have discharge coming from your ear. 　耳だれが出ているよ。
耳がいい。	① I have good ears. ② I have good hearing.
耳が悪い。	① I have bad［poor］ears. ② I have bad［poor］hearing.
耳が遠い。	① I have（some）difficulty in hearing. ② I don't hear well. ③ I'm hard of hearing.
補聴器	hearing aid ¶ I need a hearing aid. 　補聴器は必要だ。
空耳だろう，気のせいだろう。	It must be your imagination.
全身を耳にしている。	I'm all ears.
聞き耳を立てる	prick up my ears ¶ I pricked up my ears. 　聞き耳を立てた。
ふと耳にする	overhear

	¶I overheard the conversation. その会話をふと耳にした。
盗み[立ち]聞き (する)	eavesdrop【íːvzdràp】「イーヴズドロップ」 ¶I eavesdropped on the conversation. その会話を立ち聞きした。
耳鳴りがする。	I have a ringing in my ears. 「耳鳴り」は，医学用語では，tinnitus【tinàitəs】といいます。
イヤリング	earrings 元はear ring（耳の飾り）ということでした。今は両耳につけるので，ふつう複数形で使います。ピアスは（pierced）earrings, 耳たぶにはさむタイプは clips といいます。 イヤリングをする　wear earrings ¶She wears earrings. 　She wears clips. 　彼女はイヤリングをしている。 ¶She wears (pierced) earrings. 　彼女はピアスをしている。
耳にピアスの穴をあけた。	I had my ears pierced. ふつうは人にやってもらうわけですから，I pierced my ears. とはいいません。I had my hair cut. と同じです。
耳たぶ	earlobe ¶He has big earlobes. 　彼は耳たぶが大きい。
耳栓(をする)	① stopple　② plug ¶I put stopples in my ears. 　I put plugs in my ears. 　I plugged my ears. 　耳栓をした。
鼓膜	eardrum ¶My eardrum was broken. 　鼓膜が破れた。
中耳炎	inflammation of the middle ear inflammation は，鼻炎にも中耳炎にも，炎症にはみんな使えます。 ¶You suffer from inflammation of the middle ear.

	中耳炎です。
外耳	**external ear** ¶ **You have inflammation of the external ear.** 外耳炎です。
内耳	**inner [internal] ear** ¶ **You suffer from inflammation of the inner ear.** 内耳炎です。

額，あご

額	**forehead** ¶ **He has sweat on his forehead.** 彼は額に汗をかいている。 ¶ **He wrinkled his forehead.** 彼は額にしわを寄せた。
こめかみ	**temple** ¶ **I put pressure on my temples.** こめかみを押した。
頭蓋骨	**skull**
脳	**brain** ¶ **The skull protects the brain.** 頭蓋骨が脳を守っている。
あご	**jaw** ¶ **My jaw was dislocated.** あごがはずれた。
あご先	**chin** ¶ **I was hit on the chin.** あご先を打たれた。
二重あご	**double chin** ¶ **He has a double chin.** 彼は二重あごだ。

part 7

人のからだと
基本動詞表現 4

さあ，今度こそ本当にあともう少しで，人のからだと基本動詞の勉強は終わりですから頑張ってください。
今度はダイエットや肥満の話も出てきます。
① 頭痛の種だ。
② 肩をすくめる
③ 肩甲骨
④ お腹が出ている。
⑤ ドキドキする。
⑥ みぞおち
⑦ ぎっくり腰になる
⑧ ダイエットする
⑨ 風邪をひきやすい。
⑩ 疲れやすい。
あなたはこれを英語でいえますか？

首，肩

首	**neck** ¶My neck hurts. 　首が痛い。
首を横に振る	**shake my head**
首を縦に振る	¶He shook his head. 　彼は首を横に振った。 **nod his head** ¶He nodded his head. 　彼は首を縦に振った。
首をかしげる	**tilt my head** ¶She tilted her head. 　彼女は首をかしげた。
寝ちがえた。	**I got a crick in my neck.** ¶I seem to have gotten a crick in my neck. 　どうも寝ちがえたらしい。
頭痛の種だ。	**He is a pain in the neck.**
肩こり	① **stiff shoulders**　② **stiff lower neck** ¶I have stiff shoulders. 　I have a stiff lower neck. 　肩がこっている。
肩を揉んでくれる？	① **Will you massage my shoulders?** ② **Will you give me a neck rub?**
肩をすくめる	**shrug my shoulders** ¶She shrugged her shoulders. 　彼女は肩をすくめた。
肩甲骨	**shoulder blade** ¶I have stiffness under my shoulder blade. 　I'm stiff under my shoulder blade. 　肩甲骨の下がこっている。
鎖骨	**collarbone** collar 【kɑ́lər】は「えり」のことです。 ¶Her collarbones are attractive.

彼女の鎖骨は魅力的だ。

胸, お腹

胸	**chest**
胸が苦しい。	**I feel [have] a tightness in my chest.** **tight** は「きつい」, 名詞の **tightness** は締めつけられる感じです。
女性の胸, 乳房	**breast** 「オッパイ」というくだけた表現になると**tits**とか**boobs**といいます。 巨乳の　**balloon-breasted** ¶**She is balloon-breasted.** 　彼女は巨乳だ。
乳がん	**breast cancer** ¶**She has breast cancer.** 　彼女は乳がんだ。
しこり	**lump** ¶**She has a lump in her breast.** 　胸にしこりがある。
乳首	**nipple** 「哺乳瓶の乳首」も**nipple**です。くだけて**tits**ともいいます。 ¶**The baby sucked on Mother's nipple.** 　赤ん坊は母親の乳首に吸いついた。
おへそ	**navel** ¶**Clean your navel.** 　おへそをきれいにしなさい。
お腹	① **belly**　② **stomach** **stomach**は「胃」のことでもあります。
腹ばいになる, 腹ばいに寝る ⇕	**lie on my belly [stomach]** ¶**Lie on your belly.** 　**Lie on your stomach.** 　腹ばいになって。
仰向けになる	**lie on my back** ¶**Lie on your back.** 　仰向けになって。

横向きになる	**lie on my side** **side**には「脇腹」の意味があります。 ¶ **Lie on your side.** 　横向きになって。 また、「へたばった」を英語では、**He went belly up.** といいます。魚が腹を出して浮かんでいる感じですね。
お腹が出ている。	**I have a big belly.**
太鼓腹	**potbelly** ¶ **He has a potbelly.** 　彼は太鼓腹だ。
お腹がいっぱい。	① **I'm full.** ② **I'm stuffed.**
ケーキを食べすぎた。	**I had [ate] too much cake.**
コーヒーを飲みすぎた。	**I had [drank] too much coffee.**
お腹がすいた。	**I'm hungry.**
腹ペコだ。	**I'm starving.** **starve**は「飢える」、**starvation**は「飢え」の意味です。 ¶ **He died of starvation.** 　彼は飢死した。
お腹が鳴っている。	**My stomach is growling [rumbling].**
ドキドキする。	**I have butterflies in my stomach.** 「胃の中に蝶々がいる」と表現するわけです。「ドキドキ」の感じがよく表れていますよね。
みぞおち	**pit of my stomach** ¶ **I have a pain in the pit of my stomach.** 　みぞおちのあたりが痛い。 **pit**は「くぼみ, 穴」のことで、劇場の一段下がったところにある「オーケストラ席」のことも**orchestra pit**といいます。また、「くぼみ, 穴」が転じて、口語では、**the pits**の形で「最低のもの」という意味でも使います。 ¶ **There were many players in the orchestra pit.**

	オーケストラ席には多くの演奏者がいた。 ¶ **That movie was the pits.** あの映画は最低だった。
腹部	**abdomen 【ǽbdəmən】** 「アブダマン」と発音します。 ¶ **I have a pain in my abdomen.** 腹部に痛みがある。
下腹部	**lower abdomen** ¶ **I have a pain in my lower abdomen.** 下腹部に痛みがある。
腹筋	**abdominal muscles** 腹筋を鍛える **develop my abdominal muscles** **develop**は「発達させる」ということです。「腹筋運動」のことは**sit-ups**といいます。 ¶ **I want to develop my abdominal muscles.** 腹筋を鍛えたい。 ¶ **I did 100 sit-ups.** 腹筋を100回やった。
腹式呼吸	**abdominal breathing** ¶ **Abdominal breathing is good for your health.** 腹式呼吸は健康にいい。
内臓	① **internal organs**　② **guts** **guts**には「勇気，根性」の意味もあります。 ¶ **His internal organs were damaged.** **His internal organs were injured.** 彼は内臓をやられた。 ¶ **He has guts.** 彼にはガッツがある。

背中，腰

背中	**back**
背中をかく	**scratch my back** ¶ **Scratch my back.** 背中をかいて。

陰で	**behind my back** ¶ **He talks about me behind my back.** 　彼は陰で僕の悪口を言っている。 「よく言う」なら **speak well of me** となります。 ¶ **He speaks well of me.** 　彼は僕のことをよく言ってくれている。
背中が曲がっているよ。	**You are slouching.**
背中を伸ばしなさい。	① **Straighten your back.** ② **Straighten up.** **up** は常に「上へ」という感じですね。「ピンと伸ばす」なら **upright** となります。 ③ **Sit up straight.** 座っているときに「背中を伸ばしなさい」と言うときの表現です。
身をかがめる ⇕	**lean forward** ¶ **I leaned forward to pick it up.** 　それを拾うために身をかがめた。
身をそらす	**lean back (ward)** **forward** は「前へ」，**back** は「後ろへ」という感じです。 ¶ **I leaned back to avoid getting hit by the ball.** 　そのボールをよけるために身をそらした。
姿勢	**posture** ¶ **Good posture is important for your health.** 　よい姿勢は健康のために大切だ。
背伸びをする	**stretch** ¶ **I stretched.** 　背伸びをした。
腰	**lower back** ¶ **I have a pain in my lower back.** 　腰が痛い。
ウエスト	**waist** ¶ **Her waist is only 50 centimeters around.** 　**Her waist measures only 50 centimeters around.** 　彼女はウエストが50センチしかない。

腰がくびれている。	① She has a small [narrow] waist. ② She is narrow in the middle.
ずん胴だ。	She has no waist.
腰痛	① lower-back pain (s)　② lumbago [lʌmbéigou] ¶ I have lower-back pains. 　I have lumbago. 　腰痛もちだ。
ぎっくり腰になる	strain my (lower) back ¶ I strained my lower back. 　ぎっくり腰になった。
ぎっくり腰	strained back ¶ A strained back is painful. 　A strained back is uncomfortable. 　ぎっくり腰はつらい。

身長，体重

背が高い ⇕	tall ¶ She is tall. 　彼女は背が高い。
背が低い	① short　② small ¶ She is short. 　She is small. 　彼女は背が低い。
身長	height
身長をはかる	measure [check] my height ¶ Let me measure your height. 　Let me check your height. 　身長をはからせて。
あなたの身長は？	How tall are you? 身長5フィート8インチです。**I'm five feet eight inches tall.**
体重	weight
体重をはかる	check my weight checkは，「熱をはかる」check my temperature，「脈をはかる」

check my pulseなどにも使えるので，覚えておいてください。
¶ **I haven't checked my weight recently.**
　ここのところ体重をはかっていない。
¶ **Let me check your temperature.**
　熱をはからせて。
¶ **Let me check your pulse.**
　脈をはからせて。

あなたの体重は？	① How much do you weigh? ② What is your weight?
体重が増える，体重を増やす	① gain weight　② put on weight ¶ **I've been gaining weight lately.** 　ここのところ体重が増えている。 ¶ **Are you putting on weight?** 　ちょっと太ったんじゃない？
体重が減る，体重を減らす	① lose weight　② take off weight ¶ **You have to lose weight.** 　**You have to take off weight.** 　あなたは体重を減らさなくては。

「台風が勢力を増した」「台風の勢力が衰えた」なども同じように，**The typhoon gained strength. / The typhoon lost strength.** ということができます。**strength**は「強さ」のことです。

体格，ダイエット

骨格，骸骨	**skeleton** 内輪の恥 **skeleton in my closet** ¶ **He found a skeleton in the basement.** 　彼は地下室で骸骨を発見した。 ¶ **We have a skeleton in our closet.** 　内輪の恥だ。
ミイラ	**mummy** ¶ **He found a mummy in the basement.** 　彼は地下室でミイラを発見した。
体格	**physique** 【fizíːk】「フィズィーク」 ¶ **He built up a muscular physique.** 　彼は筋骨たくましいからだを作り上げた。

体格のよい	**well-built** ¶He is well-built. 彼は体格がいい。
がっちりした	**stout** ¶He is stout. 彼は体格ががっちりしている。
太った	① **fat**　② **overweight** ¶He is fat. 　He is overweight. 彼は太っている。
肥満	① **fatness**　② **obesity**【oubíːsəti】 ¶Fatness is an enemy of your health. 　Obesity is an enemy of your health. 肥満は健康の敵だ。
肥満の	① **fat**　② **obese**「オウビース」 ¶He is obese. 彼は肥満だ。
脂肪	**fat** ¶You ought to reduce your body fat. あなたは体脂肪を減らすべきだ。
脂肪の塊	**fat mass** ¶This is a fat mass. これは脂肪の塊だ。
皮下脂肪	**subcutaneous fat** subcutaneousは【sʌ̀bkjuːtéiniəs】と発音します。 ¶You have a lot of subcutaneous fat. あなたには皮下脂肪がたくさんある。
脂肪を燃やす	**burn fat** ¶I want to burn fat by exercising. 運動で脂肪を燃やしたい。
ぜいにく	**flab** ¶You have lots of flab around your waist. あなたは腰のあたりにぜいにくがたくさんある。

ダイエットする[している]	**go [be] on a diet** **diet**は「食餌療法」のことです。単に「体重が減る，減らす」だけなら，**lose [take off] weight**でしたね。 **diet**には「食生活」の意味もあります。**poor diet**といえば，「貧しい食生活」ということになります。 ¶ **I'm going on a diet.** 　ダイエットしようと思う。 ¶ **I'm on a diet.** 　ダイエット中なの。
ぽっちゃりした	**chubby** ¶ **She is chubby.** 　彼女はぽっちゃりしている。
やせた	**lean** **thin**は主に，病気などでやせた場合に使います。また日本語でいうスマート（**smart**）は，英語では「頭がいい」の意味になります。 ¶ **She is lean.** 　彼女はやせている。 ¶ **She looks thin after being sick.** 　病後やせたように見える。 ¶ **She is smart.** 　彼女は頭がいい。
ほっそりとした	① **slim**　② **slender** ¶ **She is slim.** 　**She is slender.** 　彼女はほっそりしている。
ガリガリにやせた	**skinny** ¶ **She is skinny.** 　彼女はガリガリにやせている。
からだが弱い	① **weak**　② **frail**　③ **fragile** **frail**は「ひ弱な」，**fragile**は「脆い」という感じです。 ¶ **She is weak.** 　彼女はからだが弱い。 ¶ **She is frail.** 　彼女はひ弱だ。 ¶ **She is fragile.** 　彼女は脆い。

虚弱体質だ。	¶ **I have a weak constitution.** **constitution**は「構造，組織」のこと，**the Constitution**となれば，もちろん「憲法」のことです。
風邪をひきやすい。	① **I often catch cold.** ② **I catch colds easily.** ③ **I'm prone to catching colds.** 「気管支炎になりやすい」なら，**I get bronchitis easily.** です。この**bronchitis 【braŋkáitis】**は「ブランカイティス」と発音します。この私がそうなのです。
疲れやすい。	① **I tire easily.** ② **I'm inclined to get tired easily.**
冷え性です。	**I'm sensitive to the cold.** 冷え性を名詞ではあまり使いませんが，あえていえば，**sensitiveness to the cold**になるかと思います。 ¶ **I'm oversensitive to the cold.** 　私はかなりの冷え性です。
血行が悪い。	¶ **I have poor（blood）circulation.**

お尻

お尻	**hips** お尻の両脇に張り出した部分のことです。多くの場合，複数形で使います。他に「お尻」は**bottom**とか**rear end**，**behind**ということもあります。**buttocks**は「臀部」のこと，「ケツ」は**ass**で俗語です。「クソ野郎」は**asshole**といいます。 ¶ **Women have rounder hips than men.** 　女性のお尻は男性より丸い。 ¶ **I have a boil on my bottom.** 　**I have a boil on my rear end.** 　お尻におできができている。 ¶ **I fell on my behind.** 　尻もちをついた。 ¶ **My buttocks hurt.** 　臀部が痛い。
おなら	**gas**
おならをする	**pass gas**

誰がおならしたの？	① **Who passed gas?** ② **Who has gas?** ③ **Who cut the cheese?** チーズもけっこうくさいですからね。 ④ **Who broke wind?**
屁(をこく)	**fart** 卑語なので，聞いてわかっても，自分ではあまり使わないでください。 ¶**Who farted?** 　誰が屁をこいたんだ？
くさいわね。	**How stinky!**
肛門	**anus 【éinəs】** ¶**You have a cut around the anus.** 　肛門のまわりに傷ができています。
痔	**hemorrhoids 【hémərɔ̀idz】** 通例複数で使います。「ヘマロイズ」と発音します。 ¶**I suffer from hemorrhoids.** 　痔なんです。
膀胱	**bladder** ¶**My bladder is almost ready to explode.** 　膀胱が破裂しそうだ。
おしっこを我慢している。	**I'm holding in a pee.** pee といわず **I'm holding it.** とあいまいにいうこともあります。「尿」のことは **urine 【júərin】** といいます。「ユーリン」と発音します。「放尿する，排尿する」は **úrinate**。トイレのことはまたあとでやるので，もう少し「我慢」していてください。 ¶**I really need to pee.** 　もうおしっこを我慢できない。 ¶**I urinated.** 　排尿した。
血尿が出た。	**There was blood in my urine.**

part 8

レストラン・外食

さあ、ようやく人のからだと基本動詞の勉強が終わりました。
自分のからだのことはだいたいいえるようになりましたか？
英語で背中をかいたり、おならをしたり、
眼鏡をかけたり、日焼けしたりできるようになりましたか？
ところで、少しお腹すきませんか？　すきましたよね。腹が減っては
戦ができませんから、ちょっとレストランへ出かけて、
食事をしていきましょう。

①腹が減っては戦ができぬ。
②何がお勧めですか？
③自慢の料理
④(肉の)筋が多い
⑤あれと同じものをください。
⑥これは頼んでいません。
⑦塩からい
⑧味がうすい
⑨口に合う
⑩このワインは気が抜けている。

これをあなたは英語でいえますか？

レストラン

腹が減っては戦ができぬ。	① **An army marches on its stomach.** ② **An empty sack can't stand upright.**
会員制レストラン	**exclusive restaurant** **exclusive** は「排他的な」という意味です。 ¶ **This is an exclusive restaurant.** 　ここは会員制レストランです。
焼肉	**Koréan barbecue** ¶ **Why don't we eat Korean barbecue?** 　焼肉を食べるってのはどう？
バイキング（料理）	① **buffet**【bəféi】「バフェイ」　② **smorgasbord** ¶ **I like buffets.** 　**I like smorgasbords.** 　バイキング料理が好き。
服装規定を教えてください。	**What is your dress code?**
ジャケットは必要ですか？	**Are jackets required?**
半ズボンでもいいですか？	**Are shorts allowed?**
ジーンズでもいいですか？	**Are jeans allowed?**
外食する	**eat out** ¶ **I want to eat out today.** 　今日は外で食べたい。
7時に予約した井上です。	**My name is Inoue. I have a reservation for 7 o'clock.** レストランを「予約する」ときは**make a reservation**や**reserve (a table)** を使います。
7時にテーブルを1つ予約したいのですが。	**I'd like to reserve a table for 7 o'clock.**
あと二人きます。	**Two more coming.**

空いている席は ありますか？	**Are there any seats available?** **available**は「利用できる」という意味です。「私は今，手があいています」は，**I'm available now.** といいます。
いらした方から 順に席にご案内 しています。	**We run on a first-come-first-served basis.**
窓ぎわの席，窓 ぎわのテーブル	**table by the window** ¶ **Is there a table available by the window?** 窓ぎわ席（テーブル）は空いていますか？
奥の席	**table in the back** ¶ **Is there a table available in the back?** 奥の席は空いていますか？

注文

注文をとっても いいですか？	**Are you ready to order?**
注文してもいい ですか？	**May I order?**
何がお勧めです か？	**What do you recommend?**
安くておいしい もので何がお勧 めですか？	**What do you recommend that is cheap and good?** **recommend**には「推薦する」の意味もあります。 ¶ **He is the candidate recommended by the Liberal Democratic Party.** 彼は自民党推薦候補だ。
今すぐ食べられ るものはありま すか？	**Are there any dishes [items] you can serve right away?**
すぐにできるも のはあります か？	**Do you have anything that can be served quickly?**
自慢の料理	**specialty** **specialty**は「自慢の品，得意なもの，十八番」のことです。単に

「地元の料理」なら **local dish** といいます。**dish** はお皿が転じて「料理」の意味になります。
¶ **What is your specialty?**
　この店の自慢の料理は何ですか？

地元の名物料理	**local specialty** ¶ **What is the local specialty?** 　地元の名物料理は何ですか？ ¶ **What is your karaoke specialty?** 　カラオケのおはこ(十八番)は何ですか？
このワインにあうおつまみは何かありますか？	**Do you have any snacks to go with this wine?** ¶ **Do you have any hors d'oeuvre to go with this wine?** 　このワインにあうオードブルは何かありますか？
それはどんなものですか？	**What is it like?**
それをください。	**I'll have it.**
ステーキをください。	**I'll have steak.** 「～をください」は **I will [I'll] have～.** といいます。もう少し丁寧に「～をいただきます」といいたいなら，**I would [I'd] like to have～.** となります。
ステーキはどう焼きますか？	**How would you like your steak?**
よく焼いてください。	**Well done, please.**
中ぐらい(ミディアム)	**medium** ¶ **Medium, please.** 　中ぐらいでお願いします。
レア(生焼き)	**rare** ¶ **Rare, please.** 　レアでお願いします。
このステーキは固い。	① **This steak is tough.** ② **This steak is chewy.** **hard** とはいわないので注意してください。**chewy** は【tʃúːi】と発音します。「かみごたえのある」といった意味です。

柔らかい	**tender** ¶ **This steak is tender.** 　このステーキは柔らかい。
筋が多い	**stringy** ¶ **This meat is stringy.** 　このステーキは筋が多い。
菜食の，菜食主義者	**vegetarian** ¶ **Linda is a vegetarian.** 　リンダは菜食主義者だ。
肉食の	**carnívorous** 肉食動物　**cárnivore** **carn**は**carnival**（謝肉祭）などを見てもわかる通り，「肉の」という接頭辞です。 ¶ **Lions are carnivorous.** 　ライオンは肉食だ。 ¶ **Tigers are carnivores.** 　虎は肉食動物だ。
草食の	**herbivorous** 草食動物　**herbivore** これは **herb**（草）から来ています。「雑食の」は **omnivorous** です。**omni** は **omnipotent**「全能の」などを見てもわかる通り「すべての」という接頭辞です。 ¶ **Horses are herbivorous.** 　馬は草食だ。 ¶ **Sheep are herbivores.** 　羊は草食動物だ。 ¶ **Humans are omnivorous.** 　人間は雑食だ。 ¶ **God is omnipotent.** 　神は全能だ。
あれと同じものをください，あれと同じものがほしい。	① **I would like that dish over there.** ② **I'll have the same（dish）as that.** ③ **May I have the same as that?**
違う	**different** 違い　**difference**

	¶ **This dish is different from that one.** この料理はあれと違う。 ¶ **What is the difference between the two?** その2つの違いは何ですか？ ¶ **What is the difference among the three?** その3つの違いは何ですか？
あれと似たようなものがありますか？	**Do you have any similar dishes?**
もうなくなってしまいました。	**We've run out of it already.**
かなり量がありますか？	① **Does this item have a large portion?** ② **Is the size of this item quite substantial?** **substantial**というと「(食事などが) たっぷりとした」「実体のある」,**substance**は「実体, 本質, 物質」などの意味です。 ¶ **Water and ice consist of the same substance.** 水と氷は同じ物質からできている。 ¶ **I couldn't find the substance of the organization.** 私にはその組織の実体がよく分からなかった。
この料理の名前は？	① **What do you call this dish?** ② **What is this dish called?**
何からできてるの？（素材は？）	**What is it made of?**
これは頼んでいません。	**I didn't order this.**
頼んだものと違います。	① **This is not what I ordered.** ② **This is different from what I ordered.**
注文したものがまだきません。	**My order hasn't come yet.**
何でそんなに時間がかかるの？	**What's taking so long?**

食べ方

はしをいただけますか？	May I have chopsticks?
塩をとって(ください)。	① Pass me the salt. ② Please pass me the salt. ③ Would you pass me the salt? ③にいくに従って丁寧になっていきます。
丸ごと平らげる	polish off ¶He polished off the whole pie. 　彼はパイを丸ごと平らげた。
ガツガツ食べる	devour ¶Stop devouring the food. 　ガツガツ食べるのはやめなさい。
音を立てて食べる	slurp ¶Stop slurping. 　音を立てて食べるのはやめなさい。
もりもり食べる。	He eats like a horse.
飲み込む	swallow ¶I can't swallow this. 　これは飲み込めない。

味

味わう，味	taste ¶Taste it slowly. 　ゆっくり味わいなさい。
味がいい。	This tastes good. ⇔味が悪い。　This tastes bad.
美味しい	① delicious　② good
美味しそう。	It looks delicious [good].
まずい	terrible ¶This is terrible. 　これはまずい。

Part 8　レストラン・外食

いいにおい。	**It smells good.**
辛い	① **spicy** ② **hot** ¶ **This is too spicy.** 　**This is too hot.** 　これは辛すぎる。
口から火が出るほど辛い。	**My mouth is burning.**
刺激物	**stimulant** **stimulant**には「興奮剤」の意味もあります。反対は**depressant**「鎮静剤」です。 ¶ **Coffee is a stimulant.** 　コーヒーは刺激物だ。 ¶ **The doctor gave me a stimulant.** 　医者に興奮剤を処方された。 ¶ **The doctor gave me a depressant.** 　医者に鎮静剤を処方された。
刺激的な	**stimulating** ¶ **This is stimulating.** 　これは刺激的だ。
塩からい ⇕	**salty** ¶ **This is too salty.** 　これは塩からすぎる。
甘い	**sweet** ¶ **This is too sweet.** 　これは甘すぎる。
すっぱい	**sour** ¶ **This is sour.** 　これはすっぱい。
苦い	**bitter** ¶ **This coffee is rather bitter.** 　このコーヒーはかなり苦い。
渋い	**harsh** ¶ **This is harsh.** 　これは渋い。

油っこい	**greasy**
	¶ **This is too greasy.**
	これは油っこすぎる。
口に合う，ちょうどいい	**palatable**【pǽlətəbl】
	「パラタブル」と発音します。
⇕	¶ **This is quite palatable to me.**
	これは私の口にとても合う。
口に合わない	**unpalatable**
	¶ **This is unpalatable to me.**
	これは私の口に合わない。
味がうすい	① **flat**　② **have little taste**　③ **have a weak flavor**
	ビールなどで「気が抜けている」のも **flat** ということがあります。ふつうは **stale** を使います。
	¶ **This is flat.**
	これは味がうすい。
	¶ **This soup has little taste.**
	This soup has a weak flavor.
	このスープは味がうすい。
うす味の	**lightly seasoned**
	season には「味をつける」という意味があります。
	¶ **This is lightly seasoned.**
	これはうす味だ。
濃い味つけの	**heavily seasoned**。
	¶ **This is heavily seasoned.**
	これは濃い味つけだ。
調味料	**seasoning**
	¶ **What kind of seasoning do you use?**
	どんな調味料を使ってるんですか？
甘味料	**sweetening**
	¶ **Sugar is the most common sweetening.**
	砂糖は最も一般的な甘味料だ。
人工甘味料	(**artificial**) **sweetener**
	¶ **I don't like food with artificial sweetener.**
	人工甘味料を使ったものは好きじゃない。

味がない	① **too flat**　② **have no taste [flavor]** ¶ **This is too flat.** 　味がなさすぎる。 ¶ **This has no taste.** 　**This has no flavor.** 　味がない。
味が濃い	① **strong**　② **have a strong flavor** ¶ **This soup is strong.** 　**This soup has a strong flavor.** 　このスープは味が濃い。
微妙な味，繊細な味	**subtle flavor [taste]** ¶ **Japanese food has subtle flavors.** 　日本料理は繊細な味がする。
一風変わった味	**pecúliar flavor [taste]** ¶ **This has a peculiar flavor.** 　**This has a peculiar taste.** 　これは一風変わった味がする。
食べ物にうるさい。	① **He is particular about food.** ② **He is fussy about food.** 「うるさすぎる」という感じになると，**picky**とか**finicky**といった言葉を使います。 ¶ **He is picky about food.** 　**He is finicky about food.** 　あいつは食べ物にうるさすぎる。
食通	**gourmet【guərméi】** アクセントに気をつけてください。 ¶ **He is a gourmet.** 　彼はグルメ（食通）だ。
甘いものに目がない。	① **I am partial to sweets.** ② **I have a weakness for sweets.** **I have a sweet tooth.** という言い方もありましたね。
目が欲しがっている。	**My eyes are bigger than my stomach.**

消化

消化のいい ⇕	**digestible** ¶ **This is quite digestible.** 　これはとても消化がいい。
消化の悪い	**indigestible** ¶ **This is indigestible.** 　これは消化が悪い。
消化	**digestion** ¶ **I have to do a little exercise to help my digestion.** 　消化を助けるために少し運動しないと。
消化不良	**indigestion** ¶ **Overeating often causes indigestion.** 　食べ過ぎるとよく消化不良を起こす。
消化する	**digest** ¶ **I can't digest milk.** 　牛乳を消化できない。
これは太る。	**This is fattening.** fatteningは「(食べ物が)人を太らせる」の意味です。
カロリーが高い。	**This is high in calories.**
栄養がある，栄養になる	① **nutritious** ② **provide a lot of nutrition** 栄養　**nutrition** ¶ **This food is nutritious.** 　**This food provides a lot of nutrition.** 　この食物は栄養がある。 ¶ **Eels are good for building energy.** 　うなぎを食べると精力がつく。
生の	**raw** ¶ **This is raw fish.** 　生の魚だ。
天然のままの	**crude** 原油　**crude oil** ¶ **Some Asian countries produce crude rubber.** 　アジアのいくつかの国は天然ゴムを産山する。

Part 8　**レストラン・外食**

	¶ **Texas produces crude oil.** テキサスは原油を産出する。
腐った	**rotten** ¶ **This is rotten.** これは腐っている。
食中毒	**food poisoning** ¶ **Three people are suffering from food poisoning.** 3人が食中毒にかかっている。

お酒を飲む

ワインを飲む	**drink wine** ¶ **Let's drink wine.** ワインを飲もう。 ¶ **Which would you like, white or red?** 白，それとも赤？
ウイスキーの水割り	**whisky with water** ¶ **I'll drink whisky with water.** ウイスキーの水割りをください。
このワインは気が抜けている。	**This wine has lost its savor.** **savor**は「風味，味わい」といった意味になります。もちろんビール同様，**stale** や **flat** を使うこともできます。 ¶ **This wine is stale.** このワインは気が抜けている。 ¶ **This beer is stale.** このビールは気が抜けている。
ワイン通	**connoisseur of wine** **connoisseur** 【kànəsə́ːr】は「通，目きき，くろうと」の意味です。 ¶ **He is a connoisseur of wine.** 彼はワイン通だ。 **He knows very well about wine.** や **He is an expect on wine.** とも言えます。
チャンポンで飲む	**mix drinks** ¶ **You shouldn't mix drinks.** チャンポンで飲むのはやめたほうがいい。
一気飲みする	① **drink it in a gulp** ② **chug**

	gulpは「ごくごく飲む（こと）」の意味です。 ¶He drank it in a gulp. 　He chugged it. 　一気飲みした。
お酒	alcohol [ǽlkəhɔ(ː)l] ¶I don't drink alcohol. 　アルコールは飲まないの。
アルコール抜きの飲み物	non-alcohólic beverage [drink] ¶I'll have a non-alcoholic beverage. 　私はアルコール抜きの飲物をもらうわ。
炭酸抜きの	non-carbonated ¶I'll have a non-carbonated drink. 　私は炭酸抜きの飲物をもらうわ。
酔う	get drunk ¶I got drunk. 　酔っ払ったよ。
酔った	drunken [drunk] ¶You are drunken. 　酔ってるのね。
ほろ酔いの	tipsy ¶He is tipsy. 　彼はほろ酔いかげんだ。
しらふの	sober ¶I'm sober. 　しらふだよ。
二日酔い	hangover ¶I have a hangover. 　二日酔いだ。
アルコール中毒の，アルコール中毒者	alcoholic ¶He is alcoholic. 　彼はアルコール中毒だ。
急性アルコール中毒 ⇕	acute álcoholism ¶You are suffering from acute alcoholism. 　急性のアルコール中毒ですね。

Part 8　レストラン・外食

慢性の	**chronic** ¶ **You are suffering from chronic alcoholism.** 慢性のアルコール中毒ですね。
アルコール依存症	**alcohólic dependency** ¶ **He suffers from alcoholic dependency.** 彼はアルコール依存症に苦しんでいる。
麻薬中毒者	**drug addict** ¶ **He is a drug addict.** 彼は麻薬中毒者だ。
ゆうべあんなに飲むんじゃなかった。	¶ **I shouldn't have drunk so much last night.**
酒が強い，たくさん飲む。	**He's a heavy drinker.**
酒が弱い，あまり飲めない。	① **He gets drunk easily.** ② **He can't drink so much.**
空きっ腹に飲む	**drink on an empty stomach** ¶ **It's not good to drink on an empty stomach.** 空きっ腹に飲むのはよくない。
ちびちび飲む	**sip** ¶ **I'm always sipping.** 私はいつもちびちび飲むんです。
ビールをもう一杯ください。	① **I'll have another beer.** ② **Give me another beer.**
もう少しワインをどう？	**Do you want some more wine?**
もう少しワインをいかがですか？	① **Would you like some more wine?** ② **Would you care for some more wine?**

デザート

デザート	**dessert** ¶ **Eat all of your vegetables before dessert.**

	デザートの前に野菜を全部食べなさい。 ¶ **I have enough room for dessert.** デザートの分はお腹を空けてある。
プリン	**pudding** ¶ **I'd like some pudding.** プリンがいいわ。
アイスティー	**iced tea** **ice tea**ではありません。 ¶ **Would you like something to drink with dessert?** デザートと一緒に何か飲み物を召し上がりますか？ ¶ **I would like iced tea.** アイスティーをいただきます。
食べ残し	① **leftovers** ② **remains** 通例複数で使います。 ¶ **We'd like to take the leftovers with us.** 食べ残した分を持って帰りたいのですが。 ¶ **The remains of dinner were fed to the dog.** 夕食の食べ残しは犬に与えられた。
残飯	**scraps** ¶ **Leftovers are different from scraps.** 食べ残しと残飯は違う。

煙草

煙草を吸っても いいですか？	**May I smoke?**
どうぞどうぞ。	**Yes, you may. Go right ahead.**
いいえ，煙草は やめてください。	**No, please don't smoke.**
煙草を吸ったら 気になりますか？	**Do you mind if I smoke?** もっと丁寧に，**Would you mind**を使えば，**Would you mind if I smoked?** と，**if**のあとは仮定法になります。 いいえ，どうぞ吸ってください。**No, I don't. Please smoke.** ええ，煙草はやめてください。**Yes, I do. Please don't smoke.**

それはやめていただけますか？	**Do you mind?**
煙草はご遠慮ください。	**Please refrain from smoking here.** refrain from～ingは「～を控える」の意味です。
煙草は益よりも害の方が多い。	**Smoking does more harm than good.**
火を貸してもらえますか？	**Can you give me a light?**
マッチをすった。	**She struck a match.**
煙草の火を消す	**put out my cigarette** ¶ **Put out your cigarette.** 　煙草の火を消して。
煙が目にしみるわ。	**Smoke gets in my eyes.**
禁煙する	**quit smoking** ¶ **I've quit smoking.** 　煙草はやめたんだ。

お勘定

お勘定をお願いします。	**May I have the check, please?** お勘定，お願いします。　**Check, please.**
全部で200ドルになります。	**The check amounts to 200 dollars.**
勘定に間違いがあります。	**I think there is a mistake on the bill［check］.**
レシートをいただけますか？	**May I have a receipt?**
ボラれた。	**I got ripped off.**
僕のおごりだ。	① **It's my treat.** ② **I'll take care of the bill.** ビジネスなどでは②のほうを使います。

夕食をおごった。	**I treated him to dinner.**
店のおごりだ。	**It's on the house.**
割り勘にしよう。	① **Let's split the bill.** ② **Let's go Dutch.** ②の言い方はもう古い感じがします。

テイクアウト

ここで食べますか，それとも持ち帰りますか？	**For here or to go?** ここで食べます。 **For here, please.**
チーズバーガー1つとポテト1つを持ち帰りで。	**One cheeseburger and one french fry to go, please.** 日本でいう「テイクアウト」は英語の takeout をそのまま使っています。 ¶**Two cheeseburgers for takeout, please.** 　チーズバーガーを2つテイクアウトで。
急いでいます。	**We are in a hurry.** 「すごく急いでいます」なら，**We are in a big hurry.** といいます。
急いでいません。ゆっくりやってください。	**There's no hurry. Take your time.**
この店は何時までやっていますか？	① **How late are you open?** ② **What time〔When〕do you close?**

part 9

朝起きてから
出かけるまで

さあ，腹ごしらえもすんだところで，今度は朝起きてから夜寝るまで，一日を過ごすために必要な英語を勉強しましょう。
まずは朝起きてから出かけるまでです。
① 目覚まし時計を7時にセットした。
② コーヒーのせいで眠れなかった。
③ 早起きは三文の得。
④ ひげを剃る
⑤ 厚化粧をしている
⑥ 新聞に目を通す
⑦ パンにバターを塗る
⑧ トイレへ行く
⑨ 下痢だ。
⑩ ゴミを出す
これをあなたは英語でいえますか？

時計，時間

目覚まし時計	**alarm clock**
目覚ましが鳴った。	**The alarm clock went off.** 目覚ましが鳴っている。 **The alarm clock is ringing.**
目覚ましを止める	**turn off the alarm clock** ¶ **Turn off the alarm clock ― immediately.** 目覚ましを止めて―今すぐ。
目覚まし時計を7時にセットした。	**I set the alarm clock for seven（o'clock）.** **o'clock**はもちろん，**of the clock**の省略形です。**for**は「～のために」の他に，「～を目指して」というときにも使う前置詞です。
時計が5分進んでいる。	**The clock is five minutes fast.**
時計が5分遅れている。	**The clock is five minutes slow［behind］.** 「進んでいる」「遅れている」という状態のときは，**fast**，**slow**を使い，「進む」「遅れる」には **gain**, **lose** を使います。体重が「増える」「減る」と同じ動詞ですね。 ¶ **My watch gains one minute a day.** 私の腕時計は1日に1分進む。 ¶ **My watch loses one minute a day.** 私の腕時計は1日に1分遅れる。
今，何時？	**What time is it now?**
7時5分。	① **Five past［after］seven.** ② **Seven oh five.** 7時9分までは，7:01～7:09と0が入るので，必ず **oh** を入れています。
7時5分前。	**Five to［before］seven.**
8時15分。	① **Eight fifteen.** ② **Quarter past eight.** **quarter** は「4分の1」のことです。
8時15分前。	**Quarter to eight.** **It's a quarter to eight.** と**It's** がつくと **a** が必要になります。 7時45分。**Seven forty-five.**

9時半。	Nine thirty.
今日は何日?	What's the date today?
5月12日です。	(It's) May twelfth. 日付をいうときには数字に**-th**をつけて「〜番目の日」という言い方をします。1日から3日までは**first, second, third**となります。 (**It's**) **the 12th of May.** となると**the**が必要になります。
7月29日です。	① It's July twenty-ninth. ② It's the 29th of July.
今日は何曜日?	What day is it today? 火曜日よ。 It's Tuesday.

目覚め

起きる	**get up** **up**は「上へ」の意味ですね。**set up**「会社などを設立する」, **pick up**「乗せる, 拾う」, **bring up**「問題などを持ち出す」など, みなこの「上へ」という感じから使われています。この感覚をつかんでいくと, **up**を使うときが自然にわかっていきます。 ¶ **Get up quickly.** 　すぐに起きて。 朝起きて機嫌が悪い人には, **You must have gotten up on the wrong side of the bed.** などと言います。
目が覚める, 起こす	**wake up** ¶ **I have to wake up my children.** 　子供たちを起こさなくちゃ。
目を覚まして! 起きて!	**Wake up!**
目が覚めている	**awake** ¶ **Are you awake?** 　起きてるの? ¶ **Yes, I'm awake.** 　起きているよ。
コーヒーのせいで眠れなかった。	Coffee kept me awake.

Part 9 朝起きてから出かけるまで

ベッドから出る	**get out of bed** ¶ **Get out of bed quickly.** 　早くベッドから出て。
早起きは三文の得。	**The early bird catches the worm.** **worm** はミミズのような蠕虫（ぜんちゅう）のことです。
眠い	**sleepy** ¶ **I'm still sleepy.** 　まだ眠いよ。
ぜんぜん寝られなかった。	① **I couldn't get any sleep.** ② **I hardly got any sleep.** ③ **I could hardly sleep.**
よく寝たなあ。	**I had a good sleep.** ぐっすり寝たなぁ。**I had a deep sleep.**
熟睡	**sound sleep**
熟睡した。	① **I had a sound sleep.** ② **I slept soundly.** ③ **I slept like a log.** **log** は「丸太」のことです。
遅くまで寝る	**sleep late** ¶ **I slept late this morning.** 　今朝は遅くまで寝てたんだ。 ¶ **Did you stay up late last night?** 　夕べ遅くまで起きてたの？
暖房をつける ⇕	**turn on the heater** ¶ **Please turn on the heater.** 暖房をつけてください。
暖房を消す	**turn off the heater** ¶ **Please turn off the heater.** 　暖房を消してください。 電気，テレビ，ラジオ，ガスなどを「つける」「消す」は，ほとんどこの **turn on**，**turn off** でいうことができます。**switch on**［**off**］も使えます。「湿度を下げる」「上げる」は **turn down**，**turn up** です。 ¶ **Please turn down the heater.**

	暖房を弱くしてください。
	¶ **Please turn up the heater.**
	暖房を強くしてください。
ご機嫌ね。	**What turns you on?**
	直訳すれば，「何があなたを **turn on** しているの？」となります。
寝起きがいい。	**He is always in a good mood in the morning.**
寝起きが悪い。	**He is always in a bad mood in the morning.**
冷房	**air conditioner**
	¶ **Please switch on the air conditioner.**
	エアコンをつけてください。
	¶ **Please switch off the air conditioner.**
	エアコンを消してください。
エアコンの調子がおかしい。	**The air conditioner doesn't work well.**
エアコンが故障している。	**The air conditioner is out of order.**
調子が悪い	**on the blink**
	¶ **The air conditioner is on the blink.**
	エアコンの調子が悪い。
スイッチを入れても冷たい風が出てこない。	**There's no cool air coming out when I turn it on.**
	¶ **There's no warm air coming out when I turn it on.**
	スイッチを入れても暖かい風が出てこない。

洗面

顔を洗う	**wash my face**
	¶ **Wash your face before breakfast.**
	朝食の前に顔を洗いなさい。
石けん	**soap**
	¶ **Where is the soap?**
	石けんはどこ？
石けん置き	**soap dish**
	¶ **In the soap dish.**

	石けん置きの中よ。
洗面台	**sink** ¶ **Don't splash water around the sink.** 洗面台のまわりに水を飛ばさないでね。
洗面器	① **basin**【béisn】 ② **washbowl** ¶ **Use the basin.** **Use the washbowl.** 洗面器を使って。
蛇口	**faucet**【fɔ́ːsit】 蛇口をひねる **turn on [open] the faucet** 「蛇口」のことは **tap** ともいいます。 ¶ **The water doesn't come out.** 水が出ないよ。 ¶ **Did you turn on the faucet?** **Did you open the tap?** 蛇口をひねったの？
水道水	**tap water** ¶ **This is the tap water.** これは水道水よ。 ¶ **This is well-water.** 井戸水よ。
水を出す ⇕	① **turn on the water** ② **turn the water on** ¶ **Turn on the water.** 水を出して。 ① **turn off the water** ② **turn the water off** 「蛇口を開く［閉める］」なら，**turn on [off] the faucet** です。ただし，蛇口のハンドルが回転式のものではなく，上下に押したり引いたりするもののときは，**push [pull] the water out, pull [push] the water off** ということもあります。
水を止める	¶ **Turn off the water.** 水を止めて。 ¶ **Don't use too much water.** 水をあまり出しすぎないでね。
水の取っ手	**cold water handle** ¶ **Push the cold water handle.**

	水の取っ手を押して。
お湯の取っ手	**hot water handle** ¶ **Pull the hot water handle.** お湯の取っ手を引いて。
排水管	**drain** ¶ **The drain is blocked.** 　**The drain got clogged.** 　排水管が詰まった。
一日の仕事が水の泡になった。	**A day's work went down the drain.**
水が漏れている。	**The water is leaking.**
水が洗面台からあふれている。	**The water is overflowing in the sink.**
顔をふく	**dry my face** ¶ **Dry your face.** 　顔をふきなさい。
手をふく	**dry my hands** ¶ **I dried my hands with a handkerchief.** 　ハンカチで手をふいた。
ひげを剃る	① **shave**　② **have a shave** ¶ **I've got to have a shave.** 　ひげを剃らなくちゃ。
ヒゲソリ	**shaver** ¶ **Where's my shaver?** 　ヒゲソリはどこ？
カミソリ	**razor** ¶ **This razor has a very sharp blade.** 　このカミソリの刃はとてもよく切れる。
化粧	**makeup** 化粧をする　**do my makeup** ¶ **I have to do my makeup.** 　お化粧をしなくちゃ。

Part 9　朝起きてから出かけるまで

厚化粧をしている	**wear heavy makeup** ¶**She wears heavy makeup.** 　あいつ厚化粧だな。
お化粧を直す	**touch up my makeup** ¶**I have to touch up my makeup.** 　お化粧を直さなくちゃ。
化粧品	**cosmétics** 　ふつう複数で使います。 ¶**What brand of cosmetics do you use?** 　どこの化粧品使ってるの？
顔にクリームを塗る	**rub cream on my face** ¶**I have to rub cream on my face.** 　顔にクリームを塗らなくちゃ。 ¶**I have to put cream on my face.** 　顔にクリームをつけなくちゃ。
ファンデーション	**foundation** ¶**I don't use a foundation.** 　ファンデーションは使わないの。
香水	**pérfume**
香り	**scent** ¶**I caught the sweet scent of perfume.** 　香水の甘い香りがした。 ¶**What is this perfume?** 　この香水何？ ¶**What scent is this?** 　これ何の香り？
芳香	① **fragrance**　② **aróma** ¶**This is the fragrance of roses.** 　これはバラの芳香よ。 ¶**This is the aroma of lavender.** 　これはラベンダーの芳香よ。
かぐわしい，よいにおいの	**fragrant** ¶**His cologne is fragrant.** 　彼のコロンはいいにおいがする。

服, 着替え

服を着替える	**change clothes** clothes【clóuz】の発音に注意してください。clothと単数なら「布」の意味になります。「生地」は**fabric**といいます。 ¶ I changed clothes. 　服を着替えた。
服を着る ⇕	① **put on my clothes**　② **get dressed** **put on**と**take off**, よく覚えてくださいね。 ¶ Put on your clothes. 　Get dressed. 　服を着て。
服を脱ぐ	① **take off my clothes**　② **get undressed** ¶ Take off your pajamas. 　パジャマを脱いで。
ネクタイをする	**put on a tie** ¶ You should put on a tie. 　ネクタイをしたほうがいいわ。
ネクタイが曲がっている。	**Your tie is twisted.**
オシャレをする	**get dressed up** **get dressed**だけなら「服を着る」という意味でしたが, **up** がつくと「オシャレをする」という意味になります。**up** は「上へ」という意味でしたね。この **up** の語感を覚えてください。日本語でも「ドレスアップ」といいますね。 ¶ I got dressed up. 　オシャレをしたよ。
オシャレな服	**fancy clothes** ¶ You wear fancy clothes. 　オシャレな服ね。
外見にこだわっている。	**He is hung up on his looks.**
中身が重要だ。	① **The inside is important.** ② **The contents are important.**
ひと揃いの服装	**outfit**

Part 9 朝起きてから出かけるまで

	¶This is the bride's outfit. これが花嫁衣装一式です。
衣装	**attire** ¶His attire was not appropriate for the party. 彼の衣装はそのパーティーにはふさわしくなかった。
ふだん着	**everyday clothes** ¶These are just everyday clothes. これはふだん着だよ。
トレーナー	**sweatshirt** ¶You shouldn't wear a sweatshirt today. 今日はトレーナーはやめたほうがいいわ。
トレーナーの下 （スウェットパンツ）	**sweat pants** 上と下，両方合わせたものは**sweat suit**といいます。 ¶You shouldn't wear sweat pants today. 今日はスウェットパンツはやめたほうがいいわ。 ¶Sweat suits are comfortable. トレーナー（の上下）は着ていて楽だ。
長袖	**long sleeve** 「長袖の」「半袖の」はそれぞれ，**long-sleeved**，**short-sleeved**となります。
⇕	¶Aren't there any long sleeves? 長袖はないの？
半袖	**short sleeve** ¶Aren't there any short sleeves? 半袖はないの？
七分袖	**three-quarter sleeve** 七分丈　**three-quarter length** ¶I want a shirt with three-quarter sleeves. 七分袖のシャツが欲しいのですが。 ¶I want a coat of three-quarter length. 七分丈のコートが欲しいのですが。
丸首	**round neck** ¶Aren't there any round-neck sweaters? 丸首のセーターはない？ 「丸首の」は**round-neck**とハイフンを入れます。

Vネック	**V neck** ¶ **Are there V-necked ones?** 　Vネックのはある？
タートルネック	① **turtleneck**　② **roll neck** **roll neck**はタートルネックの長いものです。 ¶ **Are there turtle-neck ones?** 　**Are there roll-neck ones?** 　タートルネックのはある？
だぶだぶのたっぷりしたセーター	**bulky sweater** ¶ **This bulky sweater easily gets fuzzballs.** 　**This bulky sweater pills easily.** 　このだぶだぶのセーターはすぐに毛玉ができる。 **bulky**は「かさばる」という意味の形容詞です。「ルーズソックス」のことも，**loose white bulky socks**といいます。 ¶ **A lot of high school female students wear loose white bulky socks.** 　多くの女子高生がルーズソックスをはいている。
ズボン	① **pants**　② **slacks** **trousers**はイギリスで使います。 ¶ **These pants are tight.** 　このズボンはきつい。 ¶ **These slacks are loose.** 　このズボンはゆるい。
半ズボン	**shorts** ¶ **These shorts are tight.** 　この半ズボンはきつい。
スカート	**skirt** ¶ **What is the waist size of this skirt?** 　このスカートのウエストサイズはいくつ？ ¶ **What is your waist size?** 　あなたのウエストサイズはいくつ？
ファスナー	**zipper** **fastener**はいわゆる「留め具」のことで，ホックなどのこともいいます。したがって，**zipper** は **fastener** の一部ということになります。 ファスナー隠し　**fly**

	¶ **Your zipper is open.** **Your fly is open.** ファスナーが開いてるわよ。
ズボンのファスナーを締めなさい。	**Zip up your pants.**
ファスナーを下ろしなさい。	**Unzip your pants.**
厚着だ。	① **He wears a lot of clothes.** ② **He is heavily dressed.**
薄着だ。	**He is lightly dressed.** ふだんはもっと薄着だ。 **Usually he wears less.**
風邪をひかないようにもっと厚着をしなさい。	① **Put on more clothes or you'll catch a cold.** ② **Put on more clothes lest you catch a cold.** ②は文語的な言い方です。
裏表反対の	**inside out** ¶ **You're wearing your socks inside out.** 靴下, 裏表反対にはいてるわ。
上下反対の	**upside down** ¶ **The picture is upside down.** その絵は上下さかさまよ。
裸の	**naked** ¶ **She is naked.** 彼女は裸だ。

下着

下着	**underwear** ¶ **They don't wear any underwear.** 彼らはいっさい下着を身につけない。
女性の下着	**lingerie** 【lάːndʒəréi】 ¶ **That is a lingerie shop.** あれは女性の下着を扱う店です。
パンツ	① **underpants**　② **briefs**

	複数で使います。**brief** は本来は「短い」という意味です。 ¶ **Wear clean underpants.** 　**Wear clean briefs.** 　きれいなパンツをはきなさい。
ズボン下	**long-underpants** ¶ **I wear long-underpants in the winter.** 　冬にはズボン下をはく。
パンティ	**panties** これも複数で使います。 ¶ **I bought two pairs of panties.** 　パンティを2枚買った。
アンダーシャツ	**undershirt** ¶ **He doesn't wear an undershirt.** 　彼はアンダーシャツを着ない。
ブラジャー	**bra** ¶ **She put on bra.** 　彼女はブラジャーをつけた。 ¶ **This bra pinches my chest.** 　このブラジャーは胸が締めつけられるの。
パンティースト ッキング	**panty hose** **stockings** は「長靴下」のことです。
ストッキングが 伝線している。	**You have a run in your panty hose.**

新聞

新聞を取りに行 く	**go get the newspaper** 「取りに行く」の場合は **go and get** とはいわずに，口語では **go get** と動詞がすぐあとに続きます。よく使うので，**and** がしだいに省かれていったのでしょう。 ¶ **Go get the newspaper for me, John.** 　ジョン，新聞を取ってきて。 ¶ **Go brush your teeth.** 　歯を磨きに行きなさい。 ¶ **Let's go get a drink.** 　飲みに行こうよ。

新聞をもってきて。	Bring [Fetch] me the newspaper.
定期購読する	**subscribe（to）** **to** がつくことに注意してください。 ¶ **I've been subscribing to the *New York Times*.** 　ずっと『ニューヨーク・タイムズ』を定期購読しています。
定期購読	**subscription** ¶ **Your subscription to the newspaper expires next month.** 　来月でその新聞の定期購読が終わります。
明日から	**beginning [starting] tomorrow** このケースでは**from tomorrow**とはいいません。 ¶ **I'd like to subscribe to *Asahi Shimbun* beginning tomorrow.** 　明日から『朝日新聞』を定期購読したい。 ¶ **I'd like to subscribe starting next month.** 　来月から定期購読したい。
高級紙	**quality paper**
大衆紙	**popular paper** ¶ **The *New York Times* is a quality paper, and the *New York Post* is a popular paper.** 　『ニューヨーク・タイムズ』は高級紙，『ニューヨーク・ポスト』は大衆紙です。
発行部数	**circulation** ¶ **What is the circulation of the Wall Street Journal?** 　『ウォール・ストリート・ジャーナル』の発行部数はどれくらい？
（新聞に）目を通す	**go [look] through（the newspaper）** ¶ **I went through the newspaper during breakfast.** 　朝食を食べながら新聞に目を通した。 ¶ **I want to look through the newspaper during breakfast.** 　朝食を食べながら，新聞に目を通したい。 **through**は「最初から最後まで通過する」ということを示す前置詞です。だから，**I got through with my homework.** は「宿題を終えた」，**I'm through with him.** は「彼とは終わったの」という意味になるわけです。この**through**の感じも注意して覚えていってください。「目を通す」という場合には **look over** も使えますが，この

overのほうは全体に上からあみをかぶせるような感じです。そこから,「よく話し合う」 **talk it over**,「よく考える」 **think it over** といった言い方が出てくるわけです。

読み続ける	**go on reading** ¶He went on reading the newspaper after breakfast. 彼は朝食のあとも新聞を読み続けた。
行間を読む	**read between the lines** ¶You have to read between the lines to know the truth. 真実を知るには行間を読む必要がある。
見出し	**headline** 評判になる,見出しを飾る　**make [hit] the headlines** ¶The real estate fraud made the headlines. 　The real estate fraud hit the headlines. その不動産詐欺事件は見出しを飾った。
スポーツ欄	**sports section** ¶His article appeared in the sports section. 彼の記事はスポーツ欄に載った。
社説	**editorial (section)** ¶The scandal was picked up in the editorial section. そのスキャンダルは社説で取り上げられた。
折り込み広告 (チラシ)	**ínsert** ¶There are lots of inserts in Japanese newspapers. 日本の新聞には折り込み広告がたくさん入っている。
(道端で配る)チラシ	① **flyer**　② **leaflet** ¶He hands out flyers on the street. 　He hands out leaflets on the street. 彼は街頭でチラシを配る仕事をしている。

朝食

朝食を食べる	**eat [have] breakfast** ¶I ate breakfast with Dad. パパと朝食を食べた。
昼食	**lunch** ¶I'm having lunch with Lila today.

	今日ライラと昼食を食べるわ。
夕食	**dinner** 「軽い夕食」のことは **supper** といいます。**dinner** は本来，一日の主食のことなので，日曜日など **dinner** を昼にとる場合は，夜は軽い **supper** ということになるわけです。 ¶**I'm having a business dinner with a client today.** 　今日はクライアントとビジネスディナーよ。 ¶**We had supper earlier today.** 　今日はいつもより早めに軽い夕食をとった。
食事	**meal** ¶**Brush your teeth after each meal.** 　食事のあとは必ず歯を磨きなさい。
ご馳走	① **lavish meal**　② **feast** **feast** には「祝宴」の意味もあります。 ¶**We had a lavish meal tonight.** 　今晩はご馳走だった。 ¶**A cheerful talk makes a dish a feast.** 　楽しい話は料理をご馳走にする。
貧しい食事	**poor meal** これが「貧しい食生活」となると，**poor diet** となります。**diet** には日本語のいわゆる「ダイエット(食餌療法)」の意味もありましたね。また「粗食」は **plain** [**simple**] **diet** といいます。 ¶**This is a poor meal.** 　貧しい食事だな。 ¶**He got ill after living on a poor diet for a long time.** 　彼は貧しい食生活を続けて病気になった。 ¶**A plain diet is good for your health.** 　粗食は健康にいい。 ¶**I recommend a simple diet.** 　粗食を勧めます。
間食をする	**eat between meals** ¶**Don't eat between meals.** 　間食をしないで。
朝食を抜く	① **skip breakfast**　② **do without breakfast** **do without** は「～なしですませる」の意味です。他に同じ意味の熟語で **dispense with** という言い方もあります。

	¶It's not good to skip breakfast. 　It's not good to do without breakfast. 　朝食を抜くのはよくない。
食欲がないんだ。	I don't have an appetite.
お弁当	lunch box ¶Do you have your lunch box? 　お弁当もった？
おやつ	snack ¶Where are the snacks? 　おやつはどこにあるの？
パン	bread パン二枚　two slices of bread 「丸型のパン」は English muffin といいます。 ¶How many slices of bread do you want? 　パンは何枚？ ¶I'd like English muffins. 　私，イングリッシュマフィンがいいわ。
パンにかびがは えている。	① This bread is moldy. ② There is mold on the bread.
パンを焼く	① toast the bread　② make toast ¶Did you toast the bread? 　Did you make toast? 　パン焼いた？
パン焼けた？	Is the bread done?
パンにバターを 塗る	put〔spread〕butter on the bread ¶Put butter on the bread. 　Spread butter on the bread. 　パンにバターを塗りなさい。
マーガリン	margarine【mάːrdʒərin】「マージャリン」 ¶I prefer margarine. 　私，マーガリンがいいわ。
ジャム	jam ¶I want jam. 　ジャムが欲しいな。

Part 9　朝起きてから出かけるまで

卵はどのようにしますか？	**How would you like your eggs?** 親しい間柄なら，**How do you like your eggs?** ともいいます。
卵焼き	**omelet(te)** ¶ **I'd like an omelet.** 　卵焼きにしてください。
目玉焼き	**fried eggs** 目玉焼きには，黄身の部分が見える**sunny-side up**と，見えない**over easy**［**sunny-side over**］の二つのタイプがあります。 ¶ **I'd like fried eggs.** 　目玉焼きにしてください。 ¶ **Would you like them sunny-side up or over easy?** 　黄身が見えるように焼きますか，それとも見えないように？
いり卵	**scrambled eggs** ¶ **I'd like scrambled eggs.** 　いり卵にしてください。
落とし卵	**poached egg** ¶ **I'd like a poached egg.** 　落とし卵にしてください。
ゆで卵	**boiled egg** 「半熟」**soft-boiled**と「固ゆで」**hard-boiled** があります。 ¶ **I'd like a boiled egg.** 　ゆで卵にしてください。 ¶ **Would you like it soft-boiled or hard-boiled?** 　半熟ですか，それとも固ゆでですか？
ベーコンエッグ	**bacon and eggs** ¶ **I'd like bacon and eggs.** 　ベーコンエッグをお願いします。
カリカリに焼いたベーコン	**crisp bacon** ¶ **I'd like crisp bacon.** 　カリカリに焼いたベーコンをください。
シリアル	**cereal** ¶ **I want cereal.** 　シリアルが欲しいな。
コーンフレーク	**cornflakes**

	¶I want cornflakes. コーンフレークが欲しいな。
もう十分食べた。	I've had enough.

キッチン

キッチン，台所	**kitchen** ¶Mother is in the kitchen. お母さんはキッチンにいるよ。
流し	**sink** ¶Leave the cups in the sink. カップは流しに入れておいて。
食器棚	① **cupboard** ② **cabinet**
お皿	**dish** **dish** は「お皿」を指すもっとも一般的な言葉で，「料理」の意味でも使います。 ¶Where does this dish go? このお皿はどこにしまうの？ ¶That dish goes in the cupboard. そのお皿は食器棚よ。
小皿	**plate** ¶Where does this plate go? この小皿はどこにしまうの？ ¶That plate goes in the cabinet. その小皿は食器棚よ。
大皿	**platter** ¶Will you pass me the platter? その大皿を回してくれる？
食器	**dishes** ¶You have nice dishes. いい食器をおもちですね。
冷蔵庫	**refrigerator** [rifrídʒərèitər]「リフリジレイター」 省略して **fridge** ということもあります。 ¶This refrigerator uses too much electricity. この冷蔵庫は電気をくう。

	¶The cake is in the fridge. ケーキは冷蔵庫の中よ。
野菜室	**vegetable compartment** ¶Put the lettuce in the vegetable compartment. レタスを野菜室に入れて。
冷凍室，冷凍庫	① **freezer**　② **freezing compartment** ¶I should've frozen this meat in the freezer. このお肉，冷凍庫で冷凍しておけばよかった。 ¶Put it in the freezing compartment. それは冷凍庫に入れて。
冷凍する ⇕	**freeze** ¶I've forgotten to thaw the chicken. あの鶏肉，解凍するの忘れてた。
解凍する	**thaw（out）** thaw【θɔː】の発音に注意してください。 ¶I forgot that I had thawn out the chicken. あの鶏肉，解凍したの忘れてた。
冷凍食品	**frozen food** ¶I eat lots of frozen food. 私は冷凍食品をたくさん食べます。
真空パックの	**vacuum-packed** ¶Frozen food is often vacuum-packed. 冷凍食品はたいてい真空パックされている。
（ガス）レンジ	①（**gas**）**range**　② **stove**　③ **cookstove** ¶Put the frying pan on the gas range. フライパンを火にかけて。 ¶Put the pot on the stove. 　Put the pot on the cookstove. レンジに鍋をかけて。
電子レンジ	**microwave（oven）** ¶Cook it in the microwave oven. 　Warm it in the microwave. 電子レンジでチンして。
換気扇	① **fan**　② **ventilator**

¶ **Turn on the fan.**
Turn on the ventilator.
換気扇を回して。

われ鍋にとじ蓋。 **Every pot has a lid.**

かじる **nibble**
¶ **I was nibbling a cracker to stop my hunger.**
空腹を抑えるためにクラッカーをかじっていた。

キッチン用品

①やかん　**kettle**
　Where is the kettle?
　やかんはどこ？
②フライパン　**frying pan**
　Where is the frying pan?
　フライパンはどこ？
③フライ返し　(1)**turner**　(2)**spátula**
　Where is the turner?
　Where is the spatula?
　フライ返しはどこ？
④柄のついた深鍋　**sauce pan**
　Where is the sauce pan?
　柄のついた深鍋はどこ？
⑤両柄のついた深鍋　**pot**
　Where is the pot?
　両柄のついた深鍋はどこ？
⑥シチュー鍋，蒸し焼き鍋　**casserole pan**
　casseroleは【kǽsəròul】と発音します。
　Where is the casserole pan?
　シチュー鍋はどこ？
⑦包丁　**kitchen knife**
　Where is the kitchen knife?
　包丁はどこ？
⑧まないた　**cutting board**
　Where is the cutting board?
　まないたはどこ？
⑨計量カップ　**measuring cup**
　Where is the measuring cup?
　計量カップはどこ？
⑩水切りのざる　**strainer**
　Where is the strainer?
　水切りのざるはどこ？
⑪(ビールなどの) 栓抜き　**bottle opener**
　(ワインなどの) 栓抜き　**corkscrew**
　cork はコルク栓のことです。
　Where is the bottle opener?

Where is the corkscrew?
栓抜きはどこ？

⑫ラップ **clear plastic wrap**
Where is the clear plastic wrap?
ラップはどこ？

⑬アルミホイル **aluminum foil**
aluminum は【əlúːmənəm】と発音します。
Where is the aluminum foil?
アルミホイルはどこ？

⑭ふきん **kitchen towel**
Where is the kitchen towel?
ふきんはどこ？

⑮あわ立て器 **whisk**
Where is the whisk?
あわ立て器はどこ？

⑯ミキサー **blender**
mixer とはいわないことに注意してください。
Where is the blender?
ミキサーはどこ？

⑰三角コーナー **sink strainer**
Where is the sink strainer?
三角コーナーはどこ？

⑱水切りラック **dish drainer**
Where is the dish drainer?
水切りラックはどこ？

⑲炊飯器 **rice cooker**
Where is the rice cooker?
炊飯器はどこ？

コーヒー

お湯をわかす	**boil water** ¶ **Boil the water.** 　お湯をわかして。 ¶ **The water is boiling.** 　お湯がわいている。
こぼす	**spill** 「パンくずをこぼす」場合には **drop** を使って，**drop bread crumbs** といいます。「まき散らす」なら **scatter**，「集める」は **gather**（**up**）です。また，**spill the beans** というと「秘密をばらす」という意味になります。 ¶ **Don't spill your milk.** 　ミルクをこぼさないで。 ¶ **Don't drop bread crumbs.** 　パンくずをこぼさないで。 ¶ **Don't scatter bread crumbs.** 　パンくずをまき散らさないで。 ¶ **It's hard to gather up.** 　集めるのが大変だから。 ¶ **Don't spill the beans.** 　秘密をばらすな。
覆水盆に返らず。	**It is no use crying over spilt milk.** **It is no use～ing.** は「～しても無駄」の意味です。 ¶ **It's no use resisting.** 　抵抗しても無駄だ。
コーヒーを淹れる	**make coffee** ¶ **Would you make coffee?** 　コーヒーを淹れてもらえますか？
薄めに淹れる ⇕	**make it weak** ¶ **Make it weak.** 　薄くして。
濃く淹れる	**make it strong** ¶ **Make it strong.** 　濃くして。

コーヒー豆を挽く	**grind the coffee beans** ¶**Grind the coffee beans.** 　コーヒー豆を挽いて。
フィルターをセットする	**put a filter in the holder** ¶**Put a filter in the holder.** 　フィルターをセットして。
コーヒーをそそぐ	**pour coffee into a cup** ¶**Pour coffee into a cup.** 　カップにコーヒーをそそいで。
私の分のコーヒーとっておいてね。	**Save some coffee for me.**
コーヒーミルク	cream 英語では **milk** ではなく **cream** です。 ¶**Would you like cream and sugar?** 　ミルクとお砂糖はいかがですか？
お好みの量の砂糖	**desired amount of sugar** 「少しの砂糖」は **a bit of sugar**，「ほんの少しの」なら **a little bit of** となります。 ¶**Use the desired amount of sugar.** 　**Use however much sugar you want.** 　お好みの量の砂糖をどうぞ。 ¶**I put in a bit of sugar.** 　少し砂糖を入れた。 ¶**I put in a little bit of sugar.** 　ほんの少し砂糖を入れた。
コーヒーメーカー	**coffee maker** コーヒーメーカーの水を入れるところは，**reservoir**【rézərvwɑ̀ːr】といいます。もともとは「貯水池」のことですね。コーヒーを入れておく「ガラスの容器」は **coffee pot** か **carafe**【kərǽf】，そこについている「目盛り」は **level scale**，「ふた」は **lid**，「取っ手」は **handle** です。 ¶**Add some water in the reservoir of the coffee maker.** 　コーヒーメーカーに水を足して。 ¶**There is still some coffee in the coffee pot.** （ガラスの容器の中に）まだコーヒーが残ってるよ。

（コーヒーメーカーが）オンになると明かりがつきます。	**The light glows when it's on.** ¶ **The light goes out when it's off.** 　オフになると明かりが消えます。
空の	**empty** ¶ **My cup is empty.** 　私のカップは空です。
空にする	**empty my cup** ¶ **I emptied my cup.** 　カップを空にした。
コーヒーは食事のあとにお願いします。	**I'd like my coffee after the meal.**

トイレ

トイレへ行く	**go to the bathroom** トイレは個人宅では **bathroom**といいます。他に化粧室の意味で，**toilet**（便器の意味もあり），**lavatory**，**men's room**や**women's [ladies'] room**，**restroom**，**washroom**などの言い方があります。**W. C.** というのは **water closet** の略です。**toilet** は日本語でいうと「便所」という感じなので，今はあまり使われなくなりました。 ¶ **I have to go to the bathroom.** 　トイレへ行きたい。 ¶ **May I use the restroom?** 　トイレを貸してもらえますか？
おしっこをする	**pee** **urinate**「排尿する」という言葉もありますが，日常会話ではあまり使いません。「尿」は **úrine** でしたね。「排便する，排泄する」は **défecate** とか **excréte** といいますが，これらも正式な言い方です。「排泄物」のことは **feces**【fíːsiːz】や **éxcrement**，「ウンチをする」は **poo** といいます。**pee** や **poo** は幼児語ですが，日常ではくだけた調子でよく使っています。 ¶ **I peed.** 　おしっこをした。 ¶ **I have to pee.** 　おしっこしたい。

	¶ **He is defecating.** **He is excreting.** 　彼は排便をしている。 ¶ **This is dog feces.** **This is dog excrement.** 　これは犬の排泄物です。 ¶ **I have to poo.** 　ウンチをしたい。
便をする	**have stools** 通例複数で使います。 これが「便をする」というときの，もっとも一般的な言い方です。 ¶ **I had stools.** 　大きいほうをした。
便がゆるい。	**I have loose stools.**
血便	**bloody stools** ¶ **I had bloody stools.** **I passed blood in my stools.** 　血便が出た。
水のような便	**watery stools** ¶ **I had watery stools.** 　水のような便が出た。
ねばねばの便	**mucous [tarry] stools** ¶ **I had mucous stools.** **I had tarry stools.** 　ねばねばの便が出た。
便通，お通じ	**bowel movements** これも複数です。**bowels** は「腸」のことで，単独で使うときは複数が一般的です。「大腸」は **large bowels**，「小腸」は **small bowels** といいます。正式には **large [small] intestines** といいます。 ¶ **Do you have bowel movements?** 　お通じはありますか？ ¶ **You have a tumor in the large bowels.** 　大腸に腫瘍ができています。 ¶ **You have a tumor in the small bowels.** 　小腸に腫瘍ができています。

| 下痢だ。 | **I have diarrhea.**
diarrhea【dàiərí(ː)ə】は数えられない名詞（**uncountable noun**）なので，**a** はつきません。こういう漠然とした，形のないものが，数えられない名詞に分類されるのがふつうです。「胃痛」**a stomach ache**のように少し具体性（胃の痛み）が出てくると **a** がつきます。漠然とした，形のないものには **a** はつかない――この感覚もぜひ覚えていってください。単語によっていちいち数えられるか，数えられないかを覚えていくのは至難の業ですからね。
coffee は数えられない名詞ですが，カップに入って出てくると数えられることになって，たとえば **two coffees** ということができます。**cake** なども同じです。英語のネイティブ・スピーカーは，**a** がつくとかなり具体的なものを思い浮かべるようです。たとえば，**I ate chicken last night.**「ゆうべはとり肉を食べた」のかわりに **I ate a chicken last night.** というと，「とりを一匹丸ごと食べた」というイメージになるようなのです。ですから，形のないものにむやみに **a** はつけないでください。 |
|---|---|
| 下痢止め | ① **diarrhea medicine**　② **binding medicine**
¶ **I bought some diarrhea medicine.**
　下痢止めを買った。
¶ **I need some binding medicine.**
　下痢止めが必要だ。 |
| 便秘 | **constipation**
¶ **Constipation causes rough skin.**
　便秘は肌荒れの一因だ。 |
| 便秘をしている。 | **I am constipated.** |
| 下剤 | **laxative**【lǽksətiv】
「ラクサティヴ」と発音します。
¶ **I need a laxative.**
　下剤が必要だ。 |
| 浣腸 | **enema**【énəmə】
「エナマ」と発音します。
¶ **He needs an enema.**
　彼は浣腸が必要だ。 |
| クソ，糞 | ① **shit**　② **crap**
¶ **There is some shit near the utility pole.**
　There is some crap near the utility pole. |

電柱の近くに糞がある。
I don't give a shit [damn]. という表現が映画などによく出てきますが，これは「ぜんぜん気にしちゃいない」という意味で卑俗な表現として使われています。ふつうの言い方では，**I don't care at all.** となります。**Shit**！は「クッソー！」「チェッ！」という感じでも使いますが，これは下品なので，使うなら **Shoot**！といったほうがいいでしょう。

オエー，ゲッ。	① **Yuck.** ② **Yucky.**
トイレの水を流す	**flush the toilet** ¶**Flush the toilet after using it.** 　トイレを使ったら流してね。
水洗トイレ	**flush toilet** ¶**Is there a flush toilet in the cabin?** 　その小屋には水洗トイレがありますか？
トイレットペーパーがない，切れている。	① **I am [ran] out of toilet paper.** ② **The toilet paper has run out.** トイレットペーパー 2 つ　**two rolls of toilet paper** ¶**Give me two rolls of toilet paper.** 　トイレットペーパーを 2 つください。

ゴミ

ゴミを出す	**take out the garbage** ¶**Take out the garbage before going to the office.** 　会社へ行く前にゴミを出していって。 ¶**It's your turn to take out the garbage.** 　あなたがゴミを出す番よ。
ゴミ箱	① **garbage can**　② **trash can** ¶**Don't throw cans into this garbage can.** 　**Don't throw cans into this trash can.** 　このゴミ箱に缶は捨てないで。
くず入れ	**wastebasket** ¶**The wastebasket is full.** 　くず入れがいっぱいだ。

核廃棄物	**nuclear waste** 放射性廃棄物　**radioactive waste** ¶ **No more nuclear waste.** 　核廃棄物をなくそう。 ¶ **No more radioactive waste.** 　放射性廃棄物をなくそう。
捨てる	**throw away**
ゴミを捨てないでください。	① **No littering.** ② **Don't throw garbage away.** **litter** は「散らかす，汚す」という意味です。「公園をゴミで汚す」なら，**litter the park with garbage** となります。
ゴミ捨て場	① **garbage dump**　② **dumping site**
ゴミ収集所	**collection site** ¶ **You can't throw away kitchen garbage at this garbage dump.** 　このゴミ捨て場には生ゴミは捨てられません。 ¶ **You can't throw it away at this dumping site.** 　このゴミ捨て場には捨てられません。
粗大ゴミ	① **bulky garbage**　② **oversized trash** **bulky** は「（大きくて）かさばる」の意味でしたね。 ¶ **Don't leave bulky garbage at the collection site.** 　**Don't leave oversized trash at the collection site.** 　このゴミ収集所に粗大ゴミは置いていかないでください。
燃えるゴミ	**burnable garbage**
燃えないゴミ	**unburnable garbage** ¶ **Separate burnable garbage from unburnable garbage.** 　燃えるゴミと燃えないゴミを分けてください。
ゴミを集める	**collect garbage** ¶ **When do they collect garbage?** 　ゴミはいつ集めるの？ ¶ **They collect garbage every other day.** 　ゴミは一日置きに集めるのよ。
ゴミ収集車	**garbage truck** ¶ **What time does the garbage truck come?** 　ゴミ収集車は何時にくるの？

耐久消費財	① **durables**　② **durable（consumer）goods** ¶ **These are durables.** 　**These are durable consumer goods.** 　これらは耐久消費財だ。
もったいない！	**What a waste!**

part 10

通学・通勤

さあ，これでようやく朝出かける準備が整いました。
それではいよいよ外へ出かけることにしましょう。
① 鍵もった？
② 合鍵
③ 定期券
④ 通勤客
⑤ 電車が遅れている。
⑥ ぎゅうぎゅう詰め
⑦ 空気がよどんでいる。
⑧ 痴漢
⑨ 寝過ごす
⑩ 乗り越しの精算をする
これをあなたは英語でいえますか？

鍵

鍵	**key** 錠 **lock** 日本語では「鍵」と「錠」の区別があいまいですが，英語ではこれを区別して使います。そこに注意して以下の言い方を覚えていってください。
鍵もった，もってる？	**Do you have the key?** このように，話し手と聞き手のあいだに「どの鍵」か了解がある場合には，**the key** と定冠詞がつきます。これが **the** を使うときの基本です。ただこの了解にはかなり広い意味があって，たとえば太陽や月のように1つしかないものは，**the sun** と決まっています。また固有名詞には**the**はつきません。 両方のあいだに了解がない場合に**the**を使うときは，たとえば，**May I have the same dish as him?**のように，**the** のあとにくる名詞を **as him** のようにして限定してあげなければなりません。相手（話し手）が **the** と言ったら，ネイティブ・スピーカーはそれが限定されるのを待っているのです。それを忘れないようにしてください。**the** は理由があって使われているのです。
合鍵	**duplicate key** ¶ **I have a duplicate key.** 　合鍵があるわ。
戸締まりをする	**check the lock** ¶ **Did you check the lock?** 　戸締まりした？
鍵をかける ⇕	**lock the door** ¶ **Did you lock the door?** 　鍵かけた？
鍵をはずす	**unlock the door** ¶ **Unlock the door, please.** 　鍵をはずして。
閉め出されたの？	**Are you locked out?**
チェーンをかける	**put on the chain** ¶ **Did you put on the chain?**

⇑	チェーンをかけた?
チェーンをはずす	**undo the chain** ¶ Undo the chain, please. 　チェーンをはずして。
玄関	① **front door**　② **entrance** ¶ Open the front door, please. 　玄関（のドア）をあけて。 ¶ We had a long talk at the entrance of her house. 　彼女の家の玄関先で話し込んだ。
敷居，入口	**threshold** ¶ Don't stumble on the threshold. 　敷居につまずかないで。
鍵を（もってくるのを）忘れた。	**I forgot the key.**
家に鍵を忘れた。	**I left the key in my house.** 「どこそこに忘れた」となると **forget** は使えず，このように「どこそこへ置いてきてしまった」という言い方をします。
忘れっぽい	**forgetful** 忘れている，気づかない　**oblivious** ¶ I've been forgetful recently. 　最近忘れっぽい。 ¶ She was oblivious of her surroundings. 　彼女はまわりのことを忘れてしまっていた。
鍵っ子	**latchkey child** **latch** というのは「掛け金（をかける）」という意味です。 ¶ I was a latchkey child. 　私，鍵っ子だったの。

持ち物

財布	**wallet**【wɑ́lit】 ¶ Do you have your wallet? 　財布もってる?
ハンドバック	① **handbag**　② **purse** **purse** は肩ひものない「手持ち用のもの」のことをいいます。女性

	用の財布も **purse** です。 ¶ **Do you have your handbag?** 　**Do you have your purse?** 　ハンドバッグもってる？
小物入れ	**pouch 【páutʃ】** 日本語の「ポーチ」はこの「パウチ」が転化したもので，英語で **porch** といえば，玄関先のポーチ（張り出し玄関）のことになります。 ¶ **She has a nice pouch.** 　彼女いい小物入れもってるわね。
アタッシェケース	**briefcase** ¶ **I'm always carrying a briefcase.** 　私はいつもアタッシェケースをもっています。
カバンをもつ	**carry a bag** ¶ **I seldom carry a bag.** 　めったにカバンをもち歩きません。
手帳	**pocket notebook** ¶ **I forgot my pocket notebook.** 　手帳を忘れた。

外出時

階段	① **stairs**　② **steps**　③ **stairway**　④ **staircase** **steps** は比較的短い階段のことをいいます。 ¶ **The stairs are tiring.** 　この階段疲れるわ。 ¶ **The steps are steep.** 　この階段きついわ。
急な階段	**steep stairway** ¶ **I climbed a steep stairway to the third floor.** 　3階まで急な階段を上った。
らせん階段	**spiral staircase** ¶ **There is a spiral staircase outside the building.** 　建物の外にらせん階段がある。
非常階段	**emergency staircase**

	¶ Let's use the emergency staircase. 非常階段を使いましょう。
手すり	**handrail** ¶ Hold on to the handrail. 手すりにつかまって。
階段を上る ⇅	**go up [climb, ascend] the stairs** ¶ I went up the stairs. I climbed the stairs. I ascended the stairs. 階段を上った。
階段を降りる	**go down [descend] the stairs** ¶ Go down the stairs. Descend the stairs. 階段を下りて。
階段から落ちる	**fall down the stairs** ¶ He fell down the stairs. あの子，階段から落ちたのよ。
足元に気をつけて！	**Watch your step！**
急いで！	**Hurry up！**
時間がない。	**We are short of time.** 不足　**shortage** ¶ There is a shortage of food. 食料が不足している。
早くしてね，急いでね。	**You have to be quick.** **quick** は「すばやく」の意味で瞬間的な速さのこと，**fast**, **rapid** は速度が速いことを示し，**early** は時間的に早いときに使います。
1分でも無駄にできないのよ。	**We have no time to lose.**
準備できた？	**Are you ready?**
準備するわね。	**I'll get myself ready.**
すぐ行くよ。	① **I'll be there right away.** ② **I'm coming.**

家を出る	**leave the house** ¶ **I left the house at 8:00.** 　8時に家を出た。
急いで家を出る	**rush out of the house** ¶ **I rushed out of the house.** 　急いで家を出た。
慌ただしい	**hasty** ¶ **It's hasty** 　慌ただしいね。
急ぐ必要はない。	**There's no need to rush.**
ゆっくりでいいよ。	**Take your time.**
子供たちを見送る	**see my children off** ¶ **I left home after seeing my children off.** 　子供たちを見送ったあと家を出た。

通学，通勤

学校へ行く	**go to school** 仕事へ行く　**go to work** 会社へ行く　**go to the office** さきほど，話し手と聞き手のあいだに了解がある場合には名詞に定冠詞の **the** がつくという話をしましたが，ここでは **school** と **work** に **the** がついていません。それは **school** が学校の建物を意味するのではなく，勉強やその他の活動をする抽象的で，漠然としたものとしてとらえられているからです。そういうときには，**the**「その」という限定的な定冠詞はつかず，無冠詞になるのがふつうです。**work** の場合も同じことです。**play tennis** のようなスポーツもそうですね。しかし **office** になると，示すものがずっと具体的になるので **the** がついてくるわけです。この感覚を少しずつ覚えていってください。 ¶ **Let's go to school.** 　学校へ行こう。 ¶ **I'm going to work.** 　仕事に行くよ。 ¶ **I'm going to the office.** 　会社へ行くよ。

学校まで（行くのに）どれくらいかかりますか？〈時間〉	How long does it take to（go to）school?
30分ほどかかります。	It takes about 30 minutes.
車に気をつけて。	① **Watch out for cars.** ② **Pay attention to the cars.**
通りを渡る	① **cross the street**　② **get across the street**
通りを渡るときは気をつけてね。	**Be careful crossing the street.** ¶ **Be careful of cars when you get across the street.** 　通りを渡るときは車に気をつけてね。
うかつだった。	**I was careless.**
もっと気をつけないとひかれるよ。	**You should be more careful.　You could get killed.** この **You could get killed.** は仮定法で，後ろに **if you weren't more careful**という節が隠されています。また，**get killed** という **get** を使った受動態は，このように予期せぬ出来事を表現するときによく使われます。**get arrested**「逮捕される」とか **get stuck**「はさまる」などがそうですね。 ¶ **He got arrested for shoplifting.** 　彼は万引きで逮捕された。 ¶ **I got stuck in the mud.** 　ぬかるみにはまっちゃった。
用心深い	**watchful** ¶ **He is watchful.** 　彼は用心深い。
歩道	**sidewalk** ¶ **Walk on the sidewalk.** 　歩道を歩きなさい。
小道	**path** ¶ **Grass has grown over the path.** 　その小道には草が茂っていた。
舗道	**pavement**

舗装する	**pave** ¶ **Walk on the pavement.** 　舗道を歩きなさい。 ¶ **The road is not paved.** 　その道は舗装されていない。
歩行者	**pedéstrian** ¶ **Beware of the pedestrians.** 　歩行者に気をつけて。
通行人	**passerby** **passerby** の複数形は **passersby** です。 ¶ **There are lots of passersby.** 　通行人がたくさんいる。
横断歩道	① **crosswalk**　② **pedestrian crossing** ¶ **I was walking on the crosswalk when I was hit by a car.** 　車にはねられたとき，私は横断歩道を歩いていた。 ¶ **I was walking on the pedestrian crossing when I was run over by a car.** 　車にひかれたとき，私は横断歩道を歩いていた。
歩道橋	**pedestrian bridge** ¶ **Please use the pedestrian bridge here.** 　ここでは歩道橋をご利用ください。
交差点	**crossing** ¶ **Turn right at the next crossing.** 　次の交差点を右折です。 「主要道路との交差点」という意味では **intersection** を使います。 ¶ **Turn left（on）the other side of the intersecdon.** 　交差点の向こうを左折です。
踏み切り	（**railroad**）**crossing** ¶ **Turn left（on）this side of the railroad crossing.** 　踏み切りの手前を左折です。
立体交差点	**overhead crossing** ¶ **Do you see the overhead crossing?** 　あの立体交差点が見えますか？
陸橋	**overpass** ¶ **Please use the overpass.**

	陸橋をご利用ください。
地下道	**underpass** ¶ **We have to go through the underpass here.** ここでは地下道を通らなければならない。
信号	①**signal** ②**(traffic) light** ¶ **Turn right at the signal.** あの信号を右折です。 ¶ **Turn left at the traffic light.** あの信号を左折です。
信号が変わるのを待つ	**wait for the light to change** ¶ **I was waiting for the light to change.** 私は信号が青に変わるのを待っていた。 ¶ **The light changed to red.** 信号が赤に変わった。 ¶ **The light changed to green.** 信号が青に変わった。

バス

バス停	**bus stop** 「バスの発着所」は **depot**【díːpou】といいます。 ¶ **There is a bus at the busstop.** バス停にバスがいるわ。 ¶ **There weren't any buses at the depot.** バスの発着所には一台もバスがいなかった。
次止まります。	**Stop requested.**
バスに乗る	**get on the bus** 動作としての「乗る」は **get on the bus**,「バスを降りる」は **get off [down from] the bus** となりますが，タクシー，車の場合には，**get in**, **get out of** をそれぞれ使います。なぜバスは **get on** で（電車も **get on** です），タクシーだと **get in** なのか，不思議に思う人もいるかもしれませんが，これは **on** が「上に乗っている」感じを表す前置詞，**in** が「中に入っている」感じを表す前置詞だからです。バスや電車はフロアの「上に乗っている」感じがしますよね。だから **on** になる。しかし，車の場合は中へ入り込む感じがする。だから **in** になるわけです。ただ暗記するのではなく，この感覚をつかんでください。そうすれば，前置詞に振り回されずにすむようになりま

す。

get into になるともっと奥へ入り込む感じが出てきます。そこから **get into school**「入学する」という表現が生まれてくるわけです。**turn poor earth into rich soil**「やせた土地を肥えた土壌に変える」なども基本的には同じです。

また，**on time**「時間通りに」，**in time**「間に合って」という熟語がありますが，これも「時間通りに」のほうは **time** の"上に乗っている"感じがするでしょう。だから **on time** なのです。**on schedule**「スケジュール通りに」，**on vacation**「休暇中で」，**on business**「仕事で」も同じです。**on Monday**「月曜日に」と**based on**「～に基づいて」などもそうです。ところが **in time** のほうは，「間に合って」だから，時間に入り込む感じがするでしょう。だから **in time** になるのです。

¶**Let's get on the bus.**
　あのバスに乗ろう。
¶**Let's get off the bus at the next stop**.
　次のバス停で降りよう。
¶**I got down from the train**.
　私は電車を降りた。
¶**I got in the taxi.**
　私はタクシーに乗った。
¶**Get out of the car**.
　車を降りて。

バスを使う	**take the bus** バスとか電車のような公共の交通機関の場合は，すでに了解があるということで **the** を使うことが多くなります。 ¶**Let's take the bus.** 　バスで行こう。
タクシーを使う	**take a taxi** ¶**Why don't we take a taxi?** 　タクシーにしない？
市営バス	**municipal bus** ¶**I take the municipal bus.** 　私は市営バスを使っています。
バス路線図	**bus route map** ¶**May I have a bus route map?** 　バス路線図をひとついただけますか？

均一料金	**flat fare** ¶ **The fare is flat.** 　They charge a flat fare. 　料金は均一です。 ¶ **The fares are different according to distance.** 　They charge different fares according to distance. 　料金は距離によって異なります。
間もなく発車します。	**We'll depart momentarily.**
手をはさまれないようにしてください。	**Keep your hands clear.**

駅

駅	**station** ¶ **I'm walking to the station.** 　駅まで歩いて行きます。
停車駅	**stop** ¶ **It's the sixth stop from here.** 　ここから6番目の駅です。
次の駅	**next stop** ¶ **The next stop is Shibuya.** 　次の停車駅は渋谷です。
終点	**last stop** ¶ **The last stop is Shinjuku.** 　終点は新宿です。
駅員	① **station employee**　② **station attendant** ¶ **Ask a station employee.** 　Ask a station attendant. 　駅員に聞いてみてください。
車掌	**conductor** ¶ **Let's ask the conductor.** 　車掌に聞いてみよう。

自転車置場	**bicycle parking lot** ¶ **I left my bike at the bicycle parking lot.** 　自転車置場にチャリンコを置いた。
（切符の）自動販売機	（**ticket**）**vending machine** ¶ **You can buy a ticket from a vending machine.** 　自動販売機で切符を買えます。 ¶ **This ticket vending machine only takes coins.** 　**This vending machine only accepts coins.** 　この切符の自動販売機では硬貨しか使えません。 ¶ **This vending machine takes both coins and bills.** 　**You can use both coins and bills in this vending machine.** 　この自動販売機では硬貨も紙幣も使えます。
入口 ⇕ 出口	**entrance** ¶ **Where is the entrance?** 　入口はどこですか？ **exit** ¶ **Where is the exit?** 　出口はどこですか？
改札口	①（**ticket**）**gate**　②（**ticket**）**wicket** ¶ **I'll meet you outside the ticket gate.** 　**I'll meet you outside the ticket wicket.** 　改札口を出たところで会いましょう。
改札口を通る	**go through the wicket** **go through**は「新聞」のところでやりましたね。 改札口を出る　**go out the wicket** ¶ **I couldn't go through the wicket with this ticket.** 　この切符では改札を通れなかった。 ¶ **I couldn't go out the gate with this ticket.** 　この切符では改札口を出られなかった。
自動改札	**automatic gate** ¶ **I couldn't go through the automatic gate with this ticket.** 　この切符では自動改札を通れなかった。
駅員のいる改札	**manned gate** ¶ **So I went out the manned gate.** 　で，駅員のいる改札口を出た。

自動改札機	**automatic ticket checker** ¶ **Automatic ticket checkers often don't work.** 自動改札機はよく故障するのよ。
定期券	① (train) pass ② commuter ticket ¶ **Do you have a train pass?** **Do you have a commuter ticket?** 定期券もってる？
定期券を取り出す	**take out my train pass** ¶ **I took out my train pass at the ticket gate.** 私は改札口で定期券を取り出した。
定期券を見せる	**show my train pass** ¶ **You have to show your train pass whenever asked.** 求められたときはいつでも定期券を見せなければなりません。
回数券	**coupon (ticket)** ¶ **I have coupon tickets.** 私は回数券をもっている。
片道切符	**one-way ticket** ¶ **A one-way ticket, please.** 片道切符1枚ください。
往復切符	**round-trip ticket** ¶ **A round-trip ticket, please.** 往復切符1枚ください。
通勤客	**commuter** ¶ **The train was full of commuters.** 電車は通勤客でいっぱいだった。
通勤する	**commute** ¶ **I commute from Yokohama to Tokyo.** **I commute between Yokohama and Tokyo.** 私は横浜から東京まで通勤しています。
通勤電車	**commuter train** ¶ **The commuter trains are always crowded.** 通勤電車はいつも混んでいる。
長距離通勤	**long-distance commuting** ¶ **Long-distance commuting is tiring.**

	長距離通勤は疲れる。
時刻表	**timetable** ¶ **Check the timetable.** 時刻表を見てみて。
電車は10分ごとに走っている。	**Trains run every ten minutes.** 「来る」なら **come** が使えます。
電車は何分おきに来ますか？	**How often do the trains come?**
電車は1時間に2本来ます。	**The trains come two times an hour.**
ホーム	**platform** 3番線　**platform 3** **platform** には「演壇」の意味もあります。また **platform** は高架になっているホームのことで、そうでない地面と同じレベルにあるものは **track** といいます。アメリカはこちらが多いです。 ¶ **The train comes to platform 3.** 電車は3番線に来ます。 ¶ **The train leaves from track 4.** 電車は4番線から発車します。
喫煙所	**designated smoking area** ¶ **Smoking is prohibited outside the designated smoking areas.** 喫煙所以外での喫煙は禁じられています。

電車

車両	**car** ¶ **I always get on the second car from the front.** 私はいつも前から2両目に乗る。 ¶ **I always get on the third car from the tail.** 私はいつも後ろから3両目に乗る。
脱線する	**derail** ¶ **The first car derailed.** 1両目が脱線した。 ¶ **The last car got derailed.**

	最後尾の車両が脱線した。
始電	**first train**
↕	¶ **What time does the first train leave?**
	始電は何時ですか？
終電	**last train**
	¶ **What time does the last train leave?**
	終電は何時ですか？
終電に乗り遅れた。	**I missed the last train.**
(当駅)始発電車	**train starting from this station**
	¶ **This is a train starting from this station.**
	この電車は当駅始発です。
直通電車	① **direct train**　② **through train**
	¶ **This is a direct train to Niigata.**
	This is a through train to Niigata.
	これは新潟への直通電車です。
各駅停車	**local train**
	¶ **This is a local train.**
	これは各駅停車です。
急行	**express**
	¶ **This is an express.**
	これは急行です。
特急	① **special express**　② **limited express**
	¶ **This is a special express.**
	This is a limited express.
	これは特急です。
特急券	**ticket for the limited(-)express**（surcharge）
乗車券	**ticket**（for the distance）
普通乗車券	**regular ticket**
	¶ **You need a ticket for the limited-express surcharge besides a ticket for the distance to get on the train.**
	この電車に乗るには乗車券の他に特急券が必要です。
	¶ **You can't get on this train with a regular ticket.**

普通乗車券ではこの電車に乗れません。

新幹線	**bullet train** **bullet 【búlit】**は「弾丸」のことです。「ブリットゥ」と発音します。弾丸のように速い列車という意味ですね。 ¶ **I often use the bullet trains.** 　私はよく新幹線を利用する。
貨物列車	**freight train** ¶ **I waited for the freight train to pass.** 　私は貨物列車が通過するのを待った。
いつもの電車	**usual train** ¶ **I missed the usual train.** 　私はいつもの電車に乗り遅れた。
東京行きの電車	**train (bound) for Tokyo** **bound for** で「～行きの」，**be bound to** は熟語で，「～する義務がある」の意味で使われます。**for** は set the alarm clock for seven のところでもいったように，「～に向かって，～を目指して」を意味する前置詞です。**The meeting is scheduled for one o'clock.**「会議は1時に予定されている」というふうに使えます。 これに対して **to** は from Tokyo to Osaka のように，**to** のあとにくるところ（大阪）まで「たどり着く」感じのときに使います。そこから「彼の意見に同意する」というようなときにも，**agree to [with] his opinion** と **to** が使われることになるわけです。彼の意見のところまで「たどり着く」という感じだからです。 ¶ **This train is for Tokyo.** 　**This train is bound for Tokyo.** 　これは東京行きの電車です。 ¶ **He is bound to pay the rent.** 　彼は家賃を払う義務がある。
この列車はどこへ向かっていますか？	**Where is this train heading for?** **head for** は「～へ向かう」という意味です。
この電車は東京に停まります。	**This train stops at Tokyo.** 場所を示す前置詞には **at** や **in** がありますが，「～の中」という感じがなく，単にその地点を示すときは，一般的に **at** を使います。「駅で」**at the station**,「空港で」**at the airport** などがそうです。場所でなくとも，「7時に」**at seven** とか「2割引きで」**at 20per-**

cent discount などのように，ある一点を示す場合にはやはり **at** が広く使われます。

「私は東京に住んでいる」というときは，**I live in Tokyo.** と **in** になりますが，これは，「東京の中に」という感じがあるからです。昔，西洋の都市は城壁に囲まれていましたから，その中に，という感じなのです。

電車を乗り換える	**change trains** **trains** と複数になることに注意してください。「席を取りかえる」も **change seats** と複数になります。ひとつの電車・席から別の電車・席へという意識があるからです。 ¶ **We have to change trains at the next stop.** 次の駅で電車を乗り換える必要があります。
乗り換え駅	**transfer station** ¶ **Where is your transfer station?** あなたの乗り換え駅はどこですか？
間違った方向へ行く，進む	**go in the wrong direction** ¶ **I'm afraid we are going in the wrong direction.** 残念ながら，間違った方向へ進んでいるようだ。
反対の方向へ行く	**go in the opposite direction** ¶ **I'm afraid we are going in the opposite direction.** 残念ながら，反対方向へ進んでいるようだ。
遅れている	**behind schedule** ¶ **The trains are behind schedule.** 電車が遅れている。 ¶ **The train is an hour behind schedule because of the accident.** 事故で電車が1時間遅れている。
時間に正確な	**punctual** ¶ **The trains in Japan are punctual.** 日本の電車は時間に正確だ。
ラッシュアワー	**rush hour**(**s**) ¶ **The trains are very crowded during the rush hours.** ラッシュアワーの時間帯は，電車がとても混んでいる。
混んでいる	**crowded** ¶ **The train is crowded.**

Part 10 通学・通勤

電車が混んでいる。
¶ Don't open your newspaper in this crowded train.
こんな混んだ電車で新聞を広げるな。

すいている

not crowded
¶ The train was not crowded.
電車はすいていた。

ぎゅうぎゅう詰め

① **squashed**　② **jammed**
すし詰めの　**packed like sardines**
sardine は「いわし」のことです。
¶ We were squashed in the train.
　The train was jammed.
その電車はぎゅうぎゅう詰めだった。
¶ We were packed in the train like sardines.
電車はすし詰めの状態だった。

押し込む

squeeze
squeeze は本来レモンなどを「絞る」という意味です。
¶ We were squeezed into the train by the station employee.
駅員に電車に押し込まれた。

誰かに足を踏まれた。

Someone stepped on my foot.

空気がよどんでいる。

The air is stale.
stale は広く「新鮮でない」という意味に使われ，**The beer is stale.** といえば，「ビールの気が抜けている」，**The bread is stale.** といえば，「パンがひからびている」という意味になります。**The potato chips are stale.** なら「ポテトチップスがしけている」となります。「ポテトチップスがパリッとしている」なら **The potato chips are crisp(y).** です。

痴漢

moléster
¶ He is a molester.
あの人，痴漢よ。

変質者

pervert
¶ He is a pervert.
あの人，変質者よ。

電車で痴漢にあった。

I was molested in the train.

交通機関	**transportation** ¶ We should improve the transportation system of Tokyo. 　東京の交通機関は何とかすべきだ。 **improve** は「改善する」という意味です。
ますます便利に なる	**get more and more convenient** 少しずつ　**little by little** 徐々に　**gradually** 段階を追って　**step by step** ¶ Tokyo is getting more and more convenient. 　東京はますます便利になっている。 ¶ The suburbs are getting convenient little by little. 　郊外は少しずつ便利になっている。 ¶ The suburbs are gradually getting convenient. 　郊外は徐々に便利になっている。 ¶ Tokyo is getting convenient step by step. 　東京は段階を追って便利になっている。
向かい合って座 る	**sit face to face** ¶ We sat face to face. 　私たちは向かい合って座った。
背中合わせに座 る	**sit back to back** ¶ We sat back to back. 　私たちは背中合わせに座った。
隣に座る	**sit next to him** ¶ I'll sit next to him. 　僕は彼の隣に座るよ。
あみ棚	**rack** ¶ I put my baggage on the rack. 　あみ棚に荷物をのせた。
吊革	**strap**
吊革につかまる	**hang [hold] onto a strap** ¶ Hang onto a strap. 　Hold onto a strap. 　吊革につかまって。
吊革を放す	① **release a strap**　② **let go of a strap** ¶ Release the strap.

	Let go of the strap. その吊革を放して。
手すり	**handrail** ¶ **Hold onto a handrail.** 手すりにつかまって。
ドアに寄りかかる	**lean against the door** ¶ **Don't lean against the door.** ドアに寄りかからないで。
ドアから離れて立ってください。	**Stand clear of the door.**
ドアにカバンがはさまれた。	**My bag got caught in the door.**
ここで降ります。	**I'm getting off here.**
途中下車	**stopover**
途中下車する	① **stop over**　② **make a stopover** ¶ **Can I stop over with this ticket?** この切符で途中下車できますか？ ¶ **I made a stopover in Tokyo.** 私は東京で途中下車した。
うとうとする	① **drowse**　② **doze**（**off**）　③ **nod off** ¶ **I was drowsing.** 　**I was dozing.** 　**I was nodding off.** 私はうとうとしていた。
寝過ごす	**sleep past my station** ¶ **I've slept past my station.** 降りるはずの駅を寝過ごしてしまった。
通り過ぎる	**pass by** ¶ **The train passed by Yoyogi station.** 電車は代々木駅を通過した。
精算	**fare adjustment** **fare** は「運賃」という意味です。 ¶ **We need a fare adjustment.**

乗り越しの精算をする	精算をしなくちゃ。 ① adjust fares ② pay the fare for the extra distance ③ pay the fare difference ④ pay the additional fare ¶ We need to adjust fares. 　We need to pay the fare for the extra distance. 　We need to pay the fare difference. 　We need to pay the additional fare. 　乗り越しの精算をする必要がある。

会社に着いて

回転ドア	**revolving door** ¶ I went in through the revolving door. 　回転ドアを通って中へ入った。
エレベーターに乗る	**get on [in] the elevator** ¶ I got on the elevator to go to the third floor. 　I got in the elevator to go to the third floor. 　3階まで行くのにエレベーターに乗った。
お先にどうぞ。	① After you. ② You go first. ③ Please go ahead.
閉所恐怖症	**claustrophobia** 【klɔ̀ːstrəfóubiə】 「クローストラフォウビア」と発音します。
閉所恐怖症の	**claustrophobic** ¶ He suffers from claustrophobia. 　He is claustrophobic. 　He is afraid of closed space. 　彼は閉所恐怖症だ。
高所恐怖症	**acrophobia**
高所恐怖症の	① acrophobic　② afraid of heights ¶ I suffer from acrophobia. 　I'm acrophobic. 　I'm afraid of heights.

Part 10 通学・通勤

　　　　　　　　　私は高所恐怖症だ。

一生懸命働く，　　**work hard**
勉強する　　　　　¶ **I always work hard.**
　　　　　　　　　私はいつも一生懸命働く。

part 11

あいさつ

外へ出ると，知人・友人に出会います。そこでここでは，
あいさつの仕方を大急ぎで，
英語で学んでいきましょう。
①お噂はかねがね。
②元気でしたか？
③久し振りね。
④そのドレス似合いますね。
⑤お変わりありませんね。
⑥浮かない顔してるね。
⑦何かあったのね？
⑧顔に書いてあるわよ。
⑨それではまた。
⑩彼によろしく。
これをあなたは英語でいえますか？

出会う

偶然出会う	出会う ①come across him　②run across him　③run into him ④bump into him **bump into him**には「彼にぶつかる」の意味もあります。 ¶ I came across Jimmy yesterday. 　I ran across Jimmy yesterday. 　I ran into Jimmy yesterday. 　I bumped into Jimmy yesterday. 　昨日，ばったりジミーに会った。 ¶ I bumped against the wall. 　壁にぶつかった。
たまたま出会う	happen to meet him ¶ I happened to meet him. 　たまたま彼に会った。
知人	acquaintance ¶ He is my acquaintance. 　彼は私の知り合いです。
昨日誰に会ったと思う？	Guess who I ran into yesterday.
偶然に	① by accident　② by chance 偶然　① accident　② chance ¶ I met John by accident. 　I met John by chance. 　偶然，ジョンに会った。
偶然のなせる業だ。	It's a matter of chance.
何という偶然だ！	What a coincidence! 偶然の一致　coincidence
誤って	by mistake ¶ I used your towel by mistake. 　まちがって君のタオルを使ってしまった。

あいさつ

あいさつをする	① **say hello to him**　② **greet him**　③ **salute him** ③は主に軍隊でのあいさつに使います。 ¶ **Say hello to him.** 　彼にあいさつしなさい。 ¶ **He greeted me.** 　彼は私にあいさつした。 ¶ **The soldier saluted the officer.** 　その兵士は士官に敬礼をした。
あいさつ状	**greeting card** ¶ **I wrote him a greeting card.** 　私は彼にあいさつ状を書いた。
お辞儀をする	**bow to him** **bow tie** は「蝶ネクタイ」のことですね。発音は「お辞儀をする」bow 【báu】に対して,「ボウ【bóu】・タイ」です。 ¶ **He bowed to me.** 　彼は私にお辞儀をした。 ¶ **He wears a bow tie.** 　彼は蝶ネクタイをしている。
はじめまして。	**How do you do?**
お会いできて嬉しいです。	① **Nice to meet you.** ② **I'm glad to meet you.** ③ **I'm pleased to meet you.**
お会いできて光栄です。	**I'm honored to meet you.**
お噂はかねがね。	**I've heard a lot about you.**
お元気ですか？	① **How are you?** ② **How are you doing?**
元気です。	① **I'm fine.** ② **I'm doing well.**
元気でしたか？	**How have you been?**
元気でした。	**I've been good.** 元気ではありませんでした。**I haven't been so good.**

元気なだけが取柄です。	**Being fine is my only asset.** asset は「資産」の意味です。
調子はどうですか？	**How are you feeling?**
絶好調です。	**I'm feeling great.**
学校はどうですか？	**How's school?** 仕事はどうですか？ How's business?
その後ボーイフレンドはどうした？	**What's become of your boyfriend?**
何か面白いことあった？	**What's new?**
いつもと同じです。	**Same as usual.** It's the same as usual. となると the が必要になります。
とくに変わったことはありません。	① **Nothing special.** ② **Nothing in particular.** ③ **There's nothing special.**
いい一日だったみたいだね。	① **It seems like you had a good day.** ② **You seem to have had a good day.**
久し振りね。	① **It's been a long time.** ② **Long time, no see.**
久し振りですね。	**I haven't seen you for a long time.**
お待たせしてすみません。	① **I'm sorry to have kept you waiting.** ② **I'm sorry to keep you waiting.**
ここにはいつまで？	**How long will you be [stay] here?**
妻を紹介させてください。	① **Let me introduce my wife.** ② **I'd like you to meet my wife.**
妻には会ったことがありましたっけ？	**Have you met my wife?**

そのドレスいいですね。	**I like your dress.** **Nice dress.** と短くいうのも，お世辞っぽくなく，嘘っぽくなく，きざっぽくなく，粋な感じがします。
このドレスどう？	**How do you like this dress?**
そのドレス似合いますね。	① **The dress suits you.** ② **You look nice in that dress.**
冗談でしょう。	**You must be kidding.**
冗談ですよ。	① **I'm kidding.** ② **I'm joking.**
冗談はやめて。	**Cut the kidding.**
からかっているんでしょう。	**You are putting me on.**
このブラウスは上着と合わない。	① **This blouse doesn't go with this jacket.** ② **This blouse doesn't match this jacket.**
元気そうですね，きれいですよ。	**You look great.**
お変わりありませんね。	**You haven't changed at all.**
すっかりきれいになって。	**You've become so pretty.**
お疲れのようですね。	**You look tired.** 元気がないですね。 **You look depressed.**
悲しそうね。	**You look sad.**
浮かない顔してるね。	① **You look long-faced.** ② **You look glum.** ひどい顔してるわよ。 **You look terrible.**
何かあったのね？	① **Something is wrong, isn't it?** ② **Something happened, didn't it?**
どうしてわかるの？	**How do you know?**

Part 11 あいさつ

顔に書いてあるわよ。	① **Your face is taking to me.** ② **It's written all over your face.**
どうしたの？	① **What happened?** ② **What's the matter?** ③ **What's up?** ④ **What's wrong?**
私は彼女が何かおかしいのに気づいた。	**I noticed something was wrong with her.**
何があったの？	**What's bothering you?** **bother** は「悩ます」という意味です。
どうなってるの？	**What's going on?**
わかったら知らせてね，教えてね。	**Let me know if you find out.**

別れる

別れを告げる	① **say goodbye to him**　② **bid farewell to him.** ¶ **Say goodye to him.** 　彼にお別れを言って。 ¶ **I bid farewell to him.** 　私は彼に別れを告げた。
お会いできてよかったです。	**It was nice meeting you.** また会えてよかったです。**It was nice to see you again.** **meet** は初対面のときだけに使います。
それではまた。	① **See you later [again].** ② **I'll be seeing you.**
(体に)気をつけて。	**Take care.** **Take care of yourself.** が短くなった形です。「〜に気をつけて」は **be careful** などを使います。
運転に気をつけて。	**Be careful (in) driving.**

じゃあ元気で，無理しないで。	Take it easy.
今日はとても楽しかったです。	I had a good [great, pleasant] time today.
パーティーはとても楽しかった。	I enjoyed the party.
またすぐ会いたいですね。	I hope to see you again soon.
いつか近いうちに	sometime soon. ¶ I hope to see you again sometime soon. 　いつか近いうちにまた会いたいですね。
いつでも連絡してください。	Keep in touch.
必要なときはいつでも電話してください。	Call me whenever necessary.
よい一日を。	Have a nice day.
よい週末を。	Have a nice weekend.
よい旅行を。	Have a nice trip.
幸運を。	Good luck to you.
あなたもね。	Same to you.
頑張ってね。	**Good luck** 日本語の「頑張って」にはこれがいちばんピッタリときます。親が子供に監督が選手に「頑張れ」というときは，**Try hard.** とか **Do your best.** となります。自分で「頑張ります」というときも，**I'll try hard.** や **I'll do my best.** です。
彼によろしく。	① **Give him my regards.** ② **Please say hello to him.**
ご両親にくれぐれもよろしくお伝えください。	**Please give my best regards to your parents.**

寂しくなるわ。	**I'll miss you.**
一緒に行けたらいいんだけど。	**I wish I could go with you.** **I wish** のあとには仮定法で **could**，**I hope** のあとはふつうに **can** が来ます。
もう行ったほうがいい。	**You should go now.** もう行かなくちゃ。 **I should be going now.**
もう行きなさい。	**You had better go now.** **had better** は「〜したほうがいい」ではなく，「〜しなさい」という命令になるので，親が子供に言うような場合以外にはあまり使わないほうが無難です。
もう行ったほうがいいかもしれない。	① **Maybe you should go now.** ② **You may as well go now.**
楽しんできてね。	**Have fun.**
今後ともよろしくお願いします。	① **I hope you continue to support me.** ② **I hope you continue to give me your support.**

part 12

帰宅してから
夜寝るまで

さて今度は一日の後半，帰宅してから夜寝るまでに使う英語を
勉強しましょう。掃除と洗濯もここでやってしまいましょう。
学校と会社のことは，それぞれ Part14, 15 と Part27 以降でやります。
① 街灯
② 遠くの親戚より近くの他人。
③ これは私の持ち家です。
④ 二階へ行く
⑤ 犬にえさをやる
⑥ 宿題を見ただけで眠くなる。
⑦ テレビの音量を下げる
⑧ コインランドリー
⑨ ふとんを敷く
⑩ ダニ
これをあなたは英語でいえますか？

帰り道

家へ帰る	**go home** ¶ **I'm going home.** 　家へ帰るよ。
家へ帰ってくる	**come home** ¶ **I came home at seven（o'clock）.** 　7時に家に帰ってきた。 ¶ **Come back home by seven（o'clock）.** 　7時までに家に帰ってきなさい。 **back** を入れると，さらに「もどってくる」というニュアンスが強なります。
帰宅途中に	**on my [the] way home** 「～へ行く途中に」は **on the way to** ～ですべて表現することができます。 ¶ **I dropped by a convenience store on my way home.** 　帰宅途中にコンビニに寄った。
仕事で疲れた。	**I'm tired from work.**
クタクタだ。	**I'm worn out.**
へとへとだ。	**I'm exhausted.**
疲れ	**fatigue** ¶ **Studying for two hours brought on great fatigue.** 　2時間勉強したらすごく疲れた。
薄暗い	**dim** ¶ **It's already dim.** 　もう薄暗くなった。
街灯	**streetlight** ¶ **The streetlights are on.** 　街灯がともっている。
隣近所，隣人	**neighbor** ¶ **She is my neighbor.** 　彼女は私の隣人です。
隣人を悩ませる	**annoy his neighbor** ¶ **He is always annoying his neighbors.**

	彼はいつも隣人を悩ませている。
遠くの親戚より近くの他人。	**A good neighbor is better than a faraway relative.**
隣の芝生は青い。	**The grass is always greener on the other side of the fence.**
芝生に入るな。	**Keep off the grass.** lawnは芝生の生えている場所のことで，turf は「芝土」，Astro-turf は「人工芝」のことです。
近所，このあたり	**neighborhood** このあたり全体　whole neighborhood みすぼらしい地域　sleazy neighborhood ¶ **The whole neighborhood is quiet at night.** 　このあたり全体は夜静かだ。 ¶ **This is a sleazy neighborhood.** 　これはみすぼらしい地域だ。
裕福な	① **affluent**　② **wealthy** ¶ **People in this neighborhood are affluent.** 　このあたりの人々は裕福だ。 ¶ **People in this area are wealthy.** 　この地域の人々は裕福だ。
居心地のいい	**cozy** ¶ **This place is cozy.** 　この場所は居心地がいい。
安全な，治安がいい	① **safe**　② **secure** safe には「金庫」の意味もありましたね。 ¶ **This neighborhood is safe.** 　**This neighborhood is secure.** 　このあたりは治安がいい。
国家の安全	**national security** ¶ **This concerns our national security.** 　これは我々の国家の安全に関わることだ。
危険な，治安が悪い	**dangerous** ¶ **This neighborhood is dangerous.** 　このあたりは治安が悪い。
危険	**danger**

	¶ **I felt danger.** 私は危険を感じた。 ¶ **I don't want to put him in danger.** 私は彼を危険にさらしたくない。
治安，秩序	**order** ¶ **We want to keep order.** 秩序を維持したい。
無秩序，混乱	**disorder** ¶ **The town fell into disorder.** 町は無秩序状態におちいった。 ¶ **The room was in disorder.** 部屋は混乱状態だった。
混沌	**chaos**【kéiɑs】 ¶ **I can't stand this chaos anymore.** この混乱にはもう耐えられない。
混沌とした	**chaótic** ¶ **I can't stand this chaotic situation anymore.** この混乱した状窓にはもう耐えられない。
経済的混乱	**economic chaos** ¶ **Russia is in economic chaos.** ロシアは経済的に混乱している。
周囲の環境	**surroundings** ¶ **The surroundings are marvelous.** 周囲の環境がすばらしい。
環境	**environment** ¶ **We want to protect our environment.** 環境を守りたい。
環境汚染	① **pollution of the environment**　② **environmental pollution** ¶ **Pollution of the environment is getting worse.** 　**Environmental pollution is getting worse.** 環境汚染がひどくなっている。
汚染する	① **pollute**　② **contáminate** ¶ **The drinking water is polluted.** 　**The drinking water is contaminated.**

	飲み水が汚染されている。
郊外	① **suburb**　② **outskirts** **outskirts** は複数で使います。「はずれ」という意味でも使えます。 ¶ **I live in a Tokyo suburb.** 　**I live in the suburbs of Tokyo.** 　私は東京の郊外に住んでいる。 ¶ **I live on tbe outskirts of Tokyo.** 　私は東京の郊外（はずれ）に住んでいる。
首都圏, 大都市圏	**metropolitan area** ¶ **I live in the metropolitan area.** 　私は首都圏に住んでいる。
ベッドタウン	**bedroom comunity [town]** ¶ **I have a house in a bedroom comunity.** 　**I have a house in a bedroom town.** 　私はベッドタウンに家をもっている。
都会の	**urban**
田舎の	**rural** ¶ **I prefer urban life to rural life.** 　田舎の暮らしより都会の暮らしのほうがいい。 ¶ **The urban population outnumbered the rural populadon.** 　都会の人口が田舎の人口を上回った。
地域	① **area**　② **district**　③ **region** **region** は **area** より広い地域を指します。 ¶ **This area is dangerous.** 　この一帯は危険です。 ¶ **She lives in a fashionable district of the city.** 　彼女は街のおしゃれな地域に住んでいる。 ¶ **The town is located in a mountainous region.** 　その町は山間部にあります。
地帯	**zone** **school zone** とか **time zone**「時間帯」といった使い方をします。 ¶ **This is a school zone.** 　ここは学校地帯です。 ¶ **The world is divided into 24 time zones.** 　世界は24の標準時間帯に分かれている。

	¶ We are making green zones here. 我々はここに緑地帯を作ります。
広大な	① vast ② immense ¶ He owns a vast amount of land. He owns an immense amount of land. 彼は広大な土地を所有している。
区	ward ¶ I live in Setagaya ward. 私は世田谷区に住んでいる。
うちの近くに	① near my house ② in the vicinity of my house ¶ She parked her car near my house. She parked her car in the vicinity of my house. 彼女は私の家の近くに車を停めた。
隣接した	next [adjacent] to my house ¶ The factory is next to my house. The factory is adjacent to my house. その工場は私の家に隣接している。

家

マンション	① apartmennt (house) ② condo (minium) 日本語のマンションは英語では大邸宅の意味になります。**imposing mansion** といえば「堂々たる大邸宅」です。 ¶ We have an apartment in New York. ニューヨークにマンションをもっている。 ¶ We have a condo in Miami Beach. We have a condominium in Miami Beach. マイアミ・ビーチにマンションをもっている。 ¶ He lives in his imposing mansion. 彼は堂々たる大邸宅に住んでいる。
ワンルームマンション	studio (apartment) ¶ I live in a studio. I live in a studio apartment. ワンルームマンションに住んでいる。
門番, 守衛	① guard ② concierge ¶ I work as a guard.

	I work as a concierge.
	私の職業は守衛です。
高層住宅	**highrise apartment building** ¶ It is a highrise apartment building. 　それは高層住宅です。
団地	**housing complex** ¶ He lives in a housing complex. 　彼は団地に住んでいます。
日照権	**right to sunshine** ここでの **right** は「権利」の意味です。 ¶ Everyone has a right to sunshine. 　誰もが日照権をもっています。 ¶ We have to protect our right to sunshine. 　我々は日照権を守らなければならない。
住人	**resident** ¶ I am a resident of this apartment house. 　私はこのマンションの住人です。
家主，大家	**landlord** ¶ He is the landlord. 　彼は家主です。
女の家主	**landlady** ¶ She is the landlady. 　彼女は家主です。
(アパートなどの) 管理人	**superintendent** ¶ He is the supedntendent of this apartment. 　彼はアパートの管理人です。
これは私の持ち家です。	I own this house.
表札	**door [name] plate** ¶ There is a door plate on the front door. 　There is a name plate on the front door. 　玄関に表札がかかっています。
建て売り住宅	① **ready-built house**　② **house built for sale** ¶ I bought a ready-built house.

Part 12 帰宅してから夜寝るまで

	私は建て売り住宅を買った。 ¶ This is a house built for sale. 　これは建て売り住宅です。
プレハブ	prefabricated house. ¶ This is a prefabricated house. 　これはプレハブです。
二階建てです。	My house has two stories.
二世帯住宅	two-family house ¶ We had a two-family house built. 　二世帯住宅を建てた。
この家は借りて います。	I rent this house.
貸家	house for rent ¶ That house is for rent. 　あれは貸家です。 ¶ He is a tenant. 　彼は借家人です。
家賃を払う	pay a rent ¶ I pay a high rent. 　高い家賃を払っています。 ¶ The rent is reasonable. 　家賃はまあまあです。 ¶ Pay the rent as soon as possible. 　できるだけ早く家賃を払って。 ¶ When is the rent due? 　家賃の支払い期限はいつ？ ¶ We can't afford it now. 　今は払えない。
敷金，保証金	deposit 礼金は **key money** といいます。 ¶ We must leave a deposit to rent a house. 　家を借りるには保証金を預けなければならない。
住宅事情	housing situation ¶ The housing situation in Tokyo is bad. 　東京の住宅事情は悪い。

地価高騰	**rise in land prices**
	高騰する地価　skyrocketing land prices
	¶ **Land prices soared several years ago.**
	数年前，地価が高騰した。
	¶ **We have to hold down the rise in land prices.**
	地価高騰を抑制する必要がある。
	¶ **We have to slow the skyrocketing land prices.**
	高騰する地価を抑制する必要がある。
宅地	**house lot**
	¶ **This is a house lot.**
	ここは宅地です。
開発	**development**
	¶ **They are in charge of the development.**
	彼らがここの開発を請け負っています。
再開発	**redevelopment**
	¶ **They are in charge of the redevelopment.**
	彼らがここの再開発を請け負っています。
開発業者	**developer**
	¶ **They are the developers.**
	彼らが開発業者です。
家具	**furniture**
	¶ **There is a lot of furniture in this house.**
	この家は家具がたくさんある。
家具付きの	**furnished**
	¶ **This apartment is furnished.**
	このマンションは家具付きです。
台所用品付きです。	**The kitchen is equipped.**
	equip は「(設備・装備・備品) を備える」ことで，equipment は「設備，装備，備品」のことです。
ベランダ	**balcony**
	¶ **I watered the flowers on the balcony.**
	ベランダの花に水をやった。
出窓	**bay window**
	¶ **There was a flower arrangement on the bay window.**

	出窓に生け花が飾ってあった。
網戸	**screen door** ¶ **Don't leave the screen door open.** 網戸を開けっ放しにしないで。
地下室	**basement**
食料貯蔵室	**pantry** ¶ **There is a pantry in the basement.** 地下室には食料貯蔵室がある。
屋根裏部屋	**attic** ¶ **The house has an attic.** その家には屋根裏部屋がある。
暖炉	**fireplace** ¶ **There was a picture over the fireplace.** 暖炉の上に絵がかかっていた。 ¶ **We built a fire in the fireplace.** 暖炉で火を起こした。 ¶ **We made a fire in the fireplace.** 暖炉で火をつけた。
煙突	**chimney** ¶ **Smoke was coming out of the chimney.** 煙突から煙が出ていた。 ¶ **The chimney was pouring smoke into the air.** 煙突が煙を吐き出していた。
たきぎ	**(fire) wood** ¶ **We gathered wood.** **We gathered firewood.** たきぎを集めた。

家の中へ

ただいま。	**I'm home.**
うがい(をする)	**gargle** ¶ **Gargle before going upstairs.** 二階へ行く前にうがいをしなさい。

口をゆすぐ	**rinse my mouth（out）** ¶ **Rinse your mouth out before going upstairs.** 　二階へ行く前に口をゆすぎなさい。
二階へ行った。	**I went upstairs.** 「（二階から見た）一階」は **downstairs**，単に「一階」というときは **first floor**。 ¶ **Mary is downstairs.** 　メアリーなら一階にいるよ。 ¶ **I went downstairs.** 　**I went to the first floor.** 　一階に降りていった。
寝室	**bedroom** ¶ **We have three bedrooms.** 　寝室は3つあります。
二段ベッド	**bunk bed** ¶ **There is a bunk bed in the kids' room.** 　子供部屋には二段ベッドがあります。
服をハンガーにかける	① **put my clothes on the hanger**　② **hang up my clothes** ¶ **Put your clothes on the hanger.** 　服はハンガーにかけなさい。 ¶ **Hang up my clothes, will you?** 　私の服をハンガーにかけてくれる？
書斎	**study**
引き出しを開ける	**open the drawer** ¶ **I went to my study and opened the drawer of my desk.** 　書斎へ行って，机の引き出しを開けた。 **drawers** と複数になると「たんす」（**chest-of-drawers**）の意味にもなります。 ¶ **I have a chest-of-drawers in my room.** 　部屋にたんすをひとつもっている。 ¶ **I put my clothes into the drawers.** 　自分の服をたんすの引き出しに入れた。
鏡台，鏡付きたんす	**dresser** ¶ **I have a dresser in my room.** 　部屋に鏡台をひとつもっている。

回転椅子	**swivel chair** ¶ **This is a swivel chair.** 　これは回転椅子です。
折りたたみ式の椅子	**folding chair** ¶ **This is a folding chair.** 　これは折りたたみ式の椅子です。
本棚	① **bookcase**　② **bookshelf** ¶ **There are three bookcases in my study.** 　私の書斎には本棚が３つあります。 ¶ **I put the book on the bookshelf.** 　本棚にその本をしまった。
作り付けの棚	**built-in cabinet** ¶ **There is a built-in cabinet in my study.** 　私の書斎には作り付けの棚があります。
スタンド	**desk lamp**
電球	**light bulb** 60ワット電球　**60-watt bulb** ¶ **The light bulb of my desk lamp has blown out.** 　スタンドの電球が切れてしまった。 ¶ **How many watts is that bulb?** 　その電球は何ワット？ ¶ **This is a 60-watt bulb.** 　60ワットの電球です。
蛍光灯	**fluorescent** 【fluərésnt】 **light** ¶ **The fluorescent light has gone out.** 　蛍光灯が消えてしまった。
遊びにいく	**go out to play** ¶ **Can I go out to play?** 　遊びにいってもいい？
サッカーに夢中だ。	**He is absorbed in soccer.** 　サッカーに時間を使う　**spend time playing soccer** ¶ **He spends lots of time playing soccer.** 　サッカーをするのに多くの時間を使っている。
時間を無駄にする	**waste time** ¶ **He is wasting time.**

	彼は時間を無駄にしている。
時間を潰す	**kill time** ¶ **I killed half an hour walking around town.** 町をブラブラして30分，時間を潰した。
時間を失う	**lose time** ¶ **I've lost some precious time.** 私は貴重な時間を失ってしまった。

ペット

犬にえさをやる	**feed my dog** ¶ **Feed the dog.** 犬にえさをやって。
子犬	**puppy** ¶ **Take the puppy for a walk.** 子犬を散歩へ連れていって。
猫	**cat** ¶ **I have a cat（as a pet）.** 私は猫を飼っている。
子猫	**kitten** ¶ **The cat delivered three kittens.** その猫は3匹の子猫を生んだ。 「犬」は **dog** ですが，「犬の」と形容詞になるときは **canine**[kéinain]，「猫の」は **feline**[fí:lain] となります。たとえば，**canine contest** といった具合です。 ¶ **I'll put my dog into the canine contest.** 私は自分の犬を犬のコンテストに出すつもりです。 ¶ **I'll put my cat into the feline contest.** 私は自分の猫を猫のコンテストに出すつもりです。
犬をなでる，かわいがる	**pet a dog** ここから名詞のペットという言葉が生まれたわけです。そこで「ペットをかわいがる」というときには，たとえば **cherish my pet** という言い方をします。 ¶ **Don't pet the dog.** 犬にさわらないで。 ¶ **She cherishes her pet.**

	彼女はペットをかわいがっています。
犬はよく人間の最良の友といわれる。	**Dogs are often referred to as man's best friend.**
飼い慣らす	**tame** **tame** には形容詞で,「飼い慣らされた,おとなしい」という意味もあります。 獰猛な **fierce** ¶ **He tamed a fierce dog.** 　彼は獰猛な犬を飼い慣らした。
番犬	**watch dog** ¶ **This is a watch dog.** 　これは番犬です。
盲導犬	① **guide dog**　② **Seeing Eye dog** ¶ **This is a guide dog.** 　This is a Seeing Eye dog. 　これは盲導犬です。
介護犬	**service dog** ¶ **That is a service dog.** 　あれは介護犬です。
雑種	① **mongrel**　② **hybrid**　③ **crossbreed** ¶ **This dog is a mongrel.** 　This dog is a hybrid. 　This dog is a crossbreed. 　この犬は雑種です。
血統(書),家系	**pédigree** ¶ **This is a dog with a pedigree.** 　これは血統書つきの犬です。 ¶ **Do you know the pedigree of this horse?** 　この馬の血統を知っていますか？
血統学,家系学	**genealogy** ¶ **I majored in genealogy at college.** 　私は大学で血統学を専攻した。
吠える	**bark**

	大声で吠える　roar
	うめく　groan
	うなる　growl
	きゃんきゃんなく　yelp
	¶ The dog is barking.
	犬が吠えている。
	¶ The dog is roaring.
	犬が大声で吠えている。
	¶ The dog is groaning.
	犬がうめいている。
	¶ The dog is growling.
	犬がうなっている。
	¶ The dog is yelping.
	犬がきゃんきゃんないている。
狂犬病	rabies【réibəz】
	¶ He has rabies.
	狂犬病にかかっている。
犬をつかまえる	capture a dog
	¶ We captured the dog.
	我々はその犬をつかまえた。
犬はひもでつないでおかなければならない。	Dogs must be kept on a leash. leash は「革ひも」「犬をつなぐ」の意味です。「（犬を）放す」は unleash です。 ¶ Don't unleash your dog here. 　ここでは犬を放さないでください。

宿題

宿題をやる	do my homework
	¶ Do your homework.
	宿題をやりなさい。
宿題を終える	① finish my homework　② get my homework done
	¶ Finish your homework by the time I come back.
	私が帰ってくるまでに宿題をやっておきなさい。
	¶ I got my homework done.
	私は宿題を終えた。
（宿題を）見ただけで眠くなる。	Just the sight of it makes me sleepy.

ギリギリまで延ばすな。	**Don't put it off untill the last minute.**
どうせやらなくちゃならない。	**You have to do it anyway.**
宿題をおろそかにしたらダメだ。	**Don't neglect your homework.**
メモを探す	**look ［search］ for my notes** ¶ **I'm looking for my notes.** 　**I'm searching for my notes.** 　　メモを探してるんだ。
いたるところを探す	**look high and low** ¶ **I've looked high and low.** 　　いたるところを探した。
隅々まで探した。	**I left no stone unturned.**
ほとんど見つかる可能性はない。	**It's like looking for a needle in a haystack.** haystack は「干し草の山」のことです。
うるさい	**noisy** ¶ **They are noisy.** 　　奴ら，うるさいなあ。 ¶ **The room next door is too noisy.** 　　隣の部屋がうるさすぎる。
隣がうるさい。	**The neighbors are making noises.**
勉強に集中できない。	**I can't concentrate on my studies.** 勉強に身が入らない。**I can't get into my studies.**
防音の	**soundproof** ¶ **This room is soundproof.** 　　この部屋は防音です。
防水の	**waterproof** ¶ **My watch is waterproof.** 　　私の腕時計は防水です。
ドアを開けっ放しにするな。	**Don't leave the door open.** ドアを閉めておけ。**Keep the door closed.**

門戸を開いておく	**leave the door open（for）** ¶ **We have to leave the door open for forein companies.** 　外国企業のために門戸を開いておく必要がある。
もう我慢の限界だ。	**This is the last straw（that breaks the camel's back）.** strawは「わら」のことで，あと一本でもわらをのせたらラクダの背骨が砕けるところからきています。
我慢する	① **put up with**　② **stand**　③ **bear** ¶ **I can't put up with this anymore.** 　**I can't stand this anymore.** 　**I can't bear this anymore.** 　こんなこともう我慢できない。
我慢強い	**patient** ¶ **Be patient.** 　我慢して。
我慢，忍耐	**patience** ¶ **I've run out of patience.** 　堪忍袋の緒が切れた。
我慢できない，イライラした	**impatient** ¶ **Don't be impatient with the students.** 　生徒にカッカするな。
短気，せっかち	**impatience** ¶ **Get over your impatience.** 　短気なくせを直しなさい。
静かな	① **quiet**　② **silent**　③ **calm** ¶ **This place is quiet.** 　ここは静かだ。 ¶ **The child was silent.** 　子供は静かだった。 ¶ **It was a calm night.** 　静かな夜だった。
静謐な	**serene**【səríːn】 ¶ **it was a serene night.** 　それは静謐な夜だった。
静謐	**serenity**

Part 12 帰宅してから夜寝るまで

	¶I love serenity. 私は静謐さを愛してやまない。
平穏な	tranquil ¶It was a tranquil morning. 平穏な朝だった。
平穏	tranquility ¶The tranquility was broken by the accident. その事故で平穏は打ち破られた。

テレビ

テレビっ子です。	I grew up on television.
テレビをつける	turn〔switch〕on the television television は略して TV ということが多いです。 ¶Turn on the television. Switch on the television. テレビをつけて。
テレビを消す	turn〔switch〕off the television ¶Turn off the TV. Switch off the TV. テレビを消して。
テレビの音量を下げる	turn down the TV 暖房の温度を下げる〔上げる〕場合にも，turn down〔up〕the heaterでしたね。 ¶Will you turn down the TV? テレビの音量を小さくしてくれる？
テレビの音量を上げる	turn up the TV ¶Will you turn up the TV? テレビの音量を大きくしてくれる？
テレビを見る	watch television ¶You watch too much TV. テレビの見すぎよ。 ¶I watched television all day long. 一日中テレビを見た。
テレビをつけっ	leave the TV on

放しにする	¶**Be careful not to leave the TV on.** テレビをつけっ放しにしないように注意して。
電気をつけっ放しにする	**leave the light on** ¶**Be careful not to leave the light on.** 電気をつけっ放しにしないように注意して。
テレビが壊れた。	**The TV broke.**
しばらくお待ちください。	**Please stand by.**
直す	**repair** ¶**We have to repair the TV quickly.** すぐにテレビを直さなくちゃ。
番組	**program** ¶**I like that program.** 私，あの番組好き。
必見の番組	**must-see(s)** must だけなら「どうしてもしなければならないこと」という意味です。 ¶**This is a must-see.** これは必見の番組だ。 ¶**This is a must.** これはどうしてもやらなくちゃならない。
一見の価値はある。	**It's worth a look.** ちょっと見てみろよ。**Take a look.**
みんな同じさ。	**They are all the same.**
8チャンは何やってる？	**What's on channel 8?**
チャンネルを変える	① **change the channel**　② **change to anothr channel** ¶**Do you mind changing the channel?** 　**Do you mind changing to another channel?** チャンネルを変えてくれるかなあ？
チャンネルを合わせる	**tune in（to）** ¶**Will you tune in to channel 4?** 4チャンネルにしてくれる？

リモコン	**remote control**(**ler**) ¶ **I can change the channel with the remote control.** 　リモコンでチャンネルを変えられる。 ¶ **Where is the remote controller?** 　リモコンどこ？
放送する	① **air**　② **broadcast**　③ **show**　④ **run**　⑤ **televise** 放送中で　**on the air** 日本語では **the** を省略して「オンエア」とよくいいますね。 ニュースを放送する　**broadcast the news** ¶ **Is that program still on the air?** 　あの番組まだ放送してるの？ ¶ **They are broadcasting the news.** 　今，ニュースを放送してる。 ¶ **They'll show** *Star Wars* **tonight.** 　**They'll run** *Star Wars* **tonight.** 　今晩『スター・ウォーズ』をやる。 ¶ **They'll televise a baseball game tonight.** 　今晩野球中継をやる。
生放送	**live broadcast** ¶ **This is a live broadcast.** 　これは生放送だ。 ¶ **This is live.** 　これは生だ。
生(中継)の映像	**live footage** ¶ **This is live footage of New Orleans.** 　これは現在のニューオーリンズの生中継の映像です。
再放送(する)	**rerun** ¶ **This is a rerun.** 　これは再放送だ。
コマーシャル	**commercial** 日本でいわれる「CM」は **commercial message** の略ですが，英語では **CM** という略称は使いません。
次のCMのあいだにトイレに行く。	**I'm going to the bathroom during the next commercial break.** **break** はここでは「小休止」の意味です。 ¶ **I'm going to the bathroom when the next commercial**

	comes on. 今度 CM になったらトイレに行く。
衛星放送	**satellite broadcast** ¶ **I want to see the satellite broadcast** 　衛星放送を見たい。 ¶ **We are satellitling live from South Africa.** 　南アフリカから衛星生中継しています。
双方向の，双方の	① **two-way**　② **bilateral** ¶ **They are trying to make a two-way television.** 　**They are trying to make a bilateral television.** 　彼らは双方向テレビを作ろうとしている。
片方の，一方向だけの	**unilateral** ¶ **Unilateral communicatoin is old-fashioned now.** 　一方向だけのコミュニケーションはもう古い 「横の」は **lateral**，「縦の」は **vertical** てす ¶ **Draw a lateral line.** 　横の線を一本引いてください。 ¶ **Draw a vertical line.** 　縦の線を一本引いてください。
テレビに出る	**go [get] on TV** 「旅に出る」 **go on a trip**と同じ言い方です。テレビには機械そのものを指す場合だけ冠詞をつけます。 ¶ **I want to go [get] on TV.** 　テレビに出たい。
テレビ初出演です。	**This is my first appearance on TV.** どう見ても　**to all appearance(s)** ¶ **He is better than you to all appearances.** 　どう見ても彼のほうが君より一枚上手だ。 ¶ **You mustn't try to appear better than what you are.** 　自分を本当の自分よりよく見せようとしてはいけない。
視聴者	① **viewer**　② **audience** **audience**は「聴衆，観客」も意味します。
5千万人の視聴者がそのシーンに釘づけにされた。	**Fifty-million viewers were riveted to the scene.** **rivet** は名詞で「びょう，リベット」，動詞で「びょうでとめる」の意味です。

Part 12 帰宅してから夜寝るまで

視聴率	(audience) rating ¶ The program has an audience rating of 30 percent. 統計によると，その番組は30%の視聴率だ。
統計	statístics ¶ The program has a rating of 30 percent according to statistics. 統計によると，その番組の視聴率は30%だ。
ゴールデンアワー	prime time
メロドラマ	soap opera ¶ They show lots of soap operas during prime time. あそこはゴールデンアワーにメロドラマをたくさん流している。
30分の枠	30-minute segment ¶ The program is aired in 30-minute segments. その番組は30分枠で放送されている。
バラエティは創るのに時間がかからない。	A variety show doesn't require [need] much time to produce.
ビデオデッキ	VCR [videocassette recorder] ¶ The VCR doesn't work. 　The videocassette recorder doesn't work. ビデオデッキの調子が悪い。
ビデオ	video(tape) ¶ I recorded the show on video. 　I recorded the show on videotape. 私はその番組をビデオに録画した。
この番組は生，それとも録画？	Is this show live or recorded?
これって，例のどっきりカメラか何か？	Is this one of those hidden camera shows?

ラジオ，CD

ラジカセ	**radio and cassette tape recorder** ¶ I bought a radio and cassette tape recorder at the store. 私はその店でラジカセを買った。
ラジオを聴く	**listen to the radio** ¶ I listened to the radio during lunch. 昼食を食べながらラジオを聴いた。
CDをかける	**play a CD [compact disc]** ¶ Could you play a CD? Could you play a compact disc? 何かCDをかけてくれる？
CDをテープに ダビングする	**dub a CD on(to) a tape** **dub**には，dub American films into Japaneseのように「吹き替える」という意味や，「あだ名（**nickname**）をつける」という意味もあります。名詞は**dubbing**となります。 ¶ I dubbed the CD onto a tape. 私はそのCDをテープにダビングした。
MD	**MD [mini disc]** ¶ I recorded the CD on an MD. I recorded the CD on a mini disc. 私はそのCDをMDに録音した。

掃除

家事	① **housework** ② **family care** ¶ I do the housework. I'm in charge of family care. 私が家事を引き受けています。
家事を分担する	**share in the housework** ¶ We share in the housework. 私たちは家事を分担しています。
負担を分かち合う	**share the load** ¶ We share the load of caring for our family. 私たちは家事の負担を分かち合っています。

雑用	**chores** 家の雑用　household chores ¶ **I'm fed up with chores.** 　**I'm tired of household chores.** 　雑用にはもうウンザリ。
主婦	**housewife** 男女平等の流れで，最近は **homemaker** ということも多いです。 ¶ **She is a housewife.** 　**She is a homemaker.** 　彼女は主婦です。
（部屋, 机などが）きちんとした，きれいな	① **neat**　② **tidy** この **neat** という言葉は，最近，「いいね」という意味で **cool** のかわりにも使われます（とくに女性の場合）。 ¶ **Always keep your room neat.** 　**Always keep your room tidy.** 　部屋はいつもきれいにしておきなさい。 ¶ **Keep it clean.** 　きれいにしておきなさい。
ちらかっている	① **messy**　② **untidy** ¶ **Your room is messy.** 　**Your room is untidy.** 　あなたの部屋ちらかっているわね。
とっちらかっている状態	**mess** ¶ **Look at this mess.** 　見てごらんなさい，こんなにちらかして。
掃除をする	**clean**（**up**） ¶ **Clean up your room immediately.** 　すぐ部屋の掃除をしなさい。
掃除	**cleaning** ¶ **I don't like cleaning.** 　私は掃除が好きではない。
片づける	① **clear**　② **put away**　③ **take away** ¶ **Will you clear the table?** 　テーブルの上を片づけてくれる？ ¶ **Will you put away the stuff on the desk?**

	机の上のものを片づけてくれる？ ¶ **Would you take this tray away?** 　このトレイを片づけていただけますか？
掃除機	(vácuum) cleaner ¶ **Bring me the cleaner, please.** 　**Bring me the vacuum cleaner, please.** 　掃除機をもってきて。
掃除機をかける	**vacuum** ¶ **I vacuumed the living room.** 　居間に掃除機をかけた。
コンセント	① **outlet**　② **socket** 三ツ又コンセント　**three-way outlet [socket]** ¶ **Is there an outlet here?** 　**Is there a socket here?** 　コンセントある？ ¶ **I want a three-way outlet.** 　三ツ又コンセントが欲しい。
掃除機のプラグをコンセントに差し込む ⇕	**plug in the cleaner** ¶ **Plug in the cleaner, please.** 　掃除機のプラグをコンセントに入れて。
コンセントからはずす	**unplug the cleaner** ¶ **Unplug the cleaner, please.** 　掃除機のプラグをコンセントからはずして。
ヒューズが飛んだ。	**The fuse has blown.**
停電	① **power failure**　② **blackout** ¶ **We're having a power failure.** 　**We're having a blackout.** 　停電だ。 ¶ **The power failure paralyzed the train service.** 　停電で電車が麻痺状態におちいった。
雑巾	① **floorcloth**　② **dustcloth**　③ **duster** **dust** は「ちり，ほこり」のことで **dustcloth** や **duster** はちりふき用の雑巾です。

Part 12 帰宅してから夜寝るまで

	¶ **Do you have a floorcloth?** **Do you have a dustcloth?** **Do you have a duster?** 雑巾ある？ ¶ **Don't raise the dust.** ほこりを立てないで。
雑巾を絞る	**wring out the floorcloth** ¶ **Wring out the floorcloth.** 雑巾を絞って。 ¶ **I wrung out the floorcloth.** 雑巾を絞った。
バケツ	**bucket** ¶ **Run the water into the bucket.** バケツに水を入れて。
ふく	**wipe** ¶ **Wipe this dust away.** このほこりをふきとって。
ボロ切れ	**rag** ¶ **Give me a rag.** ボロ切れをちょうだい。
ボロボロの	**ragged** すりきれた　**worn-out** ¶ **Your clothes are ragged.** あなたの服はボロボロだ。 ¶ **Your clothes are worn-out.** あなたの服はすりきれている。
ほうき	**broom**
床を掃く	**sweep the floor** ¶ **Sweep the floor with a broom.** ほうきで床を掃いて。
じゅうたん	**carpet** 床の一部に敷く敷き物は **rug** といいます。 ¶ **I laid carpet in the living room.** 居間にじゅうたんを敷いた。 ¶ **This is a nice rug.**

	いいラグね。
ダニ	① tick ② mite
	シラミ　louse（複数形は lice となります） ¶ There are ticks and lice in the carpet. 　じゅうたんにはダニやシラミがいます。
ノミ	flea ¶ There are mites and fleas in the carpet. 　じゅうたんにはダニやノミがいます。
南京虫	bedbug ¶ This is a bedbug. 　これは南京虫だ。
ゴキブリ	cockroach ¶ I saw a cockroach in the kitchen. 　キッチンでゴキブリを見た。
ゴキブリ取り	cockroach trap trap は「わな」の意味です。 ¶ We have to buy a cockroach trap. 　ゴキブリ取りを買わないと。
ネズミ	① mouse ② rat rat は mouse より大型のものをいいます。 ¶ I saw a mouse in the storeroom. 　物置でネズミを見た。 ¶ A rat is bigger than a mouse. 　ラットはマウスより大きい。
ネズミ取り	rattrap ¶ We need a rattrap. 　ネズミ取りが必要だ。

洗濯

洗濯する	do the washing ［laundry］ ¶ I do the washing every other day. 　一日置きに洗濯する。 ¶ Did you do the laundry today? 　今日，洗濯した？

	¶ Have you finished the washing? Are you done with the laundry? 洗濯はもう終わった？
洗濯機	**washing machine** ¶ Where is the washing machine? 洗濯機はどこにありますか？
脱水機	**spinner** ¶ The spinner is out of order. 脱水機が故障している。
乾燥機	**clothes dryer** ¶ The clothes dryer doesn't work. 乾燥機の調子が悪い。
洗濯物	**laundry**【lɔ́:ndri】「ローンドリ」
洗濯物がたまっている。	I have the laundry piled up.
洗剤	**detergent**【ditə́:rdʒənt】 食器洗いの洗剤　dish detergent［soap］ ¶ Where is the detergent? 洗剤はどこにある？ ¶ This is the dish detergent. This is the dish soap. これが食器洗い用の洗剤です。
合成洗剤	**synthetic detergent** ¶ This is a synthetic detergent. これは合成洗剤です。
中性洗剤	**neutral detergent** ¶ This is a neutral detergent. これは中性洗剤です。
洗濯物を干す	**hang（out）the laundry to dry** ¶ Help me hang out the laundry to dry. 洗濯物を干すのを手伝って。
洗濯物を取り込む	**take the laundry in** ¶ Help me take the laundry in. 洗濯物を取り込むのを手伝って。

物干し掛け	clotheshorse ¶ Hang out the clothes on the clotheshorse. 　洗濯物を物干し掛けにかけて。
洗濯ばさみ	clothespin ¶ Use the clothespins. 　洗濯ばさみで止めて。
洗濯ひも	clothesline ¶ Hang out the clothes on the clothesline. 　洗濯物を物干し（ロープ）にかけて。
洗濯物をたたむ	fold the laundry ¶ Help me fold the laundry. 　洗濯物をたたむのを手伝って。
すすぐ，ゆすぐ	rinse ¶ Did you rinse well? 　よくすすいだ？
漂白する，漂白剤	bleach ¶ You ought to bleach the shirt. 　そのシャツは漂白したほうがいいわ。 ¶ Put some bleach in the washbowl. 　洗面器に漂白剤を少し入れて。
（色が）あせる	fade ¶ The shirt has faded. 　The color of the shirt has faded. 　シャツの色があせてしまった。
のり（をつける）	starch ¶ I like starched white shirts. 　私はのりのきいたワイシャツが好きだ。
汚れがとれない。	The dirt doesn't come off.
汚れる	get dirty 汚れやすい　get dirty easily ¶ White clothes get dirty easily. 　白い服は汚れやすい。
汚い	dirty ¶ The cuffs are dirty.

	袖口が汚い。
きれいな	**clean** ¶ The cuffs are clean. 袖口はきれいだ。
コインランドリー	① **laundromat** ② **coin laundry** 商品名が普通名詞化したものです。 ¶ Is there a laundromat around here? このあたりにコインランドリーはありますか？
クリーニング屋	① **cleaner's** ② **laundry** ¶ Is there a cleaner's around here? Is there a laundry around here? このあたりにクリーニング屋はありますか？
スーツをクリーニングしてもらった。	I had my suit cleaned.
このしみとれますか？	Can you get this stain out?
アイロンをかける	① **iron** ② **press** ¶ I ironed my pants. I pressed my pants. 私はズボンにアイロンをかけた。
アイロンがけをする	**do the ironing** ¶ Do the ironing. アイロンがけをして。
アイロン台	**ironing board** ¶ Where is the ironing board? アイロン台はどこにありますか？
縮む ⇕	**shrink** ¶ The sleeves have shrunken. The sleeves are shrunken. 袖が縮んじやつた。
伸びる	① **stretch out** ② **enlarge** ¶ The sleeves have stretched out. The sleeves are stretched out.

	The sleeves are enlarged. 袖が伸びちゃった。

縫いもの

繕う	mend
縫い目	seam ¶ **The seam of my shirt came apart. I have to mend it.** シャツの縫い目がほころびた。繕わなければならない。
縫う	sew 【sóu】 saw 【sɔ́ː】は発音が似ていますが、「のこぎりでひく」という意味,もしくは see の過去形なので注意してください。 ¶ **I have to sew it.** 縫わなければならない。
ミシン	sewing machine ¶ **Use the sewing machine.** ミシンを使いなさい。
針	needle
糸	thread ¶ **Do you have a needle and thread?** 針と糸ありますか？
針に糸を通す	thread a needle ¶ **Can you thread a needle?** 針に糸を通せますか？
ボタンをつける	sew a button on. button は【bʌ́tən】と発音します。 ¶ **I sewed a button on.** ボタンをつけた。
ほころび	tear ¶ **I found a tear in your shirt.** あなたのシャツにほころびを見つけたよ。
編み物をする	knit ¶ **She knitted a sweater.** 彼女はセーターを編んだ。

編み物	**knitting** ¶ **She likes knitting.** 　彼女は編み物が好きだ。
刺しゅうをする	**embroider** ¶ **She embroidered a bear on the bag.** 　**She embroidered the bag with a bear.** 　彼女はその袋にくまの刺しゅうをした。
刺しゅう	**embroidery** ¶ **She likes embroidery.** 　彼女は刺しゅうが好きだ。
織る	**weave** ¶ **She wove a tapestry.** 　彼女は壁かけを織った。 ¶ **She is weaving a rug.** 　彼女はラグを織っています。

お風呂，入浴

浴室	**bathroom** ¶ **Clean the bathroom.** 　浴室の掃除をして。
お風呂に入る	**take a bath** ¶ **I didn't take a bath yesterdy.** 　昨日はお風呂に入らなかった。
お風呂に入ってさっぱりした。	**I feel refreshed by taking a bath.**
湯ざめをした。	**I got a chill after taking a bath.**
シャワーを浴びる	**take a shower** ¶ **I took a shower.** 　シャワーを浴びた。
バスタブ，浴槽	**bathtub**
お風呂の栓をする	**plug the drain in the bathtub** 「風呂の栓」じたいは **stopper** といいます。**drain** は「排水管」「排水する」の意味です。

	¶ Did you plug the drain in the bathtub? 　お風呂の栓した？ ¶ I can't find the stopper. 　風呂の栓がない。 ¶ Did you drain the bathtub? 　お風呂の水抜いた？
お風呂に水［お湯］を入れる	run water ［hot water］ into the bathtub ¶ Did you run water into the bathtub? 　お風呂に水入れた？ ¶ Did you run hot water into the batbtub? 　お風呂にお湯入れた？
お湯が浴槽からこぼれている。	The hot water is running over the bathtub.
湯沸し器	water heater ¶ The water heater doesn't function well. 　湯沸し器の調子がよくない。
お風呂をわかす	prepare ［fix, run］ the bath ¶ Did you prepare tbe bath? 　Did you fix the bath? 　お風呂わかした？

夕食

夕食を作る	① make dinner　② cook dinner 「料理」のことはpart 23でまたやりますので，楽しみに待っていてください。 ¶ I have to make dinner for my mother today. 　お母さんのかわりに今日は夕食を作らなきゃいけないの。 ¶ It's your turn to cook dinner. 　今日はあなたが夕食を作る番よ。
夕食の準備ができたよ。	Dinner is ready.
すぐ行くよ。	I'm coming.
先に食べてて。	You can start ［eat］ without me.
さめるわよ。	Your dinner is getting cold.

食事の最中に	**in the middle of dinner** ¶**Don't leave your seat in the middle of dinner.** 食事の最中に中座するな。
皿洗いをする	**do [wash] the dishes** ¶**We take turns doing the dishes.** **We take turns washing the dishes.** 私たちは交代で皿洗いをします。

就寝

寝る	① **go to bed**　② **go to sleep** ¶**It's time to go to bed.** 寝る時間よ。 ¶**It's about time to go to sleep.** そろそろ寝る時間よ。
ふとんを敷く	**spread out the futon.** spread は過去，過去分詞とも spread のままです。 ¶**Let's spread out the futon.** ふとんを敷こう。
枕	**pillow** ¶**Take your pillow.** 枕をもっていきなさい。
枕カバー	**pillowcase** ¶**Put the pillow in this pillowcase.** 枕にこの枕カバーをかけなさい。
敷ぶとん	**mattress**
毛布	**blanket**
上がけ	**quilt** ¶**I need a mattress, a blanket, and a quilt.** 敷ぶとんと毛布と上がけが必要だ。
羽ぶとん	**feather quilt** ¶**This is a feather quilt.** これは羽ぶとんだ。
子供たちを寝かせる	**put the kids to bed**

	¶Put the kids to bed. 子供たちを寝かせて。
よく寝なさいね。	Sleep well [tight].
いい夢を。	Sweet dreams.
子供たちにお話を読んでやる	read fairy tales to the kids fairyは「妖精」のことで，fairy taleは「おとぎ話，童話」のことです。 ¶I read a fairy tale to the kids. 子供たちにお話（おとぎ話）を読んでやった。
寓話	fable ¶I told a fable to the kids. 子供たちに寓話を話した。
漫画	① comic　② cartoon ¶I was reading a comic book in bed. 　I was reading a cartoon book in bed. ベッドで漫画本を読んでいた。
漫画家	cartoonist ¶He is a cartoonist. 彼は漫画家だ。
寝間着	nightwear ¶She wore nightwear. 彼女は寝間着を着ていた。
外泊する	sleep out 「外食する」はeat outでしたね。 ¶He's slept out last night. 彼は夕べ外泊した。
夜遊びが過ぎる	overdo the nightlife ¶He's been overdoing the nightlife lately. 彼は最近夜遊びが過ぎる。
眠りにつく	fall asleep fall asleepは「居眠りをする」の意味にもなります。 ¶I fell asleep just after I got into bed. ベッドに入ってすぐに眠りに落ちた。

夢を見る	① **have a dream**　② **dream** ¶ **I had a dream last night.** 　**I dreamed last night.** 　夕べ夢を見た。
悪い夢を見る	**have a bad dream** ¶ **I had a bad dream.** 　悪い夢を見た。
恐い夢を見る	**have a nightmare** ¶ **I had a nightmare.** 　恐い夢を見た。
夢が実現した。	**My dream came true.**
私は夢を諦めない。	① **I won't give up my dreams.** ② **I'll hold on to my dreams.** ¶ **hold on to** で「～をしっかり握る，～を離さない」という意味です。
寝返りを打つ	① **turn over**　② **roll over** ¶ **Don't turn over so often.** 　何度も寝返りを打たないで。 ¶ **He rolled over several times.** 　彼は何度も寝返りを打った。
いびきをかく	**snore** ¶ **You were snoring last night.** 　夕べいびきをかいてたよ。 ¶ **You snored a lot.** 　すごいいびきだったわよ。 ¶ **I can't stand your snoring anymore.** 　あなたのいびきにはもう我慢できない。
そうしないと眠れないんだ。	**I can't sleep otherwise.**
不眠症	**insomnia**【insɔ́mniə】 「インソムニア」と発音します。 ¶ **I'm suffering from insomnia.** 　不眠症なんだ。
徹夜する	**stay up all night**

「(見張りや看病などのための) 徹夜」は **vigil** といいます。その場合「徹夜する」は **keep vigil** となります。

¶ **I stayed up all night.**
徹夜した。

¶ **I kept vigil last night.**
夕べは寝ずの番をした。

¶ **I kept vigil over him last night.**
寝ずに彼の看病をした。

夜型人間
night person
¶ **I'm a night person.**
僕は夜型人間なんだ。

part 13

誕生から幼稚園まで

さて，第1クオーターで朝起きてから夜寝るまでの
一日を英語で過ごしてみたので，今度は，
生まれてから死ぬまで，人の一生を
英語で生きてみることにしましょう。まずは
生まれてから卒園までです。
①誕生日パーティーをする
②ケーキを分ける
③母乳
④哺乳瓶
⑤子守歌
⑥自分のせいでしょ。
⑦穴があったら入りたい。
⑧手に負えない。
⑨負け惜しみだ。
⑩仲直りする
これをあなたは英語でいえますか？

人間，人類

ひとりの人間	**human（being）** 総称的にいう場合は複数で使います。**human** は「人間的な」という形容詞の意味もあります。 ¶ **I'm a human.** 　**I'm a human being.** 　私はひとりの人間です。 ¶ **Humans destroyed nature.** 　人間は自然を破壊した。
人	**person** 人々　**people** ¶ **They are nice people.** 　彼らはいい人たちだ。
人間味のある	**humane** ¶ **He is a humane person.** 　彼女は人間味のある人だ。
人類	① **humankind**　② **human race** かつては **mankind** といいましたが，最近では男性優位の考え方を避けるために使わない傾向にあります。 ¶ **Humankind is in danger of extinction.** 　**The human race is in danger of extinction.** 　人類は絶滅の危機に瀕している。
人種	**race** ¶ **The United States is a country of many races.** 　アメリカ合衆国は人種の多い国です。
種	**species**【spíːʃiːz】 単数も複数も同形です。
絶滅種	**vanished [extinct] species** ¶ **The explorer found the remains of a vanished species.** 　**The explorer found the remains of an extinct species.** 　その探検家は絶滅種の化石を発見した。
絶滅の危機に瀕した種	**endangered species** ¶ **Pandas are an endangered species.** 　パンダは絶滅の危機に瀕した種です。

人権	**human rights** ¶ **We have to protect human rights.** 　私たちは人権を守らなければならない。
人間は考える葦である。	**Man is a thinking reed [animal].**
同種の，均質の ⇕	**homogeneous**【hòumədʒíːniəs】 発音に注意してください。 均質社会　**homogeneous society** ¶ **Japan has a homogeneous society.** 　日本は均質な社会だ。
異種の，異質の	**heterogéneous** ¶ **We need heterogeneous people.** 　私たちは異質な人々を必要としている。
原始社会	**primitive society** ¶ **He studies primitive societies.** 　彼は原始社会の研究をしている。
文明	**civilization** ¶ **Western civilization is different from Eastern civilization.** 　西洋文明と東洋文明は違う。
野蛮な	① **savage**　② **brutal** ¶ **They are savage.** 　**They are brutal.** 　彼らは野蛮だ。

生まれる

1956年7月29日に生まれた。	**I was born in 1956 on the 29th of July.** **July 29th**ということもできますが，この場合は **the** がつかないのでしたね。 ¶ **She was born to Mr. and Mrs. Grant.** 　彼女はグラント夫妻の子供として生まれた。
金持ちに生まれた。	**He was born with a silver spoon in his mouth.** 文字通り訳せば，「銀のスプーンを口にくわえて生まれた」となります。 **He was born rich.** と簡単に言うこともできます。

Part 13 誕生から幼稚園まで

生年月日	**date of birth** ¶ **What is your date of birth?** 　生年月日はいつですか？
誕生日	**birthday** ¶ **My birthday falls on a Saturday this year.** 　**My birthday is on a Saturday this year.** 　今年の誕生日は土曜日だ。
誕生日パーティーをする	**hold〔have, give〕a birthday party** ¶ **I'm holding a birthday party this weekend.** 　**I'm going to have a birthday party this weekend.** 　**I'll give a birthday party this weekend.** 　今度の週末，誕生日パーティーを開きます。
パーティーの準備で忙しい。	**I'm busy preparing for the party.**
パーティーを催す，ホスト役を務める	**host a party** ¶ **I'll host a party tomorrow.** 　明日，パーティーのホスト役を務める。
パーティーの開始を遅らせる	**delay the party** ¶ **We have to delay the party.** 　パーティーの開始を遅らせなければならない。
パーティーを延期する	**postpone〔put off〕the party** ¶ **We have to postpone the party.** 　**We have to put off the party.** 　パーティーを延期しなければならない。
パーティーを中止する	**cancel〔call off〕the paty** ¶ **We must cancel the party.** 　**We must call off the party.** 　パーティーを中止しなければならない。
遅れずに	**without delay** ¶ **Let's begin the party without delay.** 　遅れずにパーティーを始めよう。
ろうそくの火を吹き消す	**blow out the candles** 願いごとをする　**make a wish**

	¶Make a wish before you blow out the candles. ろうそくの火を吹き消す前に願いごとをしなさい。
ケーキを分ける	divide up the cake ¶Would you divide up the cake? ケーキを切り分けてもらえる？
私の分	① my piece ② my portion ¶This is my piece. This is my portion. これは僕の分だ。
使い捨ての食器	disposable dishes ¶Let's use disposable dishes. 使い捨ての食器を使いましょう。

家族

祖先，先祖	áncestor ¶My ancestors came from Germany. 私の祖先はドイツからやってきた。
子孫	① descendant ② óffspring ③ postérity ¶My descendants live in Australia. 私の子孫はオーストラリアに住んでいる。 ¶Everyone of my offspring has blue eyes just like mine. All my posterity has blue eyes just like mine. 私の子孫はみな私と同じように青い目をしている。
叔父，伯父	uncle ¶He is my uncle. 彼は私の叔父です。
叔母，伯母	aunt ¶She is my aunt. 彼女は私の叔母です。
甥	nephew ¶He is my nephew. 彼は私の甥です。
姪	niece ¶She is my niece.

Part 13 誕生から幼稚園まで

	彼女は私の姪です。
いとこ	**cousin** ¶ He is my cousin. 　彼は私のいとこです。
祖父	**grandfather** ¶ He is my grandfather. 　彼は私の祖父です。
祖母	**grandmother** ¶ She is my grandmother. 　彼女は私の祖母です。
おじいちゃん	**grandpa** ¶ Grandpa had a stroke. 　おじいちゃんが発作を起こした。
おばあちゃん	**grandma** ¶ Grandma bought me a present for my birthday. 　おばあちゃんが誕生日にプレゼントを買ってくれた。
孫	**grandchild** **grandson**（男の孫），**granddaughter**（女の孫）ということも可能です。 ¶ He is my grandchild. 　He is my grandson. 　彼は私の孫です。 ¶ She is my granddaughter. 　彼女は私の孫です。
私は祖父にちなんで名づけられた。	**I was named after my grandfather.**
きょうだい	**sibling** **brother**「兄弟」，**sister**「姉妹」とは別に，男女の区別のない「きょうだい」のことは **sibling** といいます。 それから，英語にはなぜか「何番目」という言い方がないので，「きょうだいの何番目ですか？」とくときには，たとえば，**Where do you fit in among the siblings?** という言い方をしなければなりません。 ¶ He is my older brother.

	He is my big brother. 彼は私の兄です。 ¶ He is my younger brother. He is my little brother. 彼は私の弟です。 ¶ She is my older sister. She is my big sister. 彼女は私の姉です。 ¶ She is my younger sister. She is my little sister. She is my baby sister. 彼女は私の妹です。
核家族	**nuclear family** ¶ The number of nuclear families has increased after the war. 戦後，核家族が増えた。
馴染みがある	**familiar** ¶ His name sounds familiar to me. 彼の名前には馴染みがある。
孤児	**orphan** ¶ He was an orphan. 彼は孤児だった。
孤児院	**orphanage** ¶ She used to live in an orphanage. 彼女は昔，孤児院にいた。
養護施設	**nursery home** ¶ She used to live in a nursery home. 彼女は昔，養護施設にいた。
里子の，(里子として)育てる	**foster** foster は，foster democracy「民主主義を育てる」というようなときにも使います。 ¶ They raised three foster kids. 彼らは3人の子供を里子として育てた。 ¶ We have to foster democracy. 私たちは民主主義を育てなければならない。

里親	**foster parent(s)** ¶ **We are foster parents of three kids.** 　私たちは3人の子供の里親です。
養子にする	**adopt** ¶ **I adopted two children.** 　私は子供をふたり養子にした。 ¶ **He was adopted by them.** 　彼は彼らに養子として迎えられた。
養子	**adopted child** ¶ **He is an adopted child.** 　彼は養子です。
私生児	**bastard** あまりいい言葉ではないので婉曲な表現として **illegítimate child**「嫡出でない子供」のような言い方もあります。 私生児の　**out of wedlock** **wedlock** は文語で「結婚生活」のことです。 ¶ **A bastard is a child of unmarried parents.** 　私生児とは結婚していない両親のもとに生まれた子供のことです。 ¶ **She was an illegitimate child.** 　**She was born out of wedlock.** 　彼女は私生児です。

遺伝

遺伝を受け継ぐ，相続する	**inherit** ¶ **I inherit my curly hair from my mother.** 　私は巻き毛を母から受け継いでいます。
遺伝，相続	① **inheritance**　② **heredity** 英語では，「遺伝」も「相続」も同じ言葉を使います。 ¶ **My weak body is an inheritance from my parents.** 　私の身体が弱いのは両親からの遺伝です。 ¶ **Heredity is determined by the genes.** 　遺伝は遺伝子によって決まる。
遺伝の，世襲の	**hereditary** ¶ **Color blindness is hereditary.** 　色盲は遺伝性のものです。

遺伝子	**gene**【dʒíːn】 遺伝(子)の **genetic**【dʒənétik】 ¶ **I majored in genetic engineering.** 　私は遺伝子工学を専攻しました。
生まれつきの， 先天的な ⇕ 後天的な	**innate** **acquired** ¶ **Is it innate or acquired?** 　それは生まれつきですか，それとも後天的なものですか？ ¶ **She has an innate charm.** 　彼女は生来の魅力をもっている。
本能	**instinct** 本能的に　**by instinct** ¶ **I dodged the ball by instinct.** 　私は本能的にそのボールをよけた。
直観	**intuition** ¶ **I made up my mind by trusting my intuition.** 　直観に頼って決断した。
(親から子へ，後世へ) 伝える	**hand down** ¶ **The story was handed down from father to son.** 　その話は父から子へと伝えられた。 **down** は「下へ」ということでしたね。**burn down**「焼け落ちる」，**slow down**「スピードを落とす」，**settle down**「落ち着く」など，みんなそこからきています。

子育て

子供を育てる	① **raise a child**　② **bring up a child**　③ **rear a child** 「動植物を育てる」場合は，**breed** を使います。 ¶ **It's hard to raise a child.** 　**It's hard to bring up a child.** 　**It's hard to rear a child.** 　子供を育てるのはむずかしい。
子育て	**child raising** ¶ **Child raising is hard work.**

Part 13 誕生から幼稚園まで　　229

	子育ては骨の折れる仕事だ。
子供の世話，保育	**child care** ¶ **Child care is hard work.** 　子供の世話は骨の折れる仕事だ。
育つ	**grow up** ¶ **I grew up in Tokyo.** 　私は東京で育った。 **grew** の発音【grúː】に注意してください。
成長	**growth** ¶ **Children show rapid growth.** 　子供の成長は早い。
母乳	① **mother's milk**　② **breast milk** ¶ **He was fed on his mother's milk.** 　彼は母乳で育てられた。 ¶ **My breast milk was not enough.** 　私の母乳では十分ではなかった。
母乳で育てられた	**breast-fed** ¶ **She was breast-fed.** 　彼女は母乳で育てられた。
人工乳で育てられた	**bottle-fed** ¶ **She was bottle-fed.** 　彼女は人工乳で育てられた。
母乳育児	**breast-feeding** ¶ **Breast-feeding is considered better than bottle-feeding in general.** 　一般に母乳育児のほうが人工乳育児より望ましいと考えられている。
哺乳瓶	① **nursing bottle**　② **nurser** **nurse** には「看護婦」の他に，「乳をやる」の意味があるのです。 ¶ **Warm the nursing bottle.** 　**Warm the nurser.** 　哺乳瓶をあたためて。
粉ミルク	**powdered milk** ¶ **He was fed on powdered milk.**

	彼は粉ミルクで育てられた。
揺りかご	**cradle** **cradle**には「発祥地」の意味もあります。 文明発祥の地　**cradle of civilization** ¶ **Rock the cradle.** 　揺りかごを揺すってあげて。 ¶ **Social security was made available from the cradle to the grave in Britain.** 　イギリスでは揺りかごから墓場まで，社会保障が完備していた。 ¶ **Egypt is the cradle of civilization.** 　エジプトは文明発祥の地です。
ベビーカー	① **stroller**　② **buggy** ¶ **I had to carry the stroller up the steps.** 　**I had to carry the buggy up the steps.** 　私はそのベビーカーをもって階段を上がらなければならなかった。
乳母車	**baby carriage** ¶ **The baby in the baby carriage was smiling.** 　乳母車の中で赤ん坊が笑っていた。
おしゃぶり	① **teething ring**（輪形）　② **pacifier**【pǽsəfàiər】（乳首形） ¶ **Where is his teething ring?** 　**Where is his pacifier?** 　彼のおしゃぶりはどこ？
ガラガラ	**rattle** ¶ **She is looking for the rattle.** 　彼女はガラガラを探している。
縫いぐるみ	**stuffed animal** ¶ **There were lots of stuffed animals in her room.** 　彼女の部屋には縫いぐるみがたくさんあった。
くまの縫いぐるみ	**stuffed (animal) bear** ¶ **There were lots of stuffed bears in her room.** 　彼女の部屋にはくまの縫いぐるみがたくさんあった。
絵本	**picture book** ¶ **The kids are reading a picture book.** 　子供たちは絵本を読んでいる。

いないいないバア！	**Peekaboo**！ プロボクサー，マイク・タイソンの構えがこれに似ているので，**peekaboo style**といわれました。
子守歌	① **lullaby**【lʌ́ləbài】② **nursery rhyme**【ráim】 ¶ **She is singing a lullaby to the kids.** 　**She is singing a nursery rhyme to the kids.** 　彼女は子供たちに子守歌を歌っている。
童謡	**children's song** ¶ **She is singing a children's song to the kids.** 　彼女は子供たちに童謡を歌っている。
ハイハイ（をする）	**crawl** ¶ **He crawled for the first time.** 　初めてハイハイした。 ¶ **He started crawling.** 　ハイハイをしはじめた。
よちよち歩く	**toddle** ¶ **He started to toddle.** 　よちよち歩きをはじめた。
日光浴	**sunbath** ¶ **I took a sunbath in the afternoon.** 　午後日光浴した。
日光浴をする	**sunbathe**【sʌ́nbèið】 ¶ **I had him sunbathe in the afternoon.** 　午後，彼に日光浴をさせた。
離乳する，乳離れさせる	**wean**
離乳食	**baby food** ¶ **You should wean him on baby food.** 　乳離れさせて，離乳食を与えたほうがいい。
愛情	**affection** ¶ **Mothers have affection for their kids.** 　母親は子供に対して愛情をもっている。
愛情のこもった	**affectionate** ¶ **I received an affectionate letter from my fiansée.**

私はフィアンセから愛情のこもった手紙を受け取った。

絆	**bonds** しばしば複数で使います。 ¶ **We are tied by strong bonds.** 　私たちは強い絆で結ばれている。 ¶ **There are strong bonds between my mother and I.** 　母と私のあいだには強い絆がある。
模範的な父親	**exemplary father** **exemplary**【igzémpləri】は「イグゼンプラリ」と発音します。 ¶ **He is an exemplary father.** 　彼は模範的な父親です。
理想的な夫	**ideal husband** ¶ **He is an ideal husband.** 　彼は理想的な夫です。
完璧な ⇕	**perfect** ¶ **Nobody is perfect.** 　完璧な人間なんていない。
不完全な	**imperfect** ¶ **Everyone is imperfect.** 　誰もが不完全です。
赤ん坊の世話をする	① **take care of a baby**　② **look after a baby** ¶ **I have to take care of the baby today.** 　**I have to look after the baby today.** 　今日は赤ん坊の世話をしなくちゃいけないの。
赤ん坊を風呂に入れる	**bathe a baby** ¶ **She is now bathing the baby.** 　彼女は今、赤ん坊をお風呂に入れている。 主語が彼女と確定すれば、赤ん坊も限定されるので、**the baby** になります。**the** は、そのあとに続く名詞がどのように限定されているか、話し手と聞き手のあいだに了解があるときに使うのでしたよね。
赤ん坊をだっこする	**hold a baby**（**in my arms**） ¶ **Hold the baby.** 　**Hold the baby in your arms.** 　赤ん坊をだっこして。

母親にしがみつく	**cling to his mother** ¶**He clung to his mother.** 　彼は母親にしがみついた。 ¶**He tried to cling to his mother.** 　彼は母親にしがみつこうとした。
おむつ	**diaper**【dáiəpər】
おむつをかえる	**change the diaper** ¶**Change the diaper, will you?** 　おむつかえてくれる？
おねしょをする	**wet the bed**
おねしょ	**bed-wetting** ¶**He wet the bed.** 　彼はおねしょをした。 ¶**I'm fed up with your bed-wetting.** 　もうおねしょにはうんざり。
おもらしをする	**wet [piss] his pants** ¶**He wet his pants.** 　**He pissed his pants.** 　彼はおもらしをした。
おしっこ（をする）〈幼児語〉	① **wee-wee**　② **pee-pee** ¶**Wee-wee?** 　**Pee-pee?** 　おしっこ？
うんち（をする）〈幼児語〉	**caca** ¶**Caca?** 　うんち？

しつけ

しつけ	① **discipline**　② **upbringing** **discipline** には「しつけをする」という意味もあります。また，「鍛練・修養，規律」という意味もあります。そこから **disciple**「弟子」という言葉が出てきます。「弟子」は **apprentice** ともいいます。 ¶**She's had no discipline.** 　彼女はまったくしつけを受けていない。

	¶It's hard to discipline kids. しつけはむずかしい。 ¶She had a good upbringing. 彼女はいいしつけを受けた。 ¶He is my disciple. He is my apprentice. 彼は私の弟子です。
しつけのいい ⇕	well-disciplined ¶She is well-disciplined. 彼女はしつけがいい。
しつけの悪い	poorly-disciplined ¶She is poorly-disciplined. 彼女はしつけが悪い。
うちの親は厳しい。	My parents are strict.
もう慣れたけど。	① I got used to it. ② I got accustomed to it.
もう慣れてるけど。	I'm used to it.
彼に厳しすぎる。	You are too hard on him.
公平な ⇕	fair fair には名詞で，「フェア（見本市）」の意味もあります。 ¶You are not fair. 公平じゃない。
不公平な	unfair ¶You are unfair. 不公平だ。
むちを惜しめば子供はダメになる。	Spare the rod and spoil the child. spare は「使い惜しみをする」という意味です。 ¶No effort will be spared to find the killer. その殺人犯を見つけるためには，どんな努力も惜しまない。
空いている時間	spare time ¶Can you help me with French in your spare time? 空いている時間にフランス語助けてくれる？

Part 13 誕生から幼稚園まで

ことわざ	**proverb** ¶ **That is a proverb.** 　それはことわざだ。
昔の言葉	**old saying** ¶ **That is an old saying.** 　それは昔の言葉だ。
警句	**épigram** ¶ **That is an epigram.** 　それは警句だ。
格言	**maxim** ¶ **That is a maxim.** 　それは格言だ。
行儀がいい ⇕	**have good manners** ¶ **He has good manners.** 　彼は行儀がいい。
行儀が悪い	**have bad manners** ¶ **He has bad manners.** 　彼は行儀が悪い。
息子を誇りに思う。	**I'm proud of my son.**
自慢のタネ	**feather in my cap** 目に入れても痛くないもの　**the apple of my eye** ¶ **That son is a feather in his cap.** 　あの息子は彼の自慢のタネだ。 ¶ **He is the apple of my eye.** 　彼は目に入れても痛くない。
人前では行儀よくしなさい。	**Behave yourself in public.** **behave** は「振舞う，行動する」の意味で，名詞は **behavior**「振舞い，行動，態度」となります。 ¶ **His behavior was beyond my endurance.** 　彼の振舞いは私の我慢を超えていた。
お説教する	① **lecture**　② **tell off**　③ **preach** **preach** は「(教会で) 説教する」から来ています。 ¶ **I lectured him about bullying her.**

	I told him off for bullying her. 彼女をいじめたことで彼に説教した。 ¶**I preached to him about responsibility.** 責任をもつことについて彼に説教した。
説教	**lecture**
お説教はやめて。	**I don't need a lecture.**
注意する	① **warn** ② **caution** ¶**I warned you not to do it.** **I cautioned you not to do it.** そんなことをしないように注意したでしょ。
注意，警告	① **warning** ② **caution** ¶**I took a warning from him.** 私は彼から注意を受けた。 ¶**I gave you a caution.** 私は君に注意した。
いい子にしてるのよ。	**Try to be a good sport〔boy, girl〕** **good sport** は熟語で「いい子，いい奴」の意味です。**sport** にはこの他「気晴らし」の意味もあります。**in sport** といえば，「冗談で」という意味，**make sport of him** は「からかう」の意味です。 ¶**I said that in sport.** 冗談でいったのよ。 ¶**Don't make sport of him.** 彼のことをからかうんじゃない。
子供を甘やかす	① **indulge the children** ② **pamper the children** ¶**Don't indulge the children.** **Don't pamper the cbildren.** 子供を甘やかすな。
子供に甘い	**indulgent to children** ¶**He is indulgent to children.** 彼は子供に甘い。
過保護	**overprotection** ¶**Overprotection spoils a child.** 過保護は子供をダメにする。
過保護にする	**overprotect**

	¶ **You overprotect him.** あなたは彼を過保護にしている。
ほめる	① **praise**　② **give him praise** ¶ **I want to praise him.** 　**I want to give him some praise.** 　私は彼をほめたい。
称賛する，敬服する	**admire** ¶ **I admire her for her bravery.** 　勇敢な行為に対して彼女を称賛している。
大目に見る	**overlook** ¶ **I overlooked her mistake.** 　私は彼女のミスを大目に見た。
叱る	① **scold**　② **call down** ¶ **I scolded him for skipping school.** 　**I called him down for skipping school.** 　学校をサボったことで彼を叱った。
こっぴどく叱る	**chew out** ¶ **I chewed him out.** 　彼をこっぴどく叱った。
もうしません。	**It'll never happen again.**
ほらまた始まった。	**There he goes again.**
大騒ぎをする	① **make a fuss**　② **make a scene** ¶ **Don't make a fuss.** 　**Don't make a scene.** 　大騒ぎをしないで。
すねる	① **sulk**　② **have the sulks** **have the mumps** という言い方もあります。**mumps** は「おたふくかぜ」のことです。すねて頬を膨らませるのですね。 ¶ **He is sulking.** 　**He is having the sulks.** 　**He has the mumps.** 　すねてるのよ。

嘘, 過ち

嘘 ⇕	**lie** ¶**Everything you said was a lie.** 　あなたのいったことはみな嘘だった。
真実	**truth** ¶**I didn't know the truth.** 　私は真実を知らなかった。
本当の ⇕	**true** ¶**Everything he said was true.** 　彼のいったことはみな本当だった。
本当ではない	**untrue** ¶**Everything he said was untrue.** 　彼のいったことはみな本当ではなかった。
嘘をつく	① **lie**　② **tell a lie** 「嘘つき」は **liar** といいます。 ¶**You lied to me.** 　**You told me a lie.** 　あなたは私に嘘をついた。 ¶**You are a liar.** 　あなたは嘘つきだ。
まことしやかな嘘	**plausible lie** ¶**It was a plausible lie.** 　それはまことしやかな嘘だった。
でっち上げる	**make up a story** **fabrication** には「偽造」の意味もあります。 ¶**You made up a story.** 　あなたは話をでっちあげた。
作り話, でっち上げ	**fabrication** ¶**His story was a complete fabrication.** 　彼の話はまったくの作り話だった。
でたらめをいっている, ほらを吹いている。	**He is talking through his hat.** この表現は多く進行形で使います。

Part 13 誕生から幼稚園まで

だます	**cheat** ¶ **You cheated me.** 　あなたは私をだました。
欺く	**deceive** **deceive** の名詞は **deceit** となります。 ¶ **You deceived me.** 　あなたは私を欺いた。
正直な ⇕	**honest** ¶ **He is honest.** 　彼は正直だ。
不正直な	**dishonest** ¶ **He is dishonest.** 　彼は不正直だ。
誠実な	**sincére** ¶ **He is sincere.** 　彼は誠実だ。
正直にまさる善なし。	**Honesty is the best policy.**
何よりもまず正直であれ。	**Be honest above all else.**
とぼけないで。	**Don't play dumb.**
助言を無視する	① **ignore my advice**　② **neglect to take my advice** **neglect** には「軽視する」の意味もあります。 ¶ **You ignored my advice.** 　**You neglected to take my advice.** 　あなたは私の助言を無視した。 ¶ **Don't neglect your health.** 　健康を軽んずるな。
無視，軽視	**neglect** ¶ **The accident happened because of your neglect to follow traffic regulations.** 　その事故は交通法規の無視によって起こった。
無視できる，取るに足らない	① **negligible**　② **neglectable** ¶ **The damage was negligible.**

	The damage was neglectable. 損害は取るに足らないものだった。
怠慢	**negligence** ¶ **It happened through your negligence.** それは君の怠慢から起こったことだ。
怠慢な	① **negligent**　② **neglectful** ¶ **She is negligent of her duties.** 　**She is neglectful of her duties.** 彼女は職務に怠慢だ。
知らぬが仏。	**Ignorance is bliss.** bliss は「幸福」という意味です。
アドバイスを尊重する	**respect her advice** ¶ **I want to respect his advice.** 私は彼の助言を尊重したい。
あとで後悔するよ。	**You'll be sorry.** 今にわかるわよ。**You'll see.**
自分のせいでしょ，当然の報いよ。	① **You deserve it.** deserveは「〜に値する」の意味です。 ② **You asked for it.** ③ **You had it coming.**
もうそろそろ卒業してもいい年頃よ。	① **It's about time you outgrew that.** ② **It's about time to outgrow that.** outgrow は「〜を卒業する，〜より大きくなる」の意味です。 **It's about time** のあとには仮定法がくるので，ここでは **outgrew** と過去形になります。
もっと分別をもつべきよ。	**You should know better.** もっと分別をもつべきだったね。**You should've known better.**
どうしてそんなことをするの。	**You should know better than to do that.**
勝手にしなさい。	**Suit yourself.**
穴があったら入りたい。	**I wish I could vanish into thin air.**
まったく恥ずか	① **I'm embarrassed.**

Part 13　誕生から幼稚園まで

しい。	② **It's embarrassing.** embarrassed は「困惑させられる」，embarrassing は「困惑させる」の意味です。embarrassment は「困惑」となります。 ¶ **I blushed in embarrassment at my son's rudeness.** 　息子の無礼さに困惑して私は赤面した。
さぞ恥ずかしかったでしょうね。	**I'll bet you were embarrassed.**
当惑している。	**I'm confused.**
恥ずかしく思う。	**I'm ashamed of that.** 「恥」は shame となります。
恥を知れ。	**Shame on you.**
態度	① **attitude**　② **behavior** 横柄な態度　**arrogant attitude** ¶ **His arrogant attitude embarrassed me.** 　彼の横柄な態度に私は困惑した。 ¶ **His bad behavior embarrassed me.** 　彼の行儀の悪さに私は困惑した。
トムを見習いなさい。	① **Follow the example of Tom.** ② **Imitate Tom.**
最後は本人に任せるしかない。	**You can take a horse to water, but you can't make him drink.**
馬の耳に念仏。	① **Talk to the wind.** ② **Everything I tell him goes in one ear and out the other.**
おしおき（をする）	**spank** ¶ **I spanked her.** 　彼女におしおきをした。
罰する	**punish** ¶ **I punished him.** 　彼を罰した。
罰	**punishment**
罪	**crime** ¶ **His punishment for the crime was too light.** 　その罪に対する彼の罰は軽すぎた。

罰せられても仕方がない。	**I deserve to be punished.**
体罰	**corporal punishment** ¶ **Corporal punishment is prohibited.** 　体罰は禁止されている。
平手打ち(をくらわす)	**slap** ¶ **The teacher slapped him.** 　その教師は彼に平手打ちを加えた。 ¶ **The teacher gave him a slap on the cheek.** 　その教師は彼のほおに平手打ちを加えた。
過ちをおかす, 間違いをする	**make a mistake** ¶ **Everyone makes mistakes.** 　誰でも過ちをおかす。
繰り返す	**repeat** ¶ **What is important is not to repeat the mistake.** 　大事なのは，その過ちを繰り返さないことだ。 ¶ **Repeat after me.** 　私のあとに続いて繰り返して。
繰り返し	**repetition** ¶ **Repetition improves learning.** 　繰り返すことで覚えられる。
虐待(する)	**abuse** ¶ **You mustn't abuse your children.** 　子供を虐待してはいけない。
児童虐待	**child abuse** ¶ **Child abuse is now a social problem.** 　児童虐待は今や社会問題です。

子供の性格

わがままな	**selfish** 本来は「自分勝手な」の意味です。self は「自分，自己」のことです。 ¶ **He is selfish.** 　彼はわがままだ。

Part 13 誕生から幼稚園まで

従順な ⇵	**obedient** 【oubíːdiənt, əb-】 ¶ **He is obedient.** 　彼は従順だ。
きかんきの	**disobedient** ¶ **He is disobedient.** 　彼はきかんきだ。
頑固な	**stubborn** ¶ **She is stubborn.** 　彼女は頑固だ。
腕白な	**naughty** ¶ **He is naughty.** 　彼は腕白だ。
元気いっぱいの	① **vigorous** ② **energetic** **vigor**は「活力」のことです。 ¶ **He is vigorous [energetic].** 　彼は元気いっぱいだ。 ¶ **He has lost his vigor.** 　彼は活力を失った。
大胆な	① **bold** ② **daring** ¶ **He is bold.** 　**He is daring.** 　彼は大胆だ。
慎重な	① **discreet** ② **prudent** ¶ **She is discreet.** 　**She is prudent.** 　彼女は慎重だ。
むこう見ずな	**reckless** ¶ **He is reckless.** 　彼はむこう見ずだ。
落ち着きのない	**restless** **-less**は「〜がない」を意味する接尾辞です。 ¶ **He is restless.** 　彼は落ち着きがない。
生意気な	**cheeky**

	¶ **She is cheeky.** 彼女は生意気だ。
ずるい	**sly** ¶ **He is sly.** 彼はずるい。
抜け目がない	**shrewd** ¶ **He is shrewd.** 彼は抜け目がない。
機敏な，油断のない	**alert（to）** ¶ **She is alert.** 彼女は機敏だ。 ¶ **She is alert to everything.** 彼女はすべてに対して油断がない。
浪費家の，放蕩な	**prodigal** ¶ **He is a prodigal son.** 彼は放蕩息子だ。
内気な	**timid** ¶ **He is timid.** 彼は内気だ。
恥ずかしがりの	**shy** ¶ **He is shy.** 彼は恥ずかしがり屋だ。
独立心旺盛な	**independent** ¶ **She is independent.** 彼女は独立心が旺盛だ。
独立を求める	**seek independence** この表現は国などが独立を求める場合にも同じように使えます。 ¶ **Taiwan sought independence.** 台湾は独立を求めた。
独立している。	**He is on his own.**
独学した。	**I studied on my own.**
自己主張する	**assert himself** ¶ **He always asserts himself.**

彼はいつも自分の権利を主張する。

反抗

欲求不満がたまっている	**frustrated** ¶ **I'm frustrated.** 欲求不満がたまっている。
欲求不満	**frustration** ¶ **It's important to deal with frustration.** 欲求不満をうまく処理することが大切だ。
親に反抗する	① **rebel against his parents**　② **resist his parents** rebel には「政府などに対して反乱を起こす」の意味もあります。 ¶ **He began to rebel against his parents.** 　**He began to resist his parents.** 彼は親に反抗しはじめた。
反乱，反抗，抵抗	① **rebellion**　② **resistance** ¶ **He rose up in rebellion against his father.** 彼は父親に抵抗して立ち上がった。 ¶ **They put up a resistance against the robbers.** 彼らは強盗に抵抗した。
反抗的な	**rebellious**
反抗期だ。	**He is at a rebellious age.**
挑戦する，反抗する	**defy** ¶ **She defied her father's strict rules.** 彼女は父親の厳しいルールに反抗した。
挑戦的な	**defiant** ¶ **She took a defiant attitude.** 彼女は挑戦的な態度をとった。
口ごたえする	**talk back（to）** ¶ **He talked back to his mother.** 彼は母親に口ごたえした。
たてつく	**snap back（at）** ¶ **He snapped back at his mother.** 彼は母親にたてついた。

手に負えない。	He got out of hand.
極端に走る，行き過ぎる	① **go too far**　② **go to extremes [excess]**　③ **go overboard** ¶He went too far. 　He went to extremes. 　He went to excess. 　He went overboard. 　彼は極端に走った。
一線を越える	**go over the edge** ¶He's gone over the edge. 　彼は一線を越えてしまった。
イライラしている。	He is on (the) edge.
今にも爆発しそう。	He is on the verge [brink] of exploding. vergeもbrinkも「縁」の意味です。
ほどほどにしなさい。	You have to do it in moderation. in moderationは「適度に」の意味です。

遊び

幼児	**infant** ¶He is an infant. 　幼児です。
子供	① **kid**　② **child** 日常生活では child よりも kid のほうをよく使います。 ¶They are just kids. 　They are just children. 　まだほんの子供だ。 ¶I am an only child. 　私は一人っ子です。
お転婆	**tomboy** ¶She is a tomboy. 　彼女はお転婆だ。
おもちゃで遊ぶ	**play with the toys** ¶Let's play with the toys. 　おもちゃで遊ぼうよ。

Part 13 誕生から幼稚園まで

	「トランプで遊ぶ（トランプをする）」は **play cards** となります。英語の **trump** は「切り札」**trump card** のことですので注意してください。
そのおもちゃをこっちへもってきて。	**Bring the toy to me.** いいよ，今もっていくよ。**Okay, I'll take it to you.** このように，**bring** はものが自分に近づいてくるときに使い，自分がもっていくときには **take** を使います。
砂場	**sandbox** ¶ **Why don't we play in the sandbox?** 砂場で遊ばない？
泥	**mud** ¶ **Don't play with mud.** 泥で遊ばないで。
遊び場	**playground** 「校庭」の意味もあります。校庭は **schoolyard** ともいいます。 ¶ **Why don't you play in the playground?** 遊び場で遊んだらどうなの？
空き地	**sandlot** ¶ **We played baseball in the sandlot.** 空き地で野球をした。
ブランコ（をこぐ）	**swing** ¶ **Let's play on the swing.** ブランコで遊ぼう。 ¶ **He swung on the swing.** 彼はそのブランコをこいだ。
ブランコに乗る	**go on a swing** ¶ **He went on a swing.** 彼はブランコに乗った。
滑り台	**slide** ¶ **Let's play on the slide.** 滑り台で遊ぼう。
鉄棒	(**exercise**) **bar** ¶ **Let's play on the exercise bar.** 鉄棒で遊ぼう。

でんぐり返し	**somersault**【sʌ́mərsɔ̀ːlt】 でんぐり返しをする　**do a somersault** ¶ **Can you do a somersault?** 　でんぐり返しできる？
逆立ち	**handstand** ¶ **Look at me doing a handstand.** 　逆立ちをするから見て。
逆立ちをする	**stand on my hands** ¶ **Can you stand on your hands?** 　逆立ちできる？
飛び箱	**(vaulting) horse** ¶ **There was a vaulting horse in the gym.** 　体育館に飛び箱があった。
飛び箱を飛ぶ	**jump [vault] over the horse** ¶ **I couldn't jump over the horse.** 　**I couldn't vault over the horse.** 　私は飛び箱を飛べなかった。

子供の遊び（室外）

①鬼ごっこ　（1）**tag**　（2）**catch**
　tag はもともとは「荷札（をつける）」の意味で、鬼は **tagger** や **it** といいます。
　Let's play tag.
　Let's play catch.
　鬼ごっこしよう。
　You are the tagger.
　You are it.
　君が鬼だ。
②かけっこ　**(foot)race**
　Let's have a footrace.
　Let's have a race.
　かけっこしよう。
　What was your place in the race?
　Where did you come in (in) the race?
　かけっこで何番だった？
　I was [came in] third in the race.
　3番だった。
③なわとび（をする）　**jump rope**
　Let's play jump rope.
　Let's jump rope.
　なわとびをしよう。
④隠れんぼう　**hide-and-seek**
　Let's play hide-and-seek.
　隠れんぼうしよう。
⑤宝探し　**treasure hunt**
　Let's have a treasure hunt.
　宝探しをしよう。
⑥シャボン玉　**bubble**
　シャボン玉を飛ばす　**blow bubbles**
　Let's blow bubbles.
　シャボン玉を飛ばそう。
⑦花火　**fireworks**
　Let's play with fireworks.
　花火をしよう。

子供の遊び（室内）

① お手玉　**beanbag**
　Let's play with beanbags.
　お手玉をして遊ぼうよ。

② トランプ　**cards**
　Let's play cards.
　トランプをしようよ。

③ あやとり　**cat's cradle**
　Let's play cat's cradle.
　あやとりをしよう。

④ 積み木　**blocks**
　Let's play with blocks.
　積み木で遊ぼう。

⑤ なぞなぞ　**riddle**
　Here is a riddle.
　なぞなぞだよ。

⑥ じゃんけん　**rock-paper-scissors**
　Let's decide who does it first by rock-paper-scissors.
　誰が先にするかじゃんけんで決めよう。

⑦ 椅子とりゲーム　**musical chairs**
　Let's play musical chairs.
　椅子とりゲームをしよう。

⑧ 風船　**balloon**
　balloonには「気球」の意味もあります。
　風船をふくらませる　**blow up [inflate] a balloon**
　I blew up a balloon.
　I inflated a balloon.
　私は風船をふくらませた。

ケガ

石につまずく	**stumble on a stone** **stumble** には「言いよどむ」の意味もあります。 ¶ **She stumbled on a stone.** 　彼女は石につまずいた。 ¶ **She stumbled through the speech.** 　彼女はつっかえつっかえ話した。
(大きい)石	**rock**
普通の石	**stone** ¶ **Don't throw rocks [stones] at your friend.** 　友達に石を投げつけてはいけません。 ¶ **I went rock-climbing.** 　ロッククライミングに行った。
小石	**pebble** ¶ **I gathered pebbles at the beach.** 　浜で小石を拾い集めた。
よろめく	**stagger** ¶ **I staggered and fell down.** 　よろめいて，転んだ。
転ぶ	**fell down** ¶ **I fell down and hurt myself.** 　**I fell down and got hurt.** 　転んでケガをした。 ¶ **He fell off the bicycle.** 　彼は転んで自転車から落ちた。
バタッと倒れる	**fall flat** ¶ **He fell flat.** 　彼はバタッと倒れた。
引っくり返る	**turn over** ¶ **He turned over.** 　彼は引っくり返った。
靴が脱げた。	**My shoe came off.**
靴が脱げちゃった。	**My shoe's come off.** 現在完了形なので「今も脱げている状態がつづいている」ときに使

	います。
脚を折る	**break my leg** ¶ **I broke my leg.** 　脚を折った。
膝を切っちゃった。	**I've got a cut on my knee.** **have got**は**have**のくだけた言い方でしたね。 膝を切った。　**I cut my knee.**
血が出ている。	**He's bleeding.**
鼻血が出ている。	**He is bleeding from his nose.**
あざだらけだ。	**I'm all black and blue.**
あざ	**bruise** ¶ **The bruise on my arm turned black and blue.** 　腕のあざが青黒くなった。
すりむく	**scrape** ¶ **I scraped my elbow.** 　肘をすりむいた。
かさぶた	**scab** ¶ **A scab formed on the spot.** 　そこにかさぶたができた。
こぶ	**bump** ¶ **I have a bump.** 　こぶができている。
脳しんとう	**brain concussion** ¶ **He suffered a severe brain concussion.** 　彼は激しい脳しんとうを起こした。

ケガの種類

①かすり傷, すり傷　**scratch**
　I have a scratch.
　かすり傷ができている。
②切り傷　**cut**
　I have a cut.
　切り傷ができている。
③内出血　**internal bleeding**
　I have internal bleeding.
　内出血している。
④ひび, 骨折(する)　**fracture**
　I have a fracture.
　骨折している。
　I fractured my finger.
　指を骨折した。
⑤捻挫　**sprain**
　I have a sprain.
　捻挫している。
⑥打撲, あざ　**bruise**
　I have a bruise.
　打撲している。
⑦脱臼する　**dislocate**
　脱臼　**dislocation**
　I dislocated my shoulder.
　肩を脱臼した。
　My kneecap was dislocated.
　膝のお皿がはずれた。
　I have a dislocation.
　脱臼している。
　I have a dislocation of my shoulder.
　肩を脱臼している。

応急処置

①応急処置　**first aid**
　I gave first aid to the patient.
　私は患者に応急処置を施した。
②絆創膏　**sticking [adhésive] plaster**
　I applied a sticking plaster to the cut.
　I applied an adhesive plaster to the cut.
　私は切り傷に絆創膏を貼った。
③バンドエイド　**Band-Aid**
　商標名から来ています。
　I applied a Band-Aid to the scratch.
　私はすり傷にバンドエイドを貼った。
④包帯(をする)　**bandage**
　「包帯をする」は**dress**ともいいます。
　つり包帯　**sling**
　I applied a bandage to my leg.
　I put a bandage around my leg.
　私は脚に包帯をした。
　I bandaged my cut finger.
　私は切れた指に包帯をした。
　I dressed the wound.
　私はその傷口に包帯をした。
　He has his arm in a sling.
　片腕をつり包帯でつっている。
⑤ガーゼ　**gauze** 【gɔ́ːz】
　Did you disinfect the gauze?
　そのガーゼ消毒した？
⑥脱脂綿　**absorbent cotton**
　Do you have absorbent cotton?
　脱脂綿はありますか？
⑦湿布する　**pack**
　湿布　(1) **compress**　(2) **poultice**
　I packed my leg.
　私は脚に湿布をした。
　I packed the patient.
　私は患者に湿布をした。
　I put a cold compress on her arm.

Part 13 誕生から幼稚園まで

I applied a cold compress to her arm.
I put a poultice on her arm.
私は彼女の腕に冷たい湿布をした。
⑧消毒する　**disinfect**
　消毒　**disinfection**
Did you disinfect the wound?
傷を消毒した？
Disinfection is more important than anything else.
消毒が何よりも重要だ。
⑨消毒薬，消毒剤　**disinfectant**
She injected disinfectant into the patient by mistake.
間違って消毒剤を患者に注入してしまった。
⑩殺菌する　**sterilize**
　殺菌　**sterilization**
Did you sterilize the instruments?
器具を殺菌した？
Sterilization is more important than anything else.
殺菌が何よりも重要だ。

幼稚園

幼稚園	**kindergarten** ¶ **He goes to kindergarten.** 彼は幼稚園に通っている。
保育園	**nursery school** ¶ **I took my child to nursery school.** 私は保育園に子供を連れていった。
託児所	**day-care center** 子供を託児所に預ける　**leave my child at the day-care center** ¶ **I left my child at the day-care center.** 私は託児所に子供を預けた。
100まで数える	**count up to a hundred** ¶ **She can count up to a hundred.** 彼女は百まで数えられる。
絵の具	**paint** ¶ **I have lots of paints.** 私は絵の具をたくさんもっている。
混ぜる	① **mix**　② **blend** ¶ **I mixed green and yellow.** **I blended green and yellow.** 私は緑と黄色を混ぜた。
絵を描く	**draw a picture** **draw a design**なら「設計図を描く」という意味になります。 画用紙　**drawing paper** ¶ **She drew a picture on drawing paper.** 彼女は画用紙に絵を描いた。 ¶ **I drew the design.** 私はその設計図を描いた。
絵を（絵の具で）描く	**paint a picture** ¶ **She painted a picture on drawing paper.** 彼女は画用紙に（絵の具で）絵を描いた。

友達

幼馴染み	**friend from childhood** **childhood**は「子供時代」の意味です。 少年［少女］時代　**boy**［**girl**］**hood** ¶ **He is a friend from my childhood.** 　彼は幼馴染みです。 ¶ **Did you have a happy boyhood?** 　少年時代は楽しかった？ ¶ **Did you have a happy girlhood?** 　少女の頃は楽しかった？
仲よし	**pal** ¶ **He is my pal.** 　彼は私の仲よしの友達だ。 ¶ **I have a pen pal in the States.** 　私はアメリカに文通友達がいる。
ダチ	**buddy** ¶ **He is my buddy.** 　彼はダチだ。
仲間	**fellow** **my fellow student** といえば「同級生」のことです。 ¶ **She is my fellow student.** 　彼女は同級生だ。
友達になる	**make friends with him** ¶ **I want to make friends with him.** 　彼と友達になりたい。
共通の友達	**mutual friend** ¶ **He is our mutual friend.** 　彼は私たちの共通の友達です。
とても仲がいい。	**We are very close.** 形容詞の**close**の発音は【klóus】で,「クロウズ」と最後が濁らないことに注意してください。
親友	**close friend** ¶ **She is my close friend.** 　彼女は私の親友です。

intimate【íntəmət】は「親密な」という意味で，**intimate friend** といえば「親友」の意味になりますが，男女間では性交を示唆する「ねんごろな」という意味にもなるので注意してください。
¶**They are intimate.**
あのふたりは親密な関係だ。

うまくやっていく	**get along with him** ¶**You have to get along with him.** 彼とはうまくやっていかなければならない。
折り合いがつく	**come to terms with him** ¶**I came to terms with him.** 彼と折り合いがついた。
仲よくやる	**hit it off with him** ¶**I hit it off with him.** 彼と仲よくなった。 ¶**Tom and Jerry hit it off.** トムとジェリーは意気投合した。
友達を選ぶのに注意しすぎることはない。	**You can't be too careful in choosing friends.**
まさかの時の友こそ真の友。	**A friend in need is a friend indeed.**
いいときだけの友達	**fair-weather friend** ¶**After all, he was just a fair-weather friend.** 結局，彼はいいときだけの友達に過ぎなかったのよ。

喧嘩

喧嘩(する)	**fight** ¶**Two boys were having a fight.** 2人の男の子がとっくみあいの喧嘩をしていた。 ¶**Don't fight with him.** 彼と喧嘩しないで。
喧嘩を売る	**pick a fight with him** ¶**Mike picked a fight with him.** マイクが彼に喧嘩を売った。

仲間はずれにする	**leave him out** ¶ **Don't leave him out.** 　彼を仲間はずれにするな。
決闘(する)	**duel** ¶ **I fought a duel with him.** 　**I dueled with him.** 　彼と決闘した。
口喧嘩(する), 口論(する)	**quarrel** 「騒々しい派手な喧嘩」のことは **brawl** といいます。 ¶ **We had a quarrel and don't speak to each other anymore.** 　僕らは口喧嘩して，お互いにもう口をきかない。 ¶ **I quarreled with him about a woman.** 　女性のことで彼と口論した。 ¶ **The brawl disturbed the peace at home.** 　その騒々しい喧嘩が家庭の平和を乱した。
喧嘩腰だ，喧嘩っ早い。	**He carries a chip on his shoulder.** **He is a chip off the old block.** といえば，「親にそっくりだ」の意味になります。**chip** は「切れはし」の意味です。
彼に近づくな。	**Stay [Keep] away from him.**
問題児	**problem child [kid]** ¶ **She is a problem child.** 　**She is a problem kid.** 　あの子は問題児だ。
あいつがいるだけでムカつく。	**His presence gets on my nerves.** **nerve**は「神経」のことでしたね。
神経を逆なでする。	**He rubs me the wrong way.**
暴力	**violence** ¶ **Violence solves nothing.** 　暴力では何も解決しない。 ¶ **Don't use violence.** 　暴力を使うな。
乱暴な，暴力的な	**violent**

	¶He is violent. 彼は乱暴だ。
引きずる	**drag him** ¶Harry dragged him outside. ハリーは彼を外に引きずり出した。
おあいこ，五分五分	**even** ¶We are even now. これでおあいこだ。
おあいこになる，五分になる	**get even with him** ¶I got even with him. 彼と五分になった。
偶数	**even number(s)** ¶Two is an even number. 2は偶数です。
奇数	**odd〔uneven〕number(s)** ¶Three is an odd number. Three is an uneven number. 3は奇数です。
泣かせる	**make him cry** ¶She made him cry. 彼女が彼を泣かせた。
敵意のある	**hóstile** ¶He is hostile. 彼は敵意をもっている。
友好的な	**friendly** ¶He is friendly. 彼は友好的だ。
敵意	**hostílity** ¶She has hostility towards me. 彼女は私に敵意をもっている。
内に秘めた敵意	**underlying hostility** ¶She has an underlying hostility towards me. 彼女は私に内に秘めた敵意をもっている。

意識下の	**subconscious** ¶He has a subconscious fear of her. 彼は彼女に潜在的な恐怖心を抱いている。
潜在意識	**the subconscious** ¶It affects the subconscious. それは潜在意識に影響を与える。
無意識の	**unconscious** ¶She is unconscious from the anesthetic. 彼女は麻酔で意識がない。
無意識	**the unconscious** ¶The unconscious is a special world which is different from the conscious. 無意識は意識とは違う独特の世界です。
無意識に	**unconsciously** ¶She did that unconsciously. 彼女は無意識にそれをした。
意識のある	① **conscious**　② **aware** ¶He became conscious again. また意識が戻った。 ¶He is conscious that something is wrong. He is aware that something is wrong. 彼は何かがおかしいことに気づいている（意識している）。 ¶He is conscious of a wall between them. He is aware of a wall between them. 彼は二人のあいだの壁に気づいている。
意識	① **consciousness**　② **the conscious**
意識を失った。	**She lost consciousness.** ⇔意識を回復した。　She recovered consciousness.
ののしる，悪口をいう	**call him names** ¶He called me names. 彼は私をののしった。
負け惜しみをいう	**cry sour grapes** **sour grapes** は「すっぱいブドウ」のことです。 ¶She cried sour grapes. 彼女は負け惜しみをいった。

負け惜しみだ。	**That's sour grapes.**
仕返しをする	① **get back at him**　② **give him tit for tat** ¶ **I got back at him.** 　**I gave him tit for tat.** 　彼に仕返しをした。
僕の勝ちだ。	**I've got you.**
君にはまいったよ。	**You've got me.**
ケリをつけてやる。	**I'll have it out with him.**
仲直りする	① **make up with him**　② **patch things up** patch は「あて布（をあてる）」の意味です。 ¶ **Make up with him.** 　彼と仲直りしなさい。 ¶ **Patch things up.** 　仲直りしなさい。
仲裁者	**móderator** ¶ **I undertook the role of a moderator.** 　私は仲裁者の役割を引き受けた。

いじめ

いじめる	① **bully him**　② **pick on him** ¶ **Don't bully him.** 　**Don't pick on him.** 　あの子をいじめないで。
いじめっ子，ガキ大将	**bully**【búli】 ¶ **He is a bully.** 　彼はいじめっ子だ。
いじめ	**bullying** ¶ **That is a cause of bullying.** 　それはいじめの一因だ。
いじめっ子以外の何ものでもない。	**He is nothing but a bully.** いじめっ子だなんてとんでもない。　**He is anything but a bully.**

Part 13 誕生から幼稚園まで

苦しめる，苦痛	**torment**
	¶ **He tormented me.**
	  彼は私を苦しめた。
	¶ **I suffered torments from my aching teeth.**
	  私は歯痛の苦しみを味わった。

からかう	① **tease him**　② **make fun of him**　③ **pull his leg**
	¶ **Don't tease him.**
	  Don't make fun of him.
	  Don't pull his leg.
	  あの子をからかわないで。

ふざけるな。	**Don't pull my leg.**
えじきになる	**fall prey to him** ¶ **Chuck fell prey to him.** チャックは彼のえじきになった。
えじきにする	**make prey of him** ¶ **He made prey of Chuck.** 彼はチャックをえじきにした。 **prey** は，たとえば **The graduation thesis is preying on his mind.**「卒論のことで頭を悩ましている」という使い方もします。
犠牲になる	**fall victim（to）** ¶ **She fell victim to his ambition.** 彼女は彼の野心の犠牲になった。

たじろぐ，尻込みする	① **hesitate**　② **flinch**
	¶ **He hesitated.**
	  He flinched.
	  彼はたじろいだ。

意地悪な	① **mean**　② **malícious**　③ **wicked**　④ **evil**
	③④は「邪悪な」という感じで，名詞は **wickedness**，**evil** となります。①②の名詞は「意地悪」**meanness**，「悪意」**málice** です。
	¶ **You are mean to me.**
	  君は僕に意地悪だ。
	¶ **She is malicious.**
	  She is wicked.
	  She is evil.
	  彼女は意地悪だ。

	¶I can't stand his meanness. 彼の意地の悪さに耐えられない。 ¶I feel her malice. 私は彼女の悪意を感じる。
善悪	good and evil ¶He can't tell good from evil. 彼には善悪の区別がつかない。
いびるのをやめてくれ。	Back off.
逃げる	① escape ② get away ③ flee ¶I escaped from him. I got away from him. I fled from him. 私は彼から逃げ出した。
いたずら	míschief ¶It's a child's mischief. それは子供のいたずらだ。
いたずらっ子	mischievous boy [girl] ¶He is a mischievous boy. 彼はいたずらっ子だ。 ¶She is a mischievous girl. 彼女はいたずらっ子だ。
いたずらをする, ばかをする	cut up ¶They are cutting up again. あの子たちはまたいたずらをしている。
落書	graffiti 【grəfíːti】 ¶There was graffiti on the wall. 壁に落書がしてあった。
落書をする,走り書きをする	scribble ¶Don't scribble on the wall. 壁に落書をするな。
弱虫	chicken ¶He is a chicken. あいつは弱虫だ。

Part 13 誕生から幼稚園まで

めめしい奴	**sissy** ¶**He is a sissy.** 　あいつはめめしい奴だ。
臆病者	**coward** ¶**He is a coward.** 　彼は臆病者だ。
臆病な	**coward**(**ly**) ¶**He is cowardly.** 　彼は臆病だ。
臆病	**cowardice** ¶**He was guilty of cowardice.** 　彼は自分の臆病さに罪の意識を抱いていた。
負け犬	**loser** ¶**He is a loser.** 　あいつは負け犬だ。
勇気	**courage** 　勇気のある　**courageous** ¶**She is courageous.** 　彼女は勇気がある。
勇気を奮い起こす	**raise**〔**pluck up**〕**my courage** ¶**I raised my courage.** 　私は勇気を奮い起こした。 ¶**Pluck up your courage.** 　勇気を出せ。
勇敢な	**brave** ¶**He is brave.** 　彼は勇敢だ。
勇敢な行為	**bravery** ¶**He was given a medal for bravery in battle.** 　彼は戦闘中の勇敢な行為のために勲章をもらった。
根性	**guts** 　複数で使います。 ¶**She has guts.** 　彼女は根性がある。

はったり（をいう）	**bluff** ¶ **He is just bluffing.** 　彼ははったりをいってるだけさ。
はったりを見抜く	**call his bluff** ¶ **I called his bluff.** 　私は彼のはったりを見抜いた。
自慢する	① **boast（of, about）**　② **brag（of, about）** ¶ **She is always boasting about her achievement.** 　彼女はいつも自分のやったことを自慢している。 ¶ **She is bragging about her new car.** 　彼女は新しい車の自慢をしている。
見せびらかす	① **show off**　② **sport** ¶ **He is showing off his new cellphone.** 　**He is sporting his new cellphone.** 　彼は新しい携帯電話を見せびらかしている。
男であることを証明する	**prove that you're a man** ¶ **You have to prove that you're a man.** 　男であることを証明しなきゃ。
証明，証拠	**proof** ¶ **Do you have proof?** 　証拠はあるのか？

学芸会

音楽会	**musical festival** ¶ **There will be a musical festival soon.** 　もうすぐ音楽会がある。
楽器	**musical instrument** ¶ **Put away the musical instruments.** 　楽器を片付けなさい。
学芸会	**drama festival** ¶ **There will be a drama festival in March.** 　3月に学芸会がある。
隠し芸，座興	**parlor trick** ¶ **He showed his parlor tricks.**

	彼は隠し芸を披露した。
離れ業	**feat** ¶ Making the elephant disappear was an incredible feat. 象を消してしまうのは驚くべき離れ業だった。
道化師	**clown** ¶ He is a clown of the circus. 彼はそのサーカスの道化師だ。
あやつり人形	① **puppet**　② **marionétte** ¶ She is working a puppet. 　She is working a marionette. 彼女はあやつり人形を動かしている。
劇	**play** 劇作家　**playwright** 綴りに注意してください。 ¶ She is the playwright of this work. 彼女はこの作品の劇作家です。
多才の	**vérsatile** ¶ She is a versatile artist. 彼女は多才な芸術家です。
神話	**myth** ¶ This play is based on a Greek myth. この劇はギリシア神話をもとにしている。
民話	**folklore** ¶ This play is based on folklore. この劇は民話をもとにしている。
観念, 理解	**notion** ¶ He has no notion of what I mean. 彼には私のいっている意味がまったくわかっていない。
逸話	**anecdote** 【ǽnikdòut】 ¶ Were there any interesting anecdotes in making this play? この劇を作る過程で何か面白い逸話がありましたか？
挿話, エピソード	**episode** ¶ Many episodes are told about him. 彼については多くのエピソードが語られている。

欠かせないメンバー	**indispensable member** dispense with は「〜なしですませる」の意味でしたね。当然，dispensable は「なくてもすむ」という意味になります。 ¶**She is an indispensable member of this company.** 　彼女はこの劇団の欠かせないメンバーです。 ¶**Television is dispensable for me.** 　私にとってテレビはなくてもすむものです。
駄作	**dog** ¶**This is a dog.** 　これは駄作だ。
下手物	**kitsch** ¶**This is kitsch.** 　これは下手物だ。
盗作，剽窃	**plagiarism**【pléidʒərizm】 ¶**She is suspected of plagiarism.** 　彼女は盗作の疑いをかけられている。
盗作する，剽窃する	**plagiarize** ¶**She is suspected of plagiarizing the work of another writer.** 　彼女は他の作家の作品を剽窃したのではないかと疑われている。
風刺，あてこすり	① **sárcasm**　② **sátire** ¶**He gave a speech full of sarcasm.** 　彼は風刺がきいた演説をした。 ¶**That is political satire.** 　それは政治に対する風刺だ。
風刺的な，皮肉な	**sárcastic** ¶**He made a sarcastic comment about it.** 　彼はそれについて皮肉なコメントをした。
即興でやる	**ímprovise** ¶**She improvised a comic dialogue.** 　彼女は漫才を即興でやった。
即興	**improvisation** ¶**Improvisation is exciting.** 　即興は刺激的だ。
ぶっつけ本番でやる	**play it by ear**

Part 13 誕生から幼稚園まで

	¶ **We played it by ear.** 私たちはそれをぶっつけ本番でやった。
出たとこ勝負する	**go in cold** この**cold**は「準備なしで」という意味の副詞です。 ¶ **He went in cold.** 彼は出たとこ勝負した。 ¶ **He was sent into the game cold.** 彼は準備なしに試合に出された。
振りつける	**choreograph** 【kɔ́(ː)riəgræf】 ¶ **She choreographed the musical.** 彼女はこのミュージカルを振りつけた。
振付師	**choreógrapher** ¶ **She is a well-known choreographer.** 彼女はよく知られた振付師です。
変装(する)	**disguise** ¶ **I disguised myself as Santa Claus.** 私はサンタクロースに変装した。 ¶ **I went out of the hall in disguise.** 私は変装してそのホールから抜け出した。
舞台装置	**scenery** ¶ **He is in charge of scenery.** 彼は舞台装置を担当している。
装置	**device** ¶ **We found a timing device behind the stage.** 我々は舞台の奥で時限装置を発見した。
衣装	**costume** ¶ **She is in charge of costumes.** 彼女は衣装係です。
セリフ	**line** ¶ **I forgot my lines.** セリフを忘れた。

文房具

①はさみ　scissors【sízərz】
複数で使います。
The [These] scissors cut well.
このはさみはよく切れる。

②のり　paste
This paste works well.
こののりはよくくっつく。

③接着剤　(1) glue　(2) adhésive
粘着性のある　sticky
This glue is very sticky.
This adhesive is very sticky.
この接着剤はとても粘着性がある。

④瞬間接着剤　(1) Superglue　(2) quick-drying glue　(3) instantaneous adhesive
(1)は商標が普通名詞化したものです。
I'm looking for Superglue.
I'm looking for quick-drying glue.
I'm looking for instantaneous adhesive.
私は瞬間接着剤を探しています。

⑤セロテープ　(1) Scotch tape　(2) Sellotape
どちらももとは商標名です。
I want a roll of Scotch tape.
I want a roll of Sellotape.
セロテープがひとつ欲しい。

⑥両面テープ　double-faced tape
This is double-faced tape.
これは両面テープです。

⑦ガムテープ　heavy-duty tape
This is heavy-duty tape.
これはガムテープです。

⑧鉛筆削り　pencil sharpener
Do you have a pencil sharpener?
鉛筆削りもってる？

⑨万年筆　fountain pen
Do you have a fountain pen?
万年筆もってる？

⑩ボールペン　ball-point(ed) pen
Do you have a ball-point pen?
ボールペンもってる？

⑪シャープペンシル　mechanical pencil
Do you have a mechanical pencil?
シャープペンシルもってる？

⑫定規　ruler

⑬三角定規　triangle
I have a ruler and a triangle.
私は定規と三角定規をもっています。

⑭分度器　protractor
I have a protractor.
私は分度器をもっています。

⑯メモ帳　memo pad
Do you have a memo pad?
メモ帳もってる？

⑯メモ用紙　scratch paper
Do you have any scratch paper?
メモ用紙もってる？

⑰シール　seal
Do you have a seal?
シールもってる？

⑱ホッチキス　stapler
Do you have a stapler?
ホッチキスもってる？

part 14

学校―小・中学校

さて，それではそろそろ幼稚園を卒園して，学校へと進んでいきましょう。今度は学校の勉強を英語で学んでいきます。さあ，準備はいいですか。まずは小・中学校から行きますよ。

① 有名校
② 義務教育
③ 願書
④ 運命に身を任せた。
⑤ 担任
⑥ チンプンカンプンだ。
⑦ 授業をサボる
⑧ 運動神経がいい。
⑨ いい点をとる
⑩ もっと勉強すべきだった。
これをあなたは英語でいえますか？

入学

生徒	**pupil** 小学生までを主にイギリスでは **pupil** といいます。そのあとはもちろん **student** です。 ¶ **There are lots of pupils in the schoolyard.** 校庭にはたくさんの生徒がいます。
未就学児	**preschool child** ¶ **He is a preschool child.** 彼は未就学児です。
小学校	① **elementary [primary] school** ② **grade school** ¶ **I go to elementary school.** **I go to primary school.** **I go to grade school.** 私は小学校へ通っています。
中学校	① **junior high school** ② **grade school** アメリカでは，小学校と中学校の区別がなく8年間，高校が4年間の8-4制をとっているところがあるので，高校（**high school**）の前の8年間通う学校を **grade school** と呼びます。 ¶ **I started learning English in junior high school.** **I started learning English in grade school.** 私は中学校で英語を習い始めました。 ¶ **I dropped out of high school when I was 17.** 17歳のときに中退した。
何年生ですか？	**What grade are you in?**
四年生です。	**I'm in the fourth grade.**
学校は何時に始まりますか？	**What time does school start?** 「始まる」は **start** か **begin**，「終わる」は **end** を使います。 ¶ **School begins at eight and ends at three.** 学校は8時に始まり，3時に終わります。
男女共学	**coeducation** ¶ **Coeducation is good for both boys and girls.** 男女共学は男の子にも女の子にもいい。
男女共学の	**co-ed(ucational)** ¶ **Parents favor co-ed schools now.**

	今は親が男女共学校を望んでいる。 ¶ **Coeducational schools are becoming common.** 男女共学が一般的になりつつあります。
中高一貫教育	**six-yesr program combining junior high and senior high schools.** ¶ **One of the biggest attractions of our school is the six-year program combining junior high and senior high schools.** 本校の目玉の一つは中高一貫教育です。
制服	**school uniform** ¶ **I like their school uniform.** 私はあそこの制服が気に入っている。
有名校	① **prestígious school**　② **well-known school** ¶ **Japanese parents want their children to get into prestigious schools.** ¶ **Japanese parents want their children to get into well-known schools.** 日本の親は子供を有名校に入れたがる。
威信，名望	**prestíge** ¶ **He raised the prestige of the school.** 彼は学校の威信を高めた。 ¶ **The school lost its prestige.** その学校は威信を失った。
私立校	**private school** ¶ **That is a private school.** あそこは私立校です。
公立校	**public school** ¶ **That is a public school.** あそこは公立校です。
この学校は1736年に創立された。	**This school was founded in 1736.**
創立記念日	**foundation day**
記念する	**commemorate** ¶ **We commemorated our foundation day.** 私たちは創立記念日を祝った。

記念	**commemoration** ¶ **We had a ceremony in commemoration of the school's foundation.** 学校の創立記念日を記念した式典を開いた。
百年(目)の，百周年，百年祭	**centennial** 一世紀（百年）はもちろん **century** です。 ¶ **We celebrated our centennial.** 百年祭を祝った。
千年，千年祭	**millennium** ¶ **We celebrated the beginning of a new millennium.** 新しい千年の始まりを祝った。
伝統	**tradition** ¶ **We cherish our traditions.** 私たちは伝統を大切にしている。
伝統的な	**traditional** ¶ **This is our traditional custom.** これは我々の伝統的な習慣です。
義務教育	**compulsory education** ¶ **Children over seven years old need compulsory education.** 7歳以上の子供には義務教育が必要です。
強制	**compulsion** ¶ **I won't go to school by compulsion.** 私は強制されて学校には行かない。
義務の ⇕	① **compulsory** ② **obligatory** ¶ **Attendance at elementary and junior high school is obligatory in this country.** この国では小・中学校が義務教育です。 ¶ **Attendance at school is compulsory for children over seven years old.** 7歳以上の子供の就学は義務です。
任意の	**voluntary** ¶ **Attendance at school is voluntary for children under seven years old.** 7歳以下の子供の就学は任意です。

	バレンタインデーの「義理チョコ」は，**obligatory chocolate** とでもいいます。 ¶ **I handed out ten obligatory chocolates this year.** 今年は10個の義理チョコを配った。
入学試験を受ける	**take the entrance exam**(**ination**) ¶ **I took the entrance exams for several high schools.** 私はいくつかの高校の入学試験を受けた。
プレッシャーの下で	**under pressure** ¶ **I took the entrance examination for the private school under pressure.** 私はプレッシャーの下でその私立学校の入学試験を受けた。 ¶ **She changed her mind under pressure from others.** 他人からのプレッシャーで彼女は考えを変えた。
試験に受かる ⇕	**pass the exam** ¶ **I passed the exam.** 試験に受かった。
試験に落ちる	**fail the exam** ¶ **I failed the exam.** 試験に落ちた。
失敗	**failure** ¶ **The failure disappointed him.** その失敗は彼をがっくりさせた。
試験でしくじる	**flunk**(**in**)**the exam** ¶ **I flunked the exam.** **I flunked in the exam.** 試験でしくじった。
ダメだった，しくじった。	① **I blew it.** ② **I screwed**(**it**)**up.** ③ **I messed**(**it**)**up.**
願書，応募書類，申込用紙	**application**(**form**) ¶ **I had some trouble getting an application form.** 願書を手に入れるのに苦労した。 **trouble**は「苦労，困難」の他，「不便，手数，厄介」の意味があります。**take the trouble to**~で「わざわざ~する」となります。 ¶ **I took the trouble to go to the school.**

	わざわざその学校まで足を運んだ。
入学願書	**application for admission** ¶ The application for admission was accepted. 入学願書は受理された。
願書を書く	**fill out the application form** ¶ You have to fill out the application form first. まず，願書を書かなければなりません。
写真を貼る ⇕	**attach my photo（to）** ¶ I attached my photo to the application form. 私は願書に写真を貼った。
写真をはがす	**detach my photo（from）** ¶ I detached my photo from the application form. 私は願書から自分の写真をはがした。 ¶ I ripped the photo off the application form. 私は願書から写真をはぎとった。
応募する	**apply（for）** ¶ I want to apply for the job. 私はその仕事に応募したい。
応募者	**ápplicant** ¶ He is an applicant for this school. 彼はこの学校の応募者です。
教育熱心だ。	① They are education-minded. ② They are enthusiastic about their children's education. ③ They are eager to have their children get a good education.
いい大学を出ればいい仕事が保証される。	You are guaranteed a good job if you graduate from a well-known university.
倍率	**acceptance rate** ¶ The acceptance rate was 2.5. 倍率は2.5倍だった。 ¶ The acceptance rate is up 0.5% from last year. 倍率は昨年に比べて0.5％上がっている。

運がいい ⇕	**lucky** ¶ **I was lucky.** 　私は運がよかった。
運が悪い	**unlucky** ¶ **I was unlucky.** 　私は運が悪かった。
強運だ。	**He is very lucky.**
非常に運がよかった。	**I lucked out.**
運	**luck** ¶ **Luck favored me.** 　運が私の味方をしてくれた。
やりすぎだ，調子に乗りすぎだ。	**You are pushing your luck.**
奇跡	**miracle** ¶ **It is a miracle.** 　奇跡だ。
奇跡的な	**miraculous** ¶ **It is miraculous.** 　奇跡的だ。
十中八九	**ten to one** ¶ **He will fail, ten to one.** 　彼は十中八九失敗するだろう。
運に見放された，ツイてない。	① **I'm out of luck.** ② **The chances are against me.**
ああ，ついてない！	**How unlucky I am!**
ツキが回ってきた。	**The odds are all in my favor.** ツキに見放された。　**The odds are all against me.**
運命	① **fate**　② **destiny** 運命を受け入れる **accept my fate** ¶ **You must accept your fate.** 　自分の運命は受け入れなければならない。

	¶ **You should accept your destiny.** 自分の運命を受け入れるべきだ。
運命に身を任せた。	**I resigned myself to my fate.** ⇔運命に逆らった。**I resisted my fate.**

入学する	① **enter** ② **get into** ③ **get admitted to**
	get intoのほうは「(学校に) 入る」，**get admitted to**は「(入学を) 許可される」といった感じです。
	¶ **I entered the school.**
	  I got into the school.
	  I got admitted to the school.
	  その学校へ入学した。

入学金	**entrance fee** ¶ **The entrance fee is high.** 入学金が高い。

授業料, 教育	**tuition**
	¶ **The tuition is low.**
	  授業料が安い。
	¶ **I pay for my daughter's tuition at college.**
	  私は娘の大学での教育にお金を払っている。

校長	**principal**
	私立の学校の場合には，**headmaster**を多く使います。
	¶ **I am principal of the school.**
	  I am headmaster of the school.
	  私はこの学校の校長です。

教頭	① **assistant principal** ② **headteacher**
	イギリスでは**headteacher**は校長にあたります。
	¶ **He is assistant principal of the school.**
	  He is headteacher of the school.
	  彼はこの学校の教頭です。

理事長	**chief director** ¶ **She is chief director of the school.** 彼女はこの学校の理事長です。
総長	**chancellor** ¶ **She is chancellor of the school.** 彼女はこの学校の総長です。

寄附する	**donate**
	寄附（金）**donation**
	¶ **I donated 10,000 dollars to the school.**
	I made a donation of 10,000 dollars to the school.
	私はこの学校に1万ドル寄附した。
カンパする	**chip in**
	¶ **We all chipped in to buy a present for our teacher.**
	私たちは全員，先生にプレゼントを買うためにカンパした。
用務員	**janitor**
	¶ **He is a janitor at the school.**
	彼はこの学校の用務員です。
奨学金	**scholarship**
	scholar は「学者」のことです。
	¶ **I got a full scholarship.**
	私は奨学金を全額受けることができた。
	¶ **He is a scholar.**
	彼は学者です。
PTA	**Parent-Teacher Association [PTA]**
	¶ **I joined the Parent-Teacher Association.**
	私は **PTA** に入った。
	PTA や **NATO** のような「頭字語」のことを **ácronym** といいます。
	「略字，省略形」は **abbreviation**。
	¶ *PTA* **is an acronym.**
	PTAは頭字語です。
	¶ *Grad* **is an abbreviation for** *graduate*.
	grad は **graduate**（卒業生）の省略形です。
教育委員会	**board of education**
	¶ **He is a member of the board of education.**
	彼は教育委員会の委員です。
教科書	**textbook**
ページをめくる	**turn（to）**
	¶ **Turn to page nine.**
	9ページを開いて。
	¶ **Open your textbook to page ten.**
	教科書の10ページを開けなさい。

ページを折る	**fold the page** ¶ **She folded the page.** 彼女はそのページを折った。
参考書	**reference book** ¶ **I consulted some reference books.** 私はいくつかの参考書を調べた。
辞書	**dictionary** ¶ **I consulted a dictionary.** 私は辞書を調べた。

学校生活

一学期	**first semester** 四学期制のところでは **semester** のかわりに **quarter**（4分の1）を使います。 ¶ **My grades were bad in [during] the first semester.** 私の一学期の成績は悪かった。
二学期	**second semester** ¶ **My grades were good in the second semester.** 私の二学期の成績はよかった。
新しい生活に慣れた。	① **I got used to my new life.** ② **I adjusted to my new life.**
担任	**homeroom [class] teacher** ¶ **He is my homeroom teacher.** 　**He is my class teacher.** 彼は私の担任です。
廊下	① **corridor**　② **hallway** ¶ **Don't run in the corridors.** 　**Don't run in the hallways.** 廊下を走るな。
廊下の突き当たり	**end of the hallway** ¶ **The restroom is at the end of the hallway.** トイレは廊下の突き当たりにあります。

連絡帳	**school diary** ¶Show me your school diary. 連絡帳を見せて。
身体測定	**physical checkup** ¶We'll have a physical checkup today. 今日，身体検査がある。
知能テスト	**IQ test** ¶We'll have an IQ test today. 今日，知能テストがある。
読み書き能力	**literacy skills** ¶He has a problem with literacy skills. 彼は読み書き能力に問題がある。
言語能力	**language skills** ¶She has a problem with language skills. 彼女は言語能力に問題がある。
読み書きができる ⇕	**literate**【lítərət】 ¶The number of literate people has been increasing. 読み書きのできる人の数が増えてきている。
読み書きのできない	**illiterate** ¶The number of illiterate people has been decreasing. 読み書きのできない人の数が減ってきている。
文字どおり	**literally** ¶He is literally the smartest student I have ever taught. 彼は，文字通り私が教えた中でいちばんよくできる生徒だ。
知識	**knowledge** ¶She has a great knowledge of this field. 彼女はこの分野についてよく知っている。
博識な	**knowledgeable** ¶She is knowledgeable about this field. 彼女はこの分野について博識だ。
無知	**ignorance** ¶His ignorance caused this mistake. 彼は無知のために間違いをおかした。

無知な	**ignorant（of）** ¶ **He is ignorant in this field.** 　彼はこの分野には無知だ。 ¶ **He is ignorant of those things.** 　彼はそういう事柄には無知だ。
給食	**school lunch** ¶ **Do you provide school lunch?** 　**Does this school provide lunch?** 　この学校は給食がありますか？
転校生	**transfer student** ¶ **She is a transfer student.** 　彼女は転校生です。
転校した。	**I transferred to another school.**
帰国子女	**returnée（student）** ¶ **He is a returnee student.** 　彼は帰国子女です。
図書館	**library**
本を借りる ⇅	**borrow books（from）** ¶ **You can borrow three books at a time from this library.** 　この図書館では一度に三冊の本を借りられます。
本を返す	① **return books（to）**　② **take books back（to）** ¶ **I have to return these books to the library.** 　**I have to take these books back to the library.** 　私はこれらの本を図書館に返さないといけない。
遠足	**excursion** ¶ **I allowed him to go on the excursion.** 　彼が遠足へ行くことを許した。 ¶ **I permitted him to go on the excursion.** 　彼が遠足へ行くことを許可した。 日本語で「許す」より「許可する」と言ったほうが堅い感じがするように，英語でも **allow** より **permit** のほうが堅い印象を与えるのです。厳密に覚えなくても，一応知っておいてください。
野外授業，課外授業	**field trip** ¶ **I'm looking forward to the field trip.**

野外授業を楽しみにしている。

冒険
adventure
¶ **The trip was an adventure for me.**
　その旅行は私にとって冒険だった。

冒険家
adventurer
¶ **He is an adventurer.**
　彼は冒険家です。

探検する
explore
¶ **We explored the forest.**
　私たちはその森を探検した。

探検家
explorer
¶ **She is an explorer.**
　彼女は探検家です。

観察する
observe
¶ **I observed the behavior of the birds.**
　私はその鳥たちの行動を観察した。

観察
observation
¶ **Observation of nature is important in science.**
　科学では自然の観察が重要です。

鋭い観察
keen observation
keen には「競争などが激しい」，**keen about [on]** で「～に夢中になっている，～したがっている」の意味もあります。
¶ **The student kept a record of his keen observations.**
　その学生は鋭い観察の記録をつけた。
¶ **She is keen about skiing.**
　彼女はスキーに夢中になっている。

塾
cram school
¶ **I go to cram school three times a week.**
　私は週に3回，塾へ行っています。
cram は「詰め込む」という意味で，**I crammed for the math exam.** といえば，「数学の試験のために一夜漬けで勉強をした」という意味になります。「予備校」のことも **cram school** といいます。

登校拒否
refusal to attend school
¶ **Their refusal to attend school is not understandable.**

	彼らの登校拒否は理解できない。 ¶ Today, we'll discuss the issue of students refusing to attend school. 今日は登校拒否の問題について話し合いたいと思います。
不登校，無断欠席	truancy ¶ Truancy has become an issue of wide importance in this country. 不登校はこの国で重要な問題になっている。
不登校の，不登校生徒	truant ¶ There are some truant students in this school. この学校には何人か不登校の生徒がいます。
教育改革	educational reform ¶ Educational reform is a matter of great urgency. 教育改革は急務です。
校則	school rules [regulations, codes] ¶ The school rules are too strict. The school regulations are too strict. The school codes are too strict. 校則が厳しすぎる。

授業

授業	class 授業，レッスン，稽古事　lesson ¶ I took two classes today. 私は今日，授業を2コマ受けた。
授業［レッスン］を受ける	take a class [lesson] ¶ I took two lessons today. 私は今日，2つレッスンを受けた。
レッスンをする	give a lesson ¶ Can you give me a lesson on Monday? 月曜にレッスンしてもらえますか？
退屈な ⇕	boring ¶ His classes are boring. 彼の授業は退屈だ。

面白い	**interesting** ¶ **His classes are interesting.** 　彼の授業は面白い。
お気に入りの課目	**favorite class** ¶ **What is your favorite class?** 　あなたのお気に入りの課目は何ですか？
3時間目	**third period** ¶ **I have math in the third period.** 　3時間目に数学がある。
休み時間	① **break**　② **recess**　③ **between periods** ¶ **Let's talk about it during the break.** 　**Let's talk about it during the recess.** 　**Let's talk about it between periods.** 　休み時間に話しましょうよ。
昼休み	**lunch time [hour]** ¶ **Do you want to play catch during lunch time?** 　**Do you want to play catch during lunch hour?** 　昼休みにキャッチボールする？
放課後	**after school** ¶ **what will you do after school?** 　放課後は何をするの。
授業に出る	**attend a class** **attend** のあとには前置詞をとらないことに注意してください。「会議に出る」も **attend a meeting** で表現できます。 ¶ **I attended the English class.** 　私は英語の授業に出た。
出席をとる	① **take attendance**　② **check the roll book** ¶ **The teacher has already taken attendance.** 　**The teacher has already checked the roll book.** 　先生はもう出席をとってしまっていた。 「出席している」は **present**，「欠席している」は **absent** となります。 ¶ **I was absent (from school) today.** 　今日は(学校)を休みました。 ¶ **I was present at school yesterday.** 　昨日は学校にいました。

Part 14　学校—小・中学校

出席者	① **attendance**　② **attendant** **attend** には日本語の「アテンドする」からも明らかなとおり，「付き添う」という意味もあり，**attendant** は「付添人，介護人」，**attendance** は「付添，介護」の意味になります。 ¶ **There was a large attendance at the class.** 　その授業には多くの出席者がいた。 ¶ **The attendance at the class was over 50.** 　その授業の出席者は50人以上だった。 ¶ **There were lots of attendants at the seminar.** 　そのセミナーにはたくさんの出席者がいた。
うわの空だ。	**He is up in the clouds.**
うわの空の	**absent-minded** ¶ **I was absent-minded.** 　私はうわの空だった。
ノート	**notebook** 罫線（**rule**）のあるものについては **ruled notebook**，ない白紙のものは **blank notebook** といいます。 英語の **note** は「メモ（をとる）」の意味ですので注意してください。 ¶ **I wrote the words in my notebook.** 　ノートにその言葉を書いた。
ノートをとる， メモをとる	**take notes** ¶ **I took notes in my notebook during class.** 　授業中ノートをとった。 ¶ **I took notes in my notebook.** 　ノートにメモをとった。 ¶ **I took notes from his comments.** **I noted his comments.** 　私は彼のコメントをメモした。
横書き	**horizontal style**（**of writing**） ¶ **English is written in the horizontal style of writing.** 　英語は横書きだ。
縦書き	**vertical style**（**of writing**） ¶ **Japanese is written in the vertical style of writing.** 　日本語は縦書きだ。

明日の授業の予習をする	**prepare for tomorrow's classes** ¶ **You should prepare for tomorrow's classes.** 　明日の授業の予習をしたほうがいい。 ¶ **I never prepare for classes.** 　私は予習をしない。
今日の授業の復習をする	**review〔go over〕today's classes** ¶ **You should review today's classes.** 　**You should go over today's classes.** 　今日の授業内容の復習をしたほうがいい。
(授業の) 遅れを取り戻す	**catch up with my class** **catch up** で「追いつく」の意味です。 ¶ **I have to catch up with my class.** 　クラスから遅れている分を取り戻さないと。
あとから行くよ。	**I'll catch up（with you）.** **catch** は動詞では本来「つかまえる」という意味ですが，名詞では「掘り出し物」「落とし穴，罠」の意味があります。そこでたとえば，**He is a catch.** といえば，「彼は掘り出し物よ」の意味，**There is a catch（to it）.** といえば，「これは罠だな」の意味になります。
チンプンカンプンだ。	**It's（all）Greek to me.**
今朝は頭が働かない。	**My brain is not functioning〔working〕this moming.**
遅刻する	**late〔tardy〕for class** ¶ **I was late for class.** 　**I was tardy for class.** 　授業に遅刻した。
遅刻	**tardiness** ¶ **Tardiness is not allowed here.** 　ここでは遅刻は許されない。
授業をサボる	① **skip〔cut〕a class**　② **play hooky** ¶ **I skipped a class.** 　**I cut a class.** 　**I played hooky.** 　授業をサボった。

明日は学校がない，休校だ。	We won't have school tomorrow.
学校へ行く気がしない。	① I don't feel like going to school. ② I'm reluctant to go to school. reluctant は「気乗りがしない」という意味です。「喜んで～する」のときは happy to，「～してもいいよ」のときは willing to を使います。 ¶ I'm happy to help you. 　喜んでお手伝いしますよ。 ¶ I'm willing to help you. 　お手伝いしてもいいですよ。
こっそり入る	sneak into ¶ I snuck into the class room. 　教室にこっそり入った。
こっそり出ていく	sneak out of ¶ I snuck out of the classroom. 　教室からこっそり出ていった。
こっそり立ち去る	sneak away from ¶ I snuck away from the classroom. 　教室からこっそり立ち去った。
静かに！	① Keep quiet! ② Keep [Hold] it down!
今日はここまで。	① That's all for today. ② The class is dismissed.

頭がいい

能力別クラス編成	track system ¶ We adopted the track system. 　能力別クラス編成を採用した。
優秀クラス	advanced track ¶ She is on the advanced track. 　彼女は優秀クラスにいる。
遅れたクラス	slow track ¶ She is on the slow track.

	彼女は遅れたクラスにいる。
能力別編成	**ability grouping** ¶ **We use ability grouping.** 　能力別編成を使っています。
飛び級制度	**meritocracy**【mèritάkrəsi】 「メリタクラシー」と発音します。 　¶ **He moved up to the second grade by meritocracy.** 　　彼は飛び級制度で2年に進んだ。 　¶ **He advanced to the third grade from the first grade.** 　　彼は飛び級して3年に進んだ。
飛び級する	**skip** skipには「スキップする」の意味の他に,「〜を飛ばす, 抜かす」の意味があるのです。 　¶ **He skipped the first grade.** 　　彼は1年次を飛び級した。 　¶ **You skipped the third row.** 　　3列目を飛ばしましたよ。
理解［のみこみ］の早い人 ⇕	**quick learner** 　¶ **She is a quick learner.** 　　彼女はのみこみが早い人だ。
理解の遅い人	**slow learner** 　¶ **She is a slow learner.** 　　彼女はのみこみが遅い人だ。
理解［のみこみ］が早い。 ⇕	①**He is fast［quick］on the uptake.** ②**He catches on quickly.** ③**He has a fast mind.**
理解［のみこみ］が遅い。	①**He is slow on the uptake.** ②**He learns slowly.**
本の虫	**bookworm** 　¶ **She is a bookworm.** 　　彼女は本の虫だ。
ガリ勉	**grind** 　¶ **She is a grind.** 　　**All she does is study.**

	彼女はガリ勉だ。
ガリ勉タイプの変人，オタク	**nerd** ¶**She is a nerd.** 彼女はオタクだ。
変人	**geek** 「コンピュータ・オタク」というようなときは，**freak** という言葉を使って，**computer freak** とか **cyber freak** のようにいいます。 ¶**She is a geek.** 彼は変人だ。 ¶**He is a computer freak.** 　**He is a cyber freak.** 彼はコンピュータ・オタクだ。
のんき者	**easygoer** ¶**You are an easygoer.** 君はのんき者だ。
のんきな	**easygoing** ¶**You are easygoing.** 君はのんきだ。
お手やわらかにね。	**Please go easy on me.**
頭がいい	① **smart**　② **bright** **bright** にはもちろん「明るい」という意味もあります。反対は **dark** で「暗い，暗愚な」という意味になります。 **brilliant** は「素晴らしく頭がいい」，**intelligent** は「理知的な，聡明な」，**intellectual** は「知的な」という感じです。**intelligent** と **intellectual** の名詞はそれぞれ，**intelligence** と **intellect**。**clever** も「賢い」という意味ですが，これは日本語と同じように「抜け目がない」という意味にもなります。 ¶**She is smart.** 　**She is bright.** 彼女は頭がいい。 ¶**She is brilliant.** 彼女は素晴らしく頭がいい。 ¶**She is intelligent.** 彼女は聡明だ。 ¶**She is intellectual.**

	彼女は知的だ。 ¶**She is a woman of intellect.** 　彼女は知性の人だ。 ¶**She is clever.** 　彼女は賢い。
知能	**intelligence** ¶**She has more intelligence than him.** 　彼女は彼より頭がいい。
人工知能	**artificial intelligence** ¶**This robot is moving by artificial intelligence.** 　このロボットは人工知能で動いている。
賢明な	**wise** ¶**She is wise.** 　彼女は賢明だ。
利発な	**apt** ¶**He is an apt pupil.** 　彼は利発な生徒だ。 **be apt to**は「～しやすい」の意味になります。 ¶**Iron is apt to rust.** 　鉄はさびやすい。
この学校の生徒としては頭がいい。	**He is smart, as the students at this school go.** 政治家としては頭がいい。**He is smart, as statesmen go.**
能ある鷹は爪を隠す。	**Still waters run deep.**
知識人	① **intellectual**　② **highbrow** **intellectual** は形容詞「知的な，インテリな」としても使います。 ¶**The government committee is made up of intellectuals.** 　その政府の委員会は知識人から成っている。 ¶**They are highbrows.** 　彼らは知識人だ。
識者	**intellects** 通例複数で使います。 ¶**He was one of the great intellects of his time.** 　彼はその時代の偉大な識者のひとりだった。

天才	① **genius** ② **wiz(ard)** 天才児　**wiz kid** ¶ **He is a genius.** 　**He is a wiz.** 　彼は天才だ。 ¶ **He is a wiz kid.** 　彼は天才児だ。 ¶ **His genius was recognized by his teacher.** 　彼の天才は先生によって認められた。 ¶ **It happens frequently.** 　そういうことはしばしば起こる。
神童	**prodigy** ¶ **He is a prodigy.** 　彼は神童だ。
頭が悪い	**dumb** ¶ **He is dumb.** 　彼は頭が悪い。 ① **dull** ② **slow** **dull** は色，音，痛み，感受性などが「鈍い」ときにも使えます。
頭が鈍い	¶ **He is dull.** 　**He is slow.** 　彼は頭が鈍い。 ¶ **There was a dull sound.** 　鈍い音がした。
バカな	**stupid** 愚かな　**silly** ¶ **He is stupid.** 　彼はバカだ。 ¶ **He is silly.** 　彼は愚かだ。 ¶ **This is stupid.** 　**This is silly.** 　こんなことはバカげている。
怠惰な	① **lazy** ② **idle** ¶ **She is lazy.** 　**She is idle.**

彼女は怠惰だ。
idle【áidl】は，いわゆる「アイドル」のidolと発音が同じです。

課目

時間割
: **timetable**
¶ Check the timetable.
時間割を確認しなさい。

カリキュラム
: **curriculum**【kəríkjuləm】
¶ Check the curriculum.
カリキュラムを確認しなさい。

課外活動
: **extracurricular activities**
¶ That is one of the extracurricular activities.
それは課外活動の一環です。

作文
: **composition**
¶ The first period is composition.
1時間目は作文だ。

散文
⇕
: **prose**
¶ A novel is a form of prose.
小説は散文の一形態です。

韻文
: **verse**
¶ A poem is a form of verse.
詩は韻文の一形態です。

文法
: **grammar**
¶ The second period is grammar.
2時間目は文法だ。

語い
: **vocabulary**
¶ Your vocabulary is poor.
あなたの語いは乏しい。
¶ You have to increase your vocabulary.
あなたは語いを増やさなければならない。
¶ The amount of vocabulary concerning economics has grown rapidly over the past ten years.
この10年間に経済用語は飛躍的に増えた。

詩	**poem** ¶ Haiku is the world's shortest form of poem. 　俳句は世界でもっとも短い詩である。
詩的な	**poetic** ¶ This is poetic. 　これは詩的だ。
叙事詩	**epic** ¶ This is an epic. 　これは叙事詩だ。
叙情詩	**lyric** ¶ This is a lyric. 　これは叙情詩だ。
習字，書道	**callígraphy** ¶ The third period is calligraphy. 　3時限目は習字だ。
算数	**arithmetic**【əríθmətik】 発音に注意してください。「アリスマティク」と発音します。 ¶ The fourth period is arithmetic. 　4時間目は算数だ。
数学	**math**(**ematics**) ¶ The fourth period is math. 　The fourth period is mathematics. 　4時間目は数学だ。
数字に弱い。	**I'm not good with numbers〔figures〕.**
数学にむいていない。	**I'm not cut out for math.**
理科，科学	**science** ¶ The fifth period is science. 　5時間目は理科だ。
実験(をする)	**experiment** 実験室　**laboratory** **laboratory** には「研究所」の意味もあります。 ¶ We did an experiment in the laboratory. 　実験室で実験をした。

実験的な	**experimental** ¶ **These are experimental attempts.** 　これらは実験的な試みです。
社会	**social studies** ¶ **The sixth period is social studies.** 　6時間目は社会だ。
地理	**geography** ¶ **I don't like geography.** 　地理は好きじゃない。
歴史	**history** ¶ **I don't like history.** 　歴史は好きじゃない。
古代史	**ancient history** ¶ **I studied ancient history.** 　古代史を勉強した。
中世史	**medieval history** ¶ **I studied medieval history.** 　中世史を勉強した。
近世史	**modern history** ¶ **I studied modern history.** 　近世史を勉強した。
現代史	**contemporary history** ¶ **I studied contemporary history.** 　現代史を勉強した。
歴史は繰り返す。	**History repeats itself**
縄文時代	**Jōmon period** ¶ **It happened in the Jōmon period.** 　それは縄文時代の出来事です。
エリザベス女王時代	① **period of Queen Elizabeth**　② **Elizabethan era** 歴史上の時代には **period** か **era** を使うのがふつうです。 ¶ **It dates back to the period of Queen Elizabeth.** 　**It dates back to the Elizabethan era.** 　それはエリザベス女王時代にさかのぼります。

明治時代までさかのぼる。	**It dates back to the Meiji era.**
明治維新	**Meiji Restoration** 文明開化　**enlightenment** ¶ **The Meiji Restoration brought enlightenment.** 　明治維新が文明開化をもたらした。
1986年頃	**circa 1986** ¶ **It happened circa 1986.** 　それは1986年頃のことです。
音楽	**music** ¶ **I like music.** 　私は音楽が好きです。
オルゴール	**music box** ¶ **I collect music boxes.** 　私はオルゴールを集めています。
音痴だ。	**I'm tone-deaf.**
音がはずれている	**out of tune** ¶ **He is out of tune.** 　彼は音がはずれている。
作曲する	**compose** ¶ **He composed this music.** 　彼がこの曲を作曲した。
作曲家	**composer** ¶ **He is a composer.** 　彼は作曲家だ。
美術	**art** ¶ **I like art.** 　美術が好きだ。
工作	**handicraft** ¶ **I like handicrafts.** 　工作が好きだ。
体育	**gym** 体育館も **gym** といいます。**gym** は **gymnasium** の略です。

	¶**I like gym.** 体育が好きだ。
体育の日	① **Physical Education Day**　② **Sports Day** ¶**This is Physical Education Day.** 　**This is Sports Day.** 　今日は体育の日です。
体育祭	**sports festival** ¶**We'll have a sports festival in October.** 　10月に体育祭があります。
文化祭	**school festival** ¶**We'll have a school festival in September.** 　9月に文化祭があります。
運動会	（**track and**）**field meet** ¶**There will be a field meet in May.** 　**There will be a track and field meet in May.** 　5月に運動会があります。
競技会	**athletic meet** ¶**There will be an athletic meet in April.** 　4月に競技会があります。
水泳大会	**swim meet** ¶**There will be a swim meet in July.** 　7月に水泳大会があります。
クロール	**crawl**（**stroke**） クロールで泳ぐ　①**do**（**the**）**crawl**　②**swim**（**the**）**crawl** ¶**Can you do［swim］the crawl?** 　クロールできる？
平泳ぎ	**breaststroke** ¶**Can you do the breaststroke?** 　平泳ぎできる？
背泳ぎ	**backstroke** ¶**Can you do the backstroke?** 　背泳ぎできる？
バタフライ	**butterfly**（**stroke**） ¶**Can you do the butterfly?**

		バタフライできる？
運動(する)	**exercise**	
	¶ **You should exercise more.**	
	もっと運動したほうがいい。	
運動不足	**lack of exercise**	
	¶ **I'm gaining weight because of lack of exercise.**	
	運動不足で太り気味だ。	
腕立て伏せ	**push-up**	
	¶ **I did 100 push-ups.**	
	腕立て伏せを100回やった。	
腹筋(運動)	**sit-up**	
	¶ **I did 100 sit-ups.**	
	腹筋を100回やった。	
鍛える	**train**	
	¶ **I trained the boys for the game.**	
	少年たちを試合に備えて鍛えた。	
筋肉を鍛える	**build up [develop, strengthen] my muscles**	
	¶ **I want to build up my muscles by exercising.**	
	I want to develop my muscles by exercising.	
	I want to strengthen my muscles by exercising.	
	運動して筋肉を鍛えたい。	
筋力トレーニング	**muscle training**	
	¶ **He started muscle training.**	
	彼は筋力トレーニングを始めた。	
バーベルを上げる	**pump iron**	
	¶ **He pumped iron.**	
	彼はバーベルを上げた。	
ウエイトを上げる	**lift weights**	
	¶ **He's lifting weights.**	
	彼はウエイトを上げている。	
自転車をこぐ	**pedal a bicycle**	
	¶ **I pedaled a bicycle.**	
	自転車をこいだ。	

自転車に乗る	**ride a bicycle** ¶ I rode a bicycle. 自転車に乗った。
筋肉痛	**muscle pain** ¶ I have muscle pains in my back. 背中が筋肉痛だ。
体中が痛い。	**I have aches〔pains〕all over my body.**
(足が)つった。	**I've got a charley horse（in my leg）.**
持久力	**endurance** ¶ I have endurance. 持久力がある。
柔軟性	**flexibility** ¶ I have flexibility.
柔軟性のある	**flexible** ¶ I'm flexible. 柔軟性がある。
運動神経がいい。 ⇕ 運動神経が悪い。	**He has a talent for sports.** **He has no talent for sports.** **talent** はもちろん「才能」の意味です。和英辞典で「運動神経」を引くと **motor nerves** という語が出てきますが，これは解剖学的な運動神経のことです。
スポーツ万能だ。	**He has a talent for all kinds of sports.**
才能のある	① **talented**　② **gifted** ¶ You are talented. 　You are gifted. 　君は才能がある。
潜在能力	① **potential**　② **potential ability** ②の **potential** は「潜在的な」の意味の形容詞です。 ¶ You have massive potential. 　You have massive potential ability. 　君には大きな潜在能力がある。
反射神経がいい。	**He has quick reflexes.**

⇕	
反射神経が鈍い。	He has slow reflexes.
運動選手	athlete 女子の運動選手　female athlete 男子の運動選手　male athlete ¶ Many female athletes outperform the males. 　多くの女子の運動選手は男子を凌ぐ。 ¶ Several male athletes failed the test. 　何人かの男子の運動選手はそのテストに失敗した。

興味，趣味

音楽が好き。	I'm fond of music.
この歌がだんだん好きになってきた。	This song grew on me. 音楽がだんだん好きになってきた。 I started to like music.
テニスが得意だ。	I'm good at tennis.
得意なものを続けたほうがいい。	You should stick with what you are good at. stick with は「〜を続ける」の意味です。
数学に興味がある。	I'm interested in math. ¶ I have interest in science. 　理科に興味をもっている。
興味	interest 強い好みの場合には penchant という言葉を使います。 ¶ I have no interest in science. 　理科にはぜんぜん興味がない。 ¶ He has a penchant for young girls. 　彼はロリコンだ。
好奇心	curiosity ¶ I want to satisfy my curiosity. 　自分の好奇心を満足させたい。
好奇心のある	curious ¶ He is curious about her private life. 　彼は彼女の私生活に好奇心を抱いている。

無関心な，無頓着な	**indifferent** ¶ **She is indifferent about her clothes.** 　彼女は服装に無頓着だ。
(クラシック音楽に)熱中している，夢中だ。	① **I'm absorbed in classical music.** **absorb** は本来「吸収する」という意味です。 ② **I'm addicted to classical music.** ③ **I'm hooked on classical music.**
病みつきになった。	**I got hooked.** **hook** は「かぎ」とか「引っかかる」といった意味です。**I got off the hook.** といえば，「苦境から抜け出した」という意味になります。
美術に通じている。	① **He is versed in the arts.** ② **He is at home in the arts.**
僕は音楽のほうが好きなんだ。	**I'm more into music.** ¶ **I find music more interesting than art.** 　音楽のほうが美術より面白いと思う。
彼は英語ばかりかフランス語にも通じている。	① **He is versed in French as well as in English.** ② **He is versed in French in addition to English.** **as well as** は「～と同様」，**in addition to** は「～に加えて」の意味です。**let alone** は「～はいうまでもなく」の意味で，ふつう否定的な意味のときに使います。 ¶ **He can't speak French, let alone English.** 　彼は英語はいうまでもなく，フランス語も話せない。
自称学者	① **self-declared scholar**　② **would-be scholar** ¶ **He is a self-declared scholar.** 　**He is a would-be scholar.** 　自称学者だ。
いわゆる評論家	**so-called critic** **He is a so-called critic.** 　彼はいわゆる評論家だ。

試験勉強，試験

ベストを尽くす	**do my best** ¶ **I did my best.**

	ベストを尽くした。
これまでになくよくやる	① **outdo myself**　② **knock myself out** ¶ **I outdid myself.** 　**I knocked myself out.** 　これまでになくよくやった。
自分自身のためだ。	**It's for your own good.**
英語を学ぶには，スピーキングがリスニングに劣らず大切だ。	**Speaking is no less important than listening in learning English.** この **no less than** に対して **no more than** という言い方もありますが，これは，「たった5人の生徒だけが部屋に入ることを許された」**No more than five students were allowed in the room.** のように使います。
進歩する ⇕	**make progress** 進歩（する）　**progress** ¶ **You've made progress in English.** 　君は英語が上達した。 ¶ **You've made progress on the piano.** 　君はピアノが上達した。
後退する	**retrogress** ¶ **You've retrogressed to an earlier stage.** 　君は前の段階へ後退してしまった。
暗記する	① **learn it by heart**　② **memorize it by heart** ¶ **I learned the textbook by heart.** 　**I memorized the textbook by heart.** 　教科書を暗記した。
丸暗記	**rote memorization** **rote** は「機械的なやり方」の意味です。 ¶ **Rote memorization is not useful.** 　丸暗記は役に立たない。
記憶する	**memorize** ¶ **We memorized the alphabet.** 　私たちはアルファベットを覚えた。

勉強を助ける	**help him（with）** ¶ **I helped him with his French.** 　彼のフランス語の勉強を助けた。
利用する	**make use of him** ¶ **She made use of him.** 　彼女は彼を利用した。
僕よりも先へ行っている，進んでいる。	**He is ahead of me.**
先を越された。	**He beat me to it.**
彼より優れている。	**I'm superior to him.** ⇔彼より劣っている。 **I'm inferior to him.**
諦める	**give up** ¶ **It's too early to give up.** 　諦めるのは早い。
明日休めたらなあ。	**If only I could take the day off tomorrow.** **If only** + 仮定法で「～できたらなあ」の意味になります。
やってみる価値はある。	**It's worth a try.** ⇔やってみる価値はない。 **It's not worth trying [a try].**
努力する価値はある。	**It's worth the effort.** ⇔努力する価値はない。 **It's not worth the effort.**
努力不足のためにすべての勉強は無駄だった。	**All the study was in vain for lack of effort.**
今しかない。	**It's now or never.**
転ばぬ先の杖。	**It's better（to be）safe than sorry.**
光陰矢のごとし。	**Time flies.**
やってみるよ。	① **I'll go for it.** ② **I'm game.**
本気で勉強する	**study in earnest** ¶ **Study in earnest.** 　本気で勉強しなさい。

集中的な勉強	**intensive study** ¶ **Intensive study is helpful in learning English.** 英語を学ぶには集中的な勉強が有益だ。
勉強に全力を傾けた。	**I put my mind into my studies.**
自発的に	① **voluntarily**　② **of my own will** ¶ **I studied voluntarily.** 　**I studied of my own will.** 自発的に勉強した。
限界	**limit** ¶ **This is the limit.** もう限界だ。
きりがない，終わりのない	① **endless**　② **limitless** ¶ **His complaints are endless.** 彼の不平にはきりがない。 ¶ **His ambition is limitless.** 彼の野心には終わりがない。
まぐれ，フロック	**fluke** 【flúːk】 ¶ **It's a fluke.** まぐれだ。 ¶ **I beat him by a fluke.** まぐれで勝った。
当てずっぽうをいう	**take a shot in the dark** ¶ **I took a shot in the dark.** 当てずっぽうをいった。
小テスト	**quiz** ¶ **I have a quiz the day after tomorrow.** 明後日小テストがある。
中間試験	**midterm exam** ¶ **I got a bad score on the midterm exam.** 中間試験で悪い点をとった。
期末試験	**final exam** ¶ **I got a bad score on the final exam.** 期末試験で悪い点をとった。

口頭のテスト	**oral test** ¶ **I did well on the oral test.** 　口頭のテストはうまくいった。
はい時間です。	**Time is up.**
追試	**make-up（exam）** ¶ **You have to take a make-up exam.** 　追試を受けなければなりません。
居残り	**detention** ¶ **He gave me detention.** 　居残りを命じられた。
今日のテストはやさしかった。	**Today's test was easy.**
むずかしい	① **hard**　② **difficult** ¶ **Today's test was hard.** 　**Today's test was difficult.** 　今日のテストはむずかしかった。
試験問題	**exam questions** ¶ **I looked through the exam questions.** 　試験問題に目を通した。
大学進学適性テスト	**Scholastic Aptitude Test〔SAT〕** ¶ **You have to take the SAT to go to college.** 　大学へ行くには大学進学適性テストを受けなければならない。 ¶ **SAT stands for Scholastic Aptitude Test.** 　SATは大学進学適性テストを表します。

問題

問題	日本語の「問題」には多くの意味が含まれていますが、英語ではこれをおおよそ次の5つの言葉で使い分けます。 ①**question** 質問、問いかけとしての問題。 鋭い質問　**pointed question** ¶ **He asked a pointed question.** 　彼は鋭い質問をした。 ②**problem**

社会問題のような（困難な）問題。
¶ **Sex discrimination is a big social problem.**
性差別は大きな社会問題です。
③ **trouble**
I've got trouble again.「また問題が起きた」というときのようなトラブルとしての問題。
I've got big trouble again.
また大きな問題が起きた。
④ **issue**
紛争のように，論争の対象となっている課題，論争点としての問題。**issue** には「宣言，命令などを出す」という意味もあります。
¶ **We must pay more attention to this issue.**
この問題にもっと関心を払わないといけない。
⑤ **matter**
日本語で「その件」といいかえられるような事柄としての問題。「つまらないこと」というようなときも **matter** を使って，**trivial matters** のようにいいます。
¶ **This is a matter of life and death.**
これは生死に関わる問題だ。
¶ **I don't care about trivial matters.**
些細なことはどうでもいい。

そんなことはどうでもいい。	**It doesn't matter.** いや，どうでもよくない。**No, it does matter.**
簡単な	**simple** ¶ **The question is simple.** 問題は簡単だ。
複雑な	**complicated** ¶ **The question is complicated.** 問題は複雑だ。
基本的な	① **basic**　② **fundamental** ¶ **This is a basic process.** **This is a fundamental process.** これは基本的なプロセスだ。
理解できる	① **understandable**　② **comprehensible** ¶ **Your explanation is understandable.** **Your explanation is comprehensible.**

	あなたの説明は理解できる。

理解する	① **understand** ② **comprehend** ③ **make out** ④ **figure out**
	comprehendには「含む」という意味もあって，そこから形容詞**comprehensive**「包括的な」も生まれます。
	¶ **I understood it.**
	  I comprehended it.
	  I made it out.
	  I figured it out.
	  理解した。
	¶ **This is a comprehensive study of educational problems.**
	  これは教育問題の包括的な研究です。

できる ⇕	**able** ¶ **You'll be able to speak English in three years.** 3年後には英語が話せるでしょう。
できない	**unable** ¶ **I'm unable to speak English.** 英語が話せません。
できるようにする	**enable** ¶ **The job enabled him to remain in Japan.** その仕事のおかげで彼は日本に残れた。

能力	**ability**
	¶ **He has great ability as a teacher.**
	  彼は教師としての能力が大いにある。
	¶ **He still has the ability to think clearly.**
	  彼にはまだ明晰に考える能力がある。
	capable「できる」，**capability**「能力」という言葉もありますが，こちらのほうは「適性がある」という意味合いを多く含んでいます。
	¶ **He is capable of doing good research.**
	  He has the capability to do good research.
	  彼は優れた研究をする能力がある。

問題に答える	**answer the question** ¶ **Answer the question.** 問題に答えなさい。
答え	**answer** ¶ **Give me your answer to the question.**

	質問に対する答えをください。
問題を解く	**solve the problem** ¶ **I solved the problem.** 　その問題を解いた。
解答，解決	**solution** ¶ **There is no solution to the problem.** 　その問題の解決策はない。
結果	**results** 試験などの結果は，通例複数で使います。 ¶ **I'm worried about the results of the test.** 　テストの結果を心配している。
結果を恐れている。	① **I fear the results.** ② **I'm afraid of the results.** **I'm afraid**には「(好ましくないことについて) 残念ながら～と思う」という意味もあります。 ¶ **Will he get well soon ?—I'm afraid not.** 　彼はすぐよくなると思う?—無理だと思うね。 ¶ **I'm afraid skiing is beyond me.** 　僕にはスキーは無理なんじゃないかな。
恐れ	**fear** ¶ **She screamed in fear.** 　彼女は恐ろしくて悲鳴を上げた。
自信がある	**confident**（**of**） ¶ **I'm confident of our victory.** 　自分たちの勝利に自信がある。
自信	**confidence** ¶ **I have confidence in my ability.** 　自分の能力に自信がある。
正しい ⇕	① **correct**　② **right** 「正しい答え」は **correct answer** で，これは **right** でいいかえることも可能です。「(道徳的に) 正しい」というときは **right** を使います。 ¶ **That answer is correct.** 　**That answer is right.** 　その答えは正しい。

間違った	① incorrect　② wrong ¶ That answer is incorrect. 　That answer is wrong. 　その答えは間違っている。
答えを直す	correct the answers ¶ I corrected the answers. 　私は答えを直した。 ¶ I corrected the errors. 　私は間違いを直した。
間違ったら直してください。	Correct me if I'm wrong.
正確な	① exact　② precise　③ accurate ¶ This is the exact answer. 　This is the precise answer. 　This is the accurate answer. 　これが正確な答えだ。
まさにそのとおり。	① Exactly. ② Precisely. ③ Accurately.
間違いをする	① make an error　② make a mistake ¶ Everyone makes errors. 　Everyone makes mistakes. 　誰でも間違いはする。
試行錯誤	trial and error ¶ I succeeded after lots of trial and error. 　さまざまな試行錯誤のすえ，成功した。
カンニング	cheating ¶ Cheating is unforgivable. 　カンニングは許されない行為だ。
カンニングする	① cheat　② crib ¶ He cheated on the test. 　He cribbed on the test. 　彼はそのテストでカンニングした。
カンニングペーパー	① cheat sheet　② crib

	¶He used a cheat sheet. He used a crib. 彼はカンニングペーパーを使った。
あんちょこ	pony ¶He used a pony. 彼はあんちょこを使った。

成績

通知表	report card ¶Show me your report card. 通知表を見せなさい。
学業成績	academic achievement ¶I'm proud of your academic achievement. あなたの学業成績を誇りに思っている。
成績(をつける)	grade ¶The teacher graded the papers. 先生はテストを採点した。 ¶He gave me a B-grade in math. 彼は数学で僕にBの成績をつけた。
今学期は成績が上がった。	My grades went up [got better] this semester. 今学期は成績が下がった。 My grades dropped this semester.
点(をとる)	score ¶I got a score of 80 on the math test. I scored 80 on the math test. 数学のテストで80点をとった。
満点	perfect score ¶I got a perfect score in science. 理科で満点をとった。
いい点をとる ⇕	get a good score ¶I got a good score in English. 英語でいい点をとった。
悪い点をとる	get a bad score ¶I got a bad score in history. 歴史で悪い点をとった。

オールA	**straight A** ¶ **I always get straight As.** 僕の成績はいつもオールAだ。
成績がクラスで上のほうだ。	**I rank high in my class.** ⇔成績がクラスで下のほうだ。 **I rank low in my class.**
トップレベルだ。	**I rank in the top-level of my class.**
クラスで2番だ。	**I am second in my class.**
彼を負かした。	① **I beat him.** ② **I got the better of him.**
彼は数学では誰にも負けない。	**He is second to none in math.**
満足な、満足している	① **content**（**with**）　② **satisfied**（**with**） **content** には名詞で「中身」の意味もあります（通例複数）。 ¶ **I'm content with the results.** 　**I'm satisfied with the results.** 結果に満足している。
ぬきうち試験	① **surprise test**　② **pop quiz** ¶ **I had a surprise test today.** 　**I had a pop quiz today.** 今日ぬきうち試験があった。

感想，後悔

一生懸命勉強したかいがあった。	**It was worth all the hard work.** 苦労したかいがあった。 **It was worth all the trouble.**
努力が報われた。	**My efforts paid off.** ⇔努力が無に帰した。 **My efforts came to nothing.**
よくやったね。	**Well done.**
その調子だ。	**Way to go.**
万事休すだ。	**All is up.**
無駄な努力	**futile effort** **futile**【fjúːtail, -təl】のかわりに **useless**「役に立たない」, **fruitless**「実りなき」といった言葉も使えます。

	¶ It was a futile effort. 無駄な努力だった。 ¶ It was useless. 役に立たなかった。 ¶ It was fruitless. 実りがなかった。
もっと勉強すべきだった。	I should've studied harder. そんなことをすべきではなかった。 I shouldn't have done it.
代価を払う	pay the price ¶ You have to pay the price. 代価を払わなければならない。
自業自得だ。身から出たサビだ。	You asked for it.
当然の報いだ。	It serves you right.
結果を潔く受け止めます。	I've decided to face the music.
心を入れかえて再出発します。	I'll turn over a new leaf.
たいしたことじゃない。	It's not a big deal.

評価

評価する	① evaluate ② estimate ③ rate ④ assess
	評価 ① evaluation ② estimation ③ assessment
	¶ I can't evaluate his ability yet.
	  It's impossible to estimate his ability yet.
	  彼の能力を評価するのはまだ無理だ。
	¶ You rated him incorrectly.
	  あなたは彼を間違って評価した。
	¶ Your evaluation of him is wrong.
	  あなたの彼への評価は間違っている。
	¶ In my estimation, your plan will not work.
	  私の見るところ，君の計画はうまくいかないだろう。
	¶ I assessed the house at $500,000.

　　　　　　　　My assessment of the house is $500,000.
　　　　　　　　私はその家を50万ドルと見積った（評価した）。

一流の	**first-rate**
	このように **rate** には「等級」の意味もあります。
⇕	¶**This is a first-rate school.**
	ここは一流の学校だ。
二流の	**second-rate**
	¶**That is a second-rate school.**
	あそこは二流の学校だ。
過大評価する	① **overestimate**　② **overrate**
	¶**You overestimate him.**
⇕	**You overrate him.**
	あなたは彼を過大評価している。
過少評価する	① **underestimate**　② **underrate**
	¶**You underestimate her.**
	You underrate her.
	あなたは彼女を過少評価している。
	¶**Don't underestimate her.**
	彼女を見くびるな。
うちの先生は厳しい。	**My teacher is strict.**
	うちの先生はやさしい，手ぬるい。 **My teacher is lax.**
先生は彼をひいきしている。	① **Our teacher is partial to him.**
	② **Our teacher favors him.**
	partial には「偏った（**biased**）」という意味もあります。
	みなに公平な，偏りのない　**impartial**
	¶**He is impartial.**
	彼はみなに公平だ。
ひいきをする	**play favorites**
	¶**He plays favorites.**
	あの先生はひいきをする。
えこひいき	**favoritism**
	¶**She got the good grades through favoritism.**
	彼女はえこひいきでいい成績をもらった。
お気に入り	① **his favorite**　② **his fair-haired boy**［**girl**］

	¶ **Fred is his favorite.** **Fred is his fair-haired boy.** 　フレッドは彼のお気に入りだ。 ¶ **Jennifer is his fair-haired girl.** 　ジェニファーは彼のお気に入りだ。
告げ口屋	**tattletale** ¶ **He is a tattletale.** 　あいつは告げ口屋だ。
例外扱いはできない。	**I can't make an exception for you.** **exception**は「例外」の意味です。

数字の読み方

日本人が意外に知らない英語に，数字の読み方があります。

たとえば，分数の $\frac{1}{3}$ は **one third**，$\frac{2}{8}$ は **two eighths** と読みます。

$\frac{23}{81}$ のような場合は，**twenty three over eighty-one** のように読みます。

つまり，「81の上に23が載っている」というわけです。

$4\frac{1}{5}$ のような帯分数（**mixed fraction**）は，**four and one fifth** と読みます。

小数は，5.32は **five point three two**，0.32は（**zero**）**point three two** と読みます。

四則算の場合，等号は **equals** と読んでもいいのですが，**is** ですませることも多いです。

足し算は，「1＋1＝2」なら，**One plus one is〔equals〕two.**

引き算は，「3－2＝1」なら，**Three minus two is one.**

掛け算はどうでしょう？「2×3＝6」は，**Two times three is six.**

割り算は，「6÷2＝3」なら，**Six divided by two is three.** という具合です。

累乗の場合は，「二乗」なら **square**，「三乗」なら **cubic** を使います。

たとえば，「1 inch²」は，**one square inch**，「1 inch³」は，**one cubic inch**，$\sqrt{2}$ は **square root of two**，$\sqrt[3]{12}$ は **cube root of twelve** と読みます。

算数・数学

① 足し算　**addition**
② 引き算　**subtraction**
　Is this addition or subtraction?
　これは足し算ですか，引き算ですか。
③ 掛け算　**multiplication**
④ 割り算　**division**
　Is this multiplication or division?
　これは掛け算ですか，割り算ですか。
⑤ 正方形(の)　**square**
　This is a square.
　これは正方形です。
⑥ 長方形　**rectangle**
　長方形の　**rectangular**
　This is a rectangle.
　これは長方形です。
　This room is rectangular.
　この部屋は長方形です。
⑦ 三角形　**triangle**
　三角形の　**triangular**
　This is a triangle
　これは三角形です。
　This room is triangular.
　この部屋は三角形です。
⑧ 直角三角形　**right triangle**
　This is a right triangle.
　これは直角三角形です。
⑨ 正三角形　**equilateral triangle**
　This is an equilateral triangle.
　これは正三角形です。
⑩ 二等辺三角形　**isosceles** [aisásəli:z] **triangle**
　This is an isosceles triangle.
　これは二等辺三角形です。
⑪ 辺　**side**
　This side is equal to that side.
　この辺はあの辺と等しい。
⑫ 三角錐　**triangular pyramid**
　Here is a triangular pyramid.

ここに三角錐があります。
⑬ 円　circle
　This is a circle.
　これは円です。
⑭ 楕円　ellípse
　楕円の　⑴ elliptic　⑵ oblong
　卵形の　oval
　This is an ellipse.
　これは楕円です。
　The land is elliptic.
　The land is oblong.
　その土地は楕円形です。
　The office is oval.
　オフィスは卵形です。
⑮ 直径　diameter
　The diameter is 3 centimeters.
　直径は3センチです。
⑯ 半径　radius
　The radius is 1.5 centimeters.
　半径は1.5センチです。
⑰ 円周　circumference
　The circumference is 20 centimeters.
　円周は20センチです。
⑱ 円周率　circular constant　[pi(π)]
　The circular constant is about 3.14.
　Pi is about 3.14.
　円周率は約3.14です。
⑲ 分数　fraction
　Two thirds is a fraction.
　$\frac{2}{3}$ は分数です。
　Twenty-two over thirty-three is a fraction.
　$\frac{22}{33}$ は分数です。
⑳ 分母　denominator
㉑ 分子　numerator
　The denominator is three and the numerator is two.
　分母は3で，分子は2です。
㉒ 小数　decimal fraction
　1.8 is a decimal fraction.
　1.8は小数です。

㉓ 十進法　**decimal system**
The decimal system is based on units of ten.
十進法は10の単位に基づいています。
㉔ 四捨五入する　**round off**
Round off after the decimal point.
小数点以下を四捨五入しなさい。
㉕ 切り上げる　**round up**
Round up after the decimal point.
小数点以下を切り上げなさい。
㉖ 図，グラフ　(1) **diagram**　(2) **graph**
I wrote a diagram in the notebook.
ノートにグラフを書いた。
This is a line graph and that is a bar graph.
これは線グラフで，あれは棒グラフです。
㉗ 直線　**straight line**
㉘ 曲線　**curved line**
There are straight lines and curved lines in the diagram.
図に直線と曲線があります。
㉙ 斜線　**oblíque line**
㉚ 点線　**dotted line**
There are oblique lines and dotted lines in the diagram.
図に斜線と点線があります。
㉛ 垂(直)線　**perpendicular line**
Write a perpendicular line.
垂(直)線を書きなさい。
㉜ 水平線　**horizontal line**
Write a horizontal line.
水平線を書きなさい。
㉝ 平行線　**parallel line**
Draw a parallel line.
平行線を引きなさい。
㉞ 対角線　**diagonal line**
Draw a diagonal line.
対角線を引きなさい。
㉟ 直角　**right angle**
This is a right angle.
これは直角です。
㊱ 立方体　**cube**
立方体の **cubic**

A cube is a solid with six square faces.
立方体は6つの正方形の面をもった立体です。
This object is cubic.
この物体は立方体です。

㊲ 立方根　cube root
The cube root of 27 is 3.
27の立方根は3です。
The cube of 3 is 27.
3の3乗は27です。

㊳ 平方根　square root
The square root of 9 is 3.
9の平方根は3です。
The square of 3 is 9.
3の2乗は9です。

㊴ 対称　sýmmetry
（左右）対称の symmétrical

㊵ 非対称　asýmmetry
非対称の　asymmetrical
Asymmetry is the antonym of symmetry.
非対称は対称の反意語です。
This building is symmetrical.
この建物は左右対称です。
This sculpture is asymmetrical.
この彫刻は左右非対称です。

㊶ 比率　ratio
The ratio is 6 to 3.
その比率は6対3です。
They are in direct ratio to each other.
それらは互いに正比例の関係にある。

㊷ 割合　proportion
The proportion is 4 to 1.
割合は4対1です。

㊸ 微分　differential calculus
㊹ 積分　integral calculus
Is this differential calculus or integral calculus?
これは微分ですか，積分ですか？

㊺ 公式　formula
This is an algebraic formula.
これは代数の公式です。

㊻ 方程式　**equation**
　This is an equation.
　これは方程式です。
㊼ 最大公約数　**largest common factor**
　The largest common factor of 6 and 8 is 2.
　6と8の最大公約数は2です。
㊽ 最小公倍数　**lowest common multiple**
　The lowest common multiple of 2 and 3 is 6.
　2と3の最小公倍数は6です。
㊾ 倍数　**multiple**
　Eight is a multiple of 2.
　8は2の倍数です。
㊿ 面積　**area**
　The area of this floor is 1,000 square meters.
　このフロアの面積は1000平方メートルです。
㉛ 体積　**volume**
　The volume of this object is 30 cubic meters.
　この物体の体積は30立方メートルです。

文法

① 母音　**vowel**
   This is a vowel.
   これは母音です。

② 子音　**consonant**
   This is a consonant.
   これは子音です。

③ 冠詞　**article**
   We use lots of articles.
   私たちは多くの冠詞を使います。

④ 定冠詞　**definite article**
   "The" is the definite article.
   "the" は定冠詞です。

⑤ 不定冠詞　**indefinite article**
   "A" is an indefinite article.
   "a" は不定冠詞です。

⑥ 接辞　**affix**

⑦ 接頭辞　**prefix**

⑧ 接尾辞　**suffix**
   There are two kinds of affixes—prefixes and suffixes.
   接頭辞と接尾辞という2種類の接辞があります。

⑨ 品詞　**part of speech**
   There are various parts of speech in English.
   英語にはさまざまな品詞があります。

⑩ 前置詞　**preposition**
   This is a preposition.
   これは前置詞です。

⑪ 名詞　**noun**
   This is a noun.
   これは名詞です。

⑫ 代名詞　**pronoun**
   This is a pronoun.
   これは代名詞です。

⑬ 動詞　**verb**
   This is a verb.
   これは動詞です。

⑭ 助動詞　**auxiliary verb**
   This is an auxiliary verb.

これは助動詞です。
⑮ 形容詞　**adjective**
　This is an adjective.
　これは形容詞です。
⑯ 副詞　**adverb**
　This is an adverb.
　これは副詞です。
⑰ 接続詞　**conjunction**
　This is a conjunction.
　これは接続詞です。
⑱ 関係詞　**relative**
　This is a relative.
　これは関係詞です。
⑲ 関係代名詞　**relative pronoun**
　This is a relative pronoun.
　これは関係代名詞です。
⑳ 単数形　**singular form**
　We use a singular form here.
　ここでは単数形を使います。
㉑ 複数形　**plural form**
　We use a plural form here.
　ここでは複数形を使います。
㉒ 条件節　**conditional clause**
　A conditional clause follows after this.
　このあと条件節が続きます。
㉓ 等位節　**coordinate clause**
　A coordinate clause follows after this.
　このあと等位節が続きます。
㉔ 主節　**main clause**
㉕ 従属節　**subordinate clause**
　This sentence is composed of a main clause and a subordinate clause.
　この文章は主節と従属節からできている。
㉖ 時制　**tense**
㉗ 現在時制　**present tense**
　This is the present tense.
　これは現在時制です。
㉘ 過去時制　**past tense**
　This is the past tense.
　これは過去時制です。

㉙ 未来時制　**future tense**
This is the future tense.
これは未来時制です。

㉚ 現在完了時制　**present perfect tense**
This is the present perfect tense.
これは現在完了時制です。

㉛ 未完了時制　**imperfect tense**
This is the imperfect tense.
これは未完了時制です。

㉜ 進行(形)時制　**progressive tense**
This is the progressive tense.
これは進行形時制です。

㉝ 時制の一致　⑴ **sequence of tenses**　⑵ **agreement of tenses**
We need a sequence of tenses here.
We need an agreement of tenses here.
ここでは時制の一致が必要になります。

㉞ 現在分詞　**present participle**
This is a present participle.
これは現在分詞です。

㉟ 過去分詞　**past participle**
This is a past participle.
これは過去分詞です。

㊱ 仮定法　**subjunctive**(**mood**)
This is the subjunctive mood.
これは仮定法です。

㊲ 使役動詞　**causative**
This is a causative.
これは使役動詞です。

㊳ 不定詞　**infinitive**
This is an infinitive.
これは不定詞です。

㊴ 動名詞　**gerund**
This is a gerund.
これは動名詞です。

㊵ 主語　**subject**
㊶ 目的語　**object**
㊷ 補語　**complement**
This sentence is composed of a subject, an object, and a complement.
この文は主語と目的語と補語からできている。

㊸ 疑問文　**interrogative sentence**
Make an interrogative sentence.
疑問文を作ってみなさい。
㊹ 付加疑問文　**tag question**
Make a tag question.
付加疑問文を作ってみなさい。
㊺（動詞を）活用する　**conjugate**
　（動詞の）活用　**conjugation**
Can you conjugate this verb?
この動詞を活用できますか？
The conjugation is hard to learn.
活用は覚えるのがむずかしい。

part 15

学校―高校・大学

少し勉強のしすぎで疲れたので，今度は
クラブ活動で汗を流しましょう。そしてそれから
大学へと向かいます。
① テニス部に入る
② くじで順番を決める
③ コンパ
④ 人数は多いほど楽しい。
⑤ 家庭教師
⑥ 子守りを押しつけられた。
⑦ 非行に走る
⑧ 専門学校
⑨ レポートはいつまで？。
⑩ 卒業生総代
これをあなたは英語でいえますか？

クラブ活動

クラブ	**club**
運動部	**sports club**
文化部	**culture club** ¶**There are five sports clubs and four culture clubs in this school.** この学校には運動部が5つと文化部が4つあります。
テニス部に入る	**join the tennis club** ¶**I joined the tennis club.** テニス部に入った。
何部に入ってるの？	① **What club are you in?** ② **What club do you belong to?** **belong to** は「～に所属する」という意味です。
ゴルフ部に入っています。	① **I'm in the golf club.** ② **I belong to the golf club.** ③ **I'm a member of the golf club.** ④ **I'm on the golf team.**
代表チーム	**varsity team** ¶**I'm a member of the varsity team.** 私は代表チームの一員です。 スポーツクラブの運動選手のことを **jock** といいますが、これは股間に当てるサポーターの **jockstrap** からきています。 ¶**He was a real jock.** 彼はすごい選手だった。 ¶**He wears a jockstrap.** 股間にサポーターをつけている。
コーラス部	**choir** 【kwáiər】「クワイアー」 ¶**I'm a member of the choir.** コーラス部の一員です。
彼はもう部員ではない。	**He is no longer a member of our club.** **no longer** は「もはや～ではない」という意味です。
（運動部の）部長	**captain** ¶**She is captain of the table-tennis club.**

	彼女が卓球部の部長です。
(文化部の)部長	**chairperson** ¶ **She is chairperson of the photography club.** 彼女が写真部の部長です。
部員を募集する	**recruit club members** ¶ **We are recruiting club members.** 部員を募集しています。
動機, きっかけ	**motive 【móutiv】** ¶ **What is your motive for joining this club?** このクラブに入った動機は何?
クラブ活動	**club activities**
参加する	① **take part (in)**　② **participate (in)** ¶ **I took part in club activities.** 　**I participated in club activities.** クラブ活動に参加した。
参加者	**participant** ¶ **There are more than 40 participants.** 参加者は40人以上だ。 ¶ **There are less than 40 participants.** 参加者は40人以下だ。
先輩	**senior** **senior** には「年が上の, 年長者」の意味もあります。 ¶ **He is my senior by two years.** 彼は私の二年先輩です。
後輩	**junior** ¶ **He is my junior by two years.** 彼は私の二年後輩です。
後輩をしごいた。	**I gave my juniors a hard time.**
(新入生を)しごく	**haze** ¶ **I hazed the newcomers.** 新入生をしごいた。
しごき	**hazing** ¶ **The hazing was too rough.**

Part 15 学校―高校・大学

	そのしごきはひどすぎた。
練習(する)	**practice** ¶ **I want to practice tennis.** テニスの練習がしたい。
習うより慣れろ。	**Practice makes perfect.**
現実的な，実践的な	**practical** ¶ **Your plan is very practical.** 君の計画はきわめて現実的だ。
理論的な	**theoretical** ¶ **It's just theoretical knowledge.** それは単に理論的な知識にすぎない。
理論的に	**theoretically** ¶ **Theoretically, you are right.** 理論的にはあなたは正しい。
理論	**theory** ¶ **Your theory is right.** あなたの理論は正しい。
いつも	① **all the time**　② **always** ¶ **We practice all the time.** 私たちはいつも練習している。 ¶ **We always practice tennis.** 私たちはいつもテニスの練習をしている。
ときどき	① **from time to time**　② **every now and then** ¶ **We practice from time to time.** 　**We practice every now and then.** 私たちはときどき練習している。
隔週	**every other week** ¶ **We have games every other week.** 私たちは隔週で試合をする。
コツをつかむ	① **get the knack（of，for）**　② **get the hang（of）** ③ **learn the ropes** ¶ **I got the knack of swinging.** 素振りのコツをつかんだ。 ¶ **I got the hang of it.**

		そのコツをつかんだ。
		¶ I learned the ropes.
		コツをつかんだ。
準備体操をする	**warm up**	
	準備体操　**warm-up**	
	¶ We have to warm up first.	
	まずは準備体操だ。	
美容体操	**calisthenics**	
	calisthenics は【kæləsθéniks】「キャラスセニクス」と発音します。	
	¶ I go to a calisthenics class.	
	私は美容体操のクラスに通っている。	
準備体操してからだをほぐす	**stretch to loosen up**	
	stretch は「手足を伸ばす」という意味です。	
	¶ I stretched to loosen up.	
	準備体操してからだをほぐした。	
奮闘する	① **struggle**　② **try hard**　③ **strive**	
	struggle には「闘争」の意味もあります。	
	¶ We struggled to win.	
	We tried hard to win.	
	We strived to win.	
	私たちは勝つために奮闘した。	

試合

くじ	**lot**
くじを引く	**draw lots**
	¶ Let's draw lots.
	くじ引きをしよう。
くじで順番を決める	**draw lots　for turns**
	¶ We drew lots for turns.
	くじで順番を決めた。
	¶ We drew lots for partners.
	くじでパートナーを決めた。
コインを投げる	**toss［flip］a coin**

	裏返す，はじく **flip** ¶ **Toss a coin.** 　**Flip a coin.** 　コインを投げろ。 ¶ **I flipped the pancake.** 　パンケーキを裏返した。
表か裏か？	**Heads or tails?** (コインの)表　**head** ⇔ (コインの)裏　**tail**
賭ける	**bet（on）** ¶ **I bet 500 yen on him.** 　彼が勝つほうに500円賭ける。
賭けたかい？	**Did you bet on it?** 「賭けるかい？」は**Do you bet on it?** ¶ **Did you finish your homework?―You bet.** 　宿題やった？―もちろんさ。
まさか。	**Don't bet on it.** **I bet（that）** で「きっと〜」の意味になります。 ¶ **I bet he will be a millionaire.** 　あいつは絶対百万長者になるよ。
勝つ ⇕	**win** ¶ **I won against him.** 　彼に勝った。
負ける	**lose** ¶ **I lost to him.** 　彼に負けた。
負かす	**beat** **beat** は過去形も **beat** のままです。試合，ゲームなどではこの **beat** を使い，戦いでは **defeat** を使います。「降伏する」は **surrender**。 ¶ **I beat him.** 　彼を負かした。 ¶ **Nothing beats this.** 　これに勝るものはない。 ¶ **We defeated them.** 　我々は彼らを打ち負かした。 ¶ **They surrendered to the enemy.**

	彼らは敵に降伏した。
勝利 ⇕	**victory** ¶ The game ended in a victory for our school. 　試合はうちの学校の勝利に終わった。
敗北	**defeat** ¶ The game ended in a defeat for our school. 　試合はうちの学校の敗北に終わった。
大勝利	**triumph** ¶ The game ended in triumph for our school. 　試合はうちの学校の大勝利に終わった。
三連勝	**three straight victories [wins]** ¶ We achieved three straight victories. 　We achieved three straight wins. 　三連勝を達成した。
レギュラー選手	**regular** ¶ I'm a regular on the basketball team. 　私はバスケットボール部のレギュラーです。
補欠	**bench warmer** ¶ He is a beach warmer. 　彼は補欠です。
リストから抹消する	**cross his name off the list** ¶ We cross his name off the list. 　彼の名前をリストから抹消した。
競争する	**compete** ¶ We competed for first prize. 　一等賞を目指して競争した。
競争	**competition** ¶ She won first place in the competition. 　彼女はその競争で一番になった。
競争者，競争相手	**competitor** ¶ There are many competitors for the championship. 　優勝を目指す多くの競争者がいる。 ¶ She is head and shoulders above her competitors. 　彼女は競争相手より頭一つリードしている。

「美人コンテスト」 beauty contest などの「競争者」のことは, contestant といいます。それ以外で一般的に「相手」というときには opponent を使います。
¶There are many contestants in the beauty contest.
その美人コンテストには多くの競争者(候補)が参加している。
¶He is one of my opponents.
彼は私の競争相手のひとりだ。

ライバル	rival ¶He is my rival. 彼は私のライバルだ。
ライバル関係	rivalry ¶There is rivalry between us. 私たちの間にはライバル関係がある。
(彼は私の)相手にならない。	He is no match for me.
遅れをとる	fall behind ¶I fell behind him. 私は彼に遅れをとった。 ¶The more my team fall behind, the more I resented the coach. 自分のチームが遅れをとればとるほど, コーチをうらんだ。
馬鹿な(失敗)	bonehead ¶That was a bonehead thing to do. あれは馬鹿なことだった。
大失敗	blunder ¶What a blunder! あれは大矢敗だった。
観客	① audience ② spectator ¶There was a large audience in the stadium. There were many spectators in the stadium. スタジアムにはたくさんの観客がいた。
応援する	① cheer for him ② root for him ③ support him ①②は声に出して応援する, ③は一般的に応援(支援)する場合です。 ¶We cheered for him. We rooted for him.

	We supported him. 私たちは彼を応援した。
応援団	① supporters　② rooters ¶There are lots of supporters in the stands. 　There are lots of rooters in the stands. 　観客席には多くの応援団がいた。
拍手する	① applaud　② clap（my hands）　③ put my hands together ¶We applauded her. 　We clapped for her. 　We clapped our hands for her. 　We put our hands together for her. 　私たちは彼女に拍手した。
大拍手する	give him a big hand ¶We gave him a big hand. 　私たちは彼に大きな拍手を送った。
期せずしてわき起こった拍手	spontaneous applause spontaneous【spɑntéiniəs】は「自然発生的な」の意味で，名詞はspontaneity【spɑntəníːəti】です。 ¶There was spontaneous applause in the ball. 　会場には期せずして拍手がわき起こった。
足を踏みならす	① stamp his foot　② stamp the floor ¶The crowd stamped their feet. 　The crowd stamped the floor. 　群衆は足を踏みならした。
ファン	fan これはスポーツ選手やチーム，有名人などのファンのことです。もう少し高尚なものについては fan ではなく，admirer を使います。 モーツァルト・ファン Mozart admirer ¶I am a movie fan. 　I am a fan of movies. 　私は映画ファンです。 ¶I am a Giants fan. 　私はジャイアンツ・ファンです。 ¶I am a Mozart admirer. 　私はモーツァルト・ファンです。 俗にいう「虎キチ」のような「熱狂的ファン」のことは，freak と

	か enthusiast といいます。「熱狂的な」は enthusiastic,「熱狂」は enthusiasm です。 虎キチ　　Tigers freak [enthusiast] ¶He is a Tigers freak. 　He is a Tigers enthusiast. 　彼は虎キチです。 ¶He is an enthusiastic fan of the Tigers. 　彼はタイガーズの熱狂的なファンです。 ¶The game filled us with enthusiasm. 　その試合は我々に熱狂をもたらした。
ヤジを飛ばす	① heckle him　② jeer at him ¶We jeered at [heckled] him. 　彼にヤジを飛ばした。 ②は「あざける」という感じです。
伝説	legend ¶His achievement made him a legend. 　彼の活躍は伝説になっている。
伝説の	legendary ¶He is a legendary person. 　彼は伝説の人だ。
栄光	glory ¶She gained glory. 　彼女は栄光を手にした。 ¶The victory gave her glory. 　その勝利は彼女に栄光をもたらした。 ¶Give glory to her. 　彼女に栄光あれ。
栄光の	glorious ¶He wears glorious uniform-number 3. 　彼は栄光の背番号3をつけている。
三冠王	Triple Crown ¶He won the Triple Crown. 　彼は三冠王を達成した。
最優秀選手	Most Valuable Player [MVP] valuable は「価値（value）のある」という意味です。

¶He is the Most Valuable Player for this year.
　He is the MVP for this year.
　彼が今年の最優秀選手です。

新記録を出す
set a new record
¶She set new records one after another.
　彼女は次々と新記録を出した。

正々堂々と勝負する（闘う）
play fair
正々堂々と真っ向から勝負する **play fair and square**
square はもともとは「正方形(の)」という意味ですが，ここでは「公明正大な」という意味です。
¶They played fair.
　彼らは正々堂々と勝負した。
¶They played fair and square.
　彼らは正々堂々と真っ向から勝負した。

一等賞
first prize
競争の結果の賞を **prize**，選考の結果の賞を **award** といいます。
アカデミー賞　　**Academy award**
最優秀作品賞　　**best picture award**
¶I won first prize.
　一等賞をとった。
¶He won an Academy award.
　彼はアカデミー賞をとった。
¶He won the best picture award.
　彼は最優秀作品賞をとった。

コンパ，パーティー

コンパ
party
¶Let's have a party.
　コンパやろうよ。

合コン
joint party
¶We'll have a joint party. Do you want to join us?
　合コンをやるんだけど一緒に来るかい？
¶I'd love to.
　もちろんさ。

人数は多いほど楽しい。	**The more, the merrier.**
歓迎会	**welcoming party** ¶ We'll hold a welcoming party this weekend. 　この週末に歓迎会をやるよ。
お別れ会	**farewell party** ¶ We'll hold a farewell party this weekend. 　この週末にお別れ会をやるよ。
新年会	**New Year's party** ¶ We are having the New Year's party this weekend. 　この週末に新年会をやるよ。
忘年会	**year-end party** ¶ We are having the year-end party this weekend. 　この週末に忘年会をやるよ。
バカ騒ぎをする	**go wild** ¶ We went wild. 　我々はバカ騒ぎした。
大人の振りをする	**pretend to be an adult** ¶ They pretended to be adults to buy drinks. 　彼らはお酒を買うのに大人の振りをした。
大人のように振舞う	**act [behave] like an adult** ¶ They acted like adults. 　They behaved like adults. 　彼らは大人のように振舞った。
成人（の）	**grown-up** ¶ He is a grown-up. 　彼は大人だ。
未成年者	**minor** ¶ He is a minor. 　彼は未成年者だ。
成年に達する	**come of age** ¶ He came of age. 　彼は成年に達した。

あいつは子供だ。	He is not grown-up.
親のスネをかじっている。	He is sponging off his parents. sponge off は「〜にたかる」の意味です。
成熟した ⇕	**mature** ¶She is mature. 彼女は成熟している。
未成熟の, 未熟な	**immature** ¶She is immature. 彼女は未成熟だ。
青年期, 青春期	**adolescence**【ædəlésns】 ¶I remembered the dreamy days of adolescence. 私は夢のような青春の日々を思い出した。
青年期の, 青春期の	**adolescent** ¶I remembered my adolescent days. 私は自分の青春の日々を思い出した。
思春期	**puberty**【pjúːbərti】「ピューバティ」 ¶I remembered the stormy days of puberty. 私は思春期の嵐のような日々を思い出した。
思春期の	**pubescent**【pjuːbésnt】 ¶I remembered my pubescent days. 私は自分の思春期の頃を思い出した。

生徒会

生徒会	student council
生徒会長	president of the student council ¶He is president of the student council. 彼は生徒会長です。
候補者	**candidate** ¶He is a candidate for president of the student council. 彼は生徒会長の候補者だ。
立候補する	**run（for）** ¶She ran for president of the student council. 彼女は生徒会長に立候補した。

¶I was elected president of the student council.
生徒会長に選ばれた。

掲示板 | **bulletin board**
¶That news was put on the bulletin board.
そのことは掲示板に発表された。

アルバイト

アルバイト | **part-time job**
アルバイトを探す　look for part-time job
¶I'm looking for a part-time job.
アルバイトを探しています。

アルバイトをする | **work part-time**
¶I'm working part-time.
アルバイトとして働いています。

アルバイトをしている | **have a part-time job**
¶I have a part-time job.
アルバイトをしています。
¶I work at a convenience store as a part-time cashier.
コンビニでレジのアルバイトをしています。

ベビーシッターをする | **baby-sit**
¶I have to baby-sit for my brother.
弟のベビーシッターをしなくちゃならないの。

ベビーシッター | **baby-sitter**
¶I need a good baby-sitter.
いいベビーシッターが必要なの。

子守り | **nanny**
¶I need a nanny.
子守りが必要だわ。

子守りを押しつけられた。 | **I was stuck with the baby.**
stick はここでは「いやな仕事や勘定などを押しつける」の意味です。

家庭教師 | **tutor**
¶she is my tutor.
彼女は私の家庭教師です。

お小遣い	**allowance** 会社などの「住宅ほか各種手当」のことも **allowance** といいます。**allow**「〜することを許す」という意味から来ています。 ¶ **Can I have my allowance?** 　お小遣いもらえる？

非行

非行	**delínquency** 青少年犯罪　**juvenile delinquency** **juvenile** は「青少年の」の意味です。 ¶ **The increase in juvenile delinquency is a social problem.** 　青少年犯罪の増加は社会問題です。
非行少年，少女	**delinquent** ¶ **He is a delinquent.** 　彼は非行少年だ。
非行に走る	**become delinquent** ¶ **She became delinquent.** 　彼女は非行に走った。
だめになる，堕落する	**go to the dogs** ¶ **She went to the dogs.** 　彼女は堕落した。
良い方向に変わる ⇕	**change for the better** ¶ **She is changing for the better.** 　彼女は良い方向に変わっている。
悪い方向に変わる	**change for the worse** ¶ **She is changing for the worse.** 　彼女は悪い方向に変わっている。
不品行	① **misbehavior**　② **misdemeanor** ¶ **I'm worried about his misbehavior.** 　**I'm worried about his misdemeanors.** 　私は彼の不品行が心配だ。
誘惑に弱い。	**He is subject to temptation.** **subject to**「〜をこうむりやすい」という意味です。 ¶ **Late checkouts are subject to additional charges.**

Part 15 学校—高校・大学

チェックアウト時刻を過ぎると追加料金をいただくことがあります。

つぼみのうちに摘みとる	**nip it in the bud** **bud** は「つぼみ」のことです。 ¶ **We have to nip it in the bud.** 　つぼみのうちにそれを摘みとる必要がある。
影響を及ぼす	① **influence**　② **affect** 人が主語の場合にはほぼ **influence** を使います。 父の影響のもとで　**under the influence of my father** ¶ **My father influenced me.** 　私は父の影響を受けた。 ¶ **I grew up under the influence of my father.** 　私は父の影響下で成長した。 ¶ **Acid rain affects human health.** 　酸性雨は人体に影響を及ぼす。 ¶ **His resignation will affect the political situation.** 　彼の辞任は政局に影響を及ぼすだろう。
影響力のある	**influential** ¶ **He is every influential man.** 　彼はとても影響力のある人です。
停学，停職	**suspension** ¶ **He stayed home during his suspension.** 　彼は停学期間中，家にいた。
停学にする，停職にする	**suspend** ¶ **He was suspended for three days.** 　彼は三日間停学になった。
退学	**withdrawal** ¶ **His withdrawal from school was wrong.** 　彼が退学したのは間違いだった。 ¶ **I don't regret withdrawing from school.** 　退学したことを後悔していない。
退学処分	**expulsion** ¶ **His expulsion was wrong.** 　彼の退学処分は間違っていた。

退学する，中退する	**leave〔quit, drop out of〕school**
	¶ **I left school when I was 15.**
	  I quit school when I was 15.
	  15歳のとき，退学した。
	¶ **I dropped out of school when I was a high school student.**
	  高校生のとき，退学した。

退学にする	① **dismiss**　② **expel**
	¶ **I got dismissed from school.**
	  I got expelled from school.
	  俺は学校を退学になった。

ひきこもりの	**socially withdrawn** ¶ **He is socially withdrawn.** 彼はひきこもりです。

校内暴力	① **violence in school**　② **school violence**
	¶ **Violence in school is a serious issue now.**
	  School violence is a serious issue now.
	  校内暴力が深刻な問題になっている。

学級崩壊	**disintegrated class** ¶ **There are many disintegrated classes in Japan.** 日本では多くの学級崩壊が見られる。

高校，大学

(高校,大学での)一年生	**freshman**
	「二年生」は **sophomore**，「三年生」は **junior**，「四年生」は **senior** です。
	¶ **I'm a freshman.**
	  私は一年生です。
	¶ **I'm a sophomore.**
	  私は二年生です。
	¶ **I'm a junior.**
	  私は三年生です。
	¶ **I am a senior at Harvard.**
	  私はハーヴァードの四年生です。

学生証	**student identification〔ID〕** ¶ **Do you have your student identification?**

	Do you have your student ID? 学生証をもっていますか？
専攻	**major** ¶**What was your major in college?** 大学での専攻は何でしたか？
専攻する	① **major**（**in**）　② **specialize**（**in**） **specialize** は専攻をさらに詳しくいうときに使います。 ¶**I majored in economics.** 私は経済学を専攻しました。 ¶**I specialized in accounting.** 私は会計学を専攻しました。
副専攻科目にする	**minor**（**in**） ¶**I minored in economics.** 私は副専攻課目として経済学を学びました。
(総合)大学	**university** (単科)大学，大学の中の学部　**college** ¶**Harvard University has several colleges.** ハーヴァード大学にはいくつかの単科大学(学部)がある。
大学時代に	**in my college days** ¶**I met her in my college days.** 大学時代に彼女に出会った。
大学へ行く	**go to college** ¶**I'm going to college.** これから大学に行きます。
教育課程	**liberal arts** ¶**I'm studying liberal arts.** 教養課程の勉強をしています。
短大	**junior college** 大学の教養課程の意味もあります。 ¶**I go to junior college.** 短大へ通っています。
専門学校	① **vocational school**　② **trade school** ¶**I go to vocational school.** 　**I go to trade school**.

	専門学校へ通っています。
通信教育	**correspondence course** ¶ **I'm taking a correspondence course.** 　私は通信教育を受けています。
寮	**dormitory** ¶ **I live in the dormitory.** 　私は寮に住んでいます。
門限	**curfew** ¶ **The curfew is 10 p.m.** 　門限は夜の10時です。 ¶ **I have to make my curfew.** 　門限を守らなければ。
外出禁止	**grounded** ¶ **I'm grounded.** 　外出禁止なんだ。 ¶ **You are grounded.** 　君は外出禁止だ。
一緒に部屋を借りるのはどう？	**What if we room together?** what if は「〜したらどうだろう」という決まった言い方です。「一緒に部屋を借りる」は share a room とか get a place together ともいうことができます。 ¶ **What if we share a room?** 　**What if we get a place together?** 　一緒に部屋を借りるのはどう？
教授	**professor** ¶ **He is a professor.** 　彼は教授です。
助〔准〕教授	**assistant professor** ¶ **He is an assistant professor.** 　彼は助教授です。
準教授	**associate professor** 学部の教授陣全体を **faculty** といいます。**faculty** には「身体の機能」の意味もあります。 ¶ **He is an associate professor.** 　彼は準教授です。

| | ¶ **This is an issue concerning all the faculty.**
これは教授陣全体の問題です。

講師
lecturer
¶ **He is a lecturer.**
彼は講師です。

専任講師
full-time lecturer
¶ **He is a full-time lecturer.**
彼は専任講師です。

非常勤講師
part-time lecturer
¶ **He is a part-time lecturer.**
彼は非常勤講師です。

客員教授
visiting professor
¶ **He is a visiting professor.**
彼は客員教授です。

代理の先生
substitute teacher
¶ **He is a substitute teacher.**
彼は代わりの先生です。

必修課目
required subject
¶ **Is this a required subject?**
これは必修課目？

選択課目
elective subject
¶ **Is this an elective subject?**
これは選択課目？

講座，課程
course

登録する
① **register（for）** ② **enroll（in）**
¶ **I registered for a course in politics.**
I enrolled in a course in politics.
政治学の課程に登録した。

フランス語の授業をとった。
I took the French class.
フランス語をとった。 **I took French.**

単位
credit
¶ **I need 31 credits to be advanced.**
進級するのに31単位必要なんだ。

レポートを提出する	**submit a paper** レポートは **paper** といいます。**report** は報告書のことです。 ¶ **You have to submit the paper.** 　そのレポートを提出しなければならない。
期末レポート	**term paper** ¶ **You have to submit the term paper.** 　期末のレポートを提出しなければならない。
提出期限	① **deadline**　② **time limit** ¶ **When is the deadline for the paper.** 　**When is the time limit for the paper?** 　レポートの提出期限はいつ？
レポートはいつまで？	**When is the paper due**？ **due** は「～することになっている」という意味の形容詞です。あとにも出てくる「(出産) 予定日はいつ？」なら **When is your baby due?** となります。また「遅れている」は **overdue**。**due to** は熟語で「～のため」という意味です。 ¶ **The paper is overdue.** 　レポートの提出が遅れている。 ¶ **Due to the fog, the train was 40 minutes late.** 　霧のため，列車が40分遅れた。
パソコンがフリーズしちゃった。	**My computer has frozen.** **freeze** は「凍る，固まる」の意。
再起動しなくちゃ。	**I have to restart the system.**
何をやってもエラー・メッセージが出てくる。	**Whatever I do, error messages keep popping up.** **pop up** は「ポンと飛び出てくる」感じです。
決定的に重要な	**crucial** この言葉は，レポート，テスト，問題などが **important**「大切な」，**significant**「重大な」などを通り越して決定的に重要なときに使います。**crucial mistake** といったら「決定的な間違い」のことです。 ¶ **This paper is crucial.** 　このレポートは決定的に重要だ。 ¶ **This is a crucial mistake.**

	決定的な間違いだ。
大学院	**graduate school** 大学院生　**graduate student** 「(大学院生に対して) 学部生」は **undergraduate** といいます。ふつうに大学生という場合は, **college student** です。 ¶**He advanced to graduate school.** 　彼は大学院へ進んだ。 ¶**He is a graduate student.** 　彼は大学院生だ。 ¶**He is an undergraduate student.** 　彼は学部生だ。 ¶**He is a college student.** 　彼は大学生だ。
卒業論文	① **senior thesis**【θíːsis】　② **graduation thesis** ¶**I have to write my senior thesis.** 　**I have to write my graduation thesis.** 　卒業論文を書かなくちゃならない。
修士論文	**master's thesis** ¶**Did you write a master's thesis?** 　修士論文は書いた？
博士論文	**doctoral thesis** ¶**Did you write a doctoral thesis?** 　博士論文は書いた？ 学位請求する「博士論文」のことは, **dissertation** といいます。また卒論などの論文のことは **thesis** といいますが, ふつうに「(研究)論文」という場合には,「レポート」と同じように **paper** を使います。
博士号	**Ph.D.** ¶**You have to write a dissertation to get a Ph.D.** 　博士号を得るには博士論文を書かなければならない。
生涯教育	**adult〔lifelong〕education** ¶**The need for adult education is stressed.** 　**The need for lifelong education is stressed.** 　生涯教育の必要性が叫ばれている。

卒業

卒業する	**graduate**（**from**） ¶ I graduated from Yale University. 　私はイエール大学を卒業した。
卒業式	**graduation ceremony** 「大学の卒業式」は **commencement** というのがふつうです。 ¶ The graduation ceremony is today. 　The commencement is today. 　卒業式は今日です。
卒業証書	**diploma** ¶ I got my diploma. 　卒業証書をもらった。
卒業生	① **graduate**　② **grad** ¶ She is a graduate of this school. 　She is a grad of this school. 　彼女はこの学校の卒業生です。
同窓生	① **alumnus**【əlʌ́mnəs】　② **schoolmate** **alumnus** はふつう男子をさし，女子同窓生は **alumna**【əlʌ́mnə】といいます。複数は，男子及び男女の場合が **alumni**【əlʌ́mnai】，女子の場合は **alumnae**【əlʌ́mniː】となります。 ¶ He is my alumnus. 　She is my alumna. 　彼(女)は私の同窓生です。 ¶ They are my alumni. 　They are my alumnae. 　They are my schoolmates. 　彼(女)らは私の同窓生です。
卒業生総代	**valedictorian** ¶ She was the valedictorian. 　彼女は卒業生総代だった。
卒業スピーチ	**valediction speech** ¶ She gave an excellent valediction speech. 　彼女は素晴らしい卒業スピーチをした。
(高校の) 卒業パーティー	**prom** **promenade**「舞踏による行進」から生まれた言葉です。

¶**She was elected queen at the prom.**
彼女は卒業パーティーで女王に選ばれた。

同窓会 | **reunion**
¶**There will be a reunion on Sunday.**
日曜日に同窓会があります。

大学の学部と学科

「学部」には **college** や **school** や **faculty** を使います。**department** を学部に使うところもありますが，これは「学科」の意味で使うところが多いようです。

① 文学　literature
　I'm a student of the college of Literature.
　私は文学部の学生です。

② 比較文学　comparative literature
　I'm a student of the Department of Comparative Literature.
　私は比較文学科の学生です。

③ 経済学　economics
　I'm a student of the School of Economics.
　私は経済学部の学生です。

④ 経営学　business
　I'm a student of the School of Business.
　私は経営学部の学生です。

⑤ 会計学　accounting
　I am majoring in accounting.
　会計学を専攻しています。

⑥ 社会学　sociology
　I am majoring in sociology.
　社会学を専攻しています。

⑦ 政治学　politics
　I am majoring in politics.
　政治学を専攻しています。

⑧ 法学　law
　I am majoring in law.
　法学を専攻しています。

⑨ 人文学　humanities
　I am majoring in humanities.
　人文学を専攻しています。

⑩ 哲学　philosophy
　I am majoring in philosophy.
　哲学を専攻しています。

⑪ 心理学　psychology
　I am majoring in psychology.
　心理学を専攻しています。

⑫ 倫理学　ethics

I am majoring in ethics.
倫理学を専攻しています。
⑬ **言語学** linguistics
I am majoring in linguistics.
言語学を専攻しています。
⑭ **外国語** foreign languages
I am majoring in foreign languages.
外国語を専攻しています。
⑮ **考古学** archaeology
I am majoring in archaeology.
考古学を専攻しています。
⑯ **人類学** anthropology
I am majoring in anthropology.
人類学を専攻しています。
⑰ **文化人類学** cultural anthropology
I am majoring in cultural anthropology.
文化人類学を専攻しています。
⑱ **新聞学** journalism
I am majoring in journalism.
新聞学を専攻しています。
⑲ **教育学** education
I am majoring in education.
教育学を専攻しています。
⑳ **芸術学** creative arts
I am majoring in creative arts.
芸術学を専攻しています。
㉑ **理学** science
I am majoring in science.
理学を専攻しています。
㉒ **工学** (1) engineering　(2) technology
I am majoring in engineering.
I am majoring in technology.
工学を専攻しています。
㉒ **建築学** architecture
I am majoring in architecture.
建築学を専攻しています。
㉔ **生物学** biology
I am majoring in biology.
生物学を専攻しています。

㉕ 植物学　botany
I am majoring in botany.
植物学を専攻しています。

㉖ 遺伝子工学　genetic engineering
I am majoring in genetic engineering
遺伝子工学を専攻しています。

㉗ 医学　medicine
I am majoring in medicine.
医学を専攻しています。

㉘ 薬学　pharmacy
I am majoring in pharmacy.
薬学を専攻しています。

㉙ 化学　chemistry
I'm a student of the College of Chemistry.
私は化学部の学生です。

㉚ 物理学　physics
I'm a student of the School of Physics.
私は物理学部の学生です。

㉛ 地質学　geology
I'm a student of the School of Geology.
私は地質学科の学生です。

㉜ 地理学　geography
I'm a student of the Department of Geography.
私は地理学科の学生です。

㉝ 栄養学　① nutrition（science）② dietetics
栄養士は① nutritionist　② dietician といいます。
I'm majoring in nutrition.

part 16

結婚から老年まで

さあ，いよいよ学校を卒業し，私生活では，婚約・結婚……そして
人生の後半へとさしかかっていきます。
引き続いて英語で人生を生きてみてください。
就職と仕事・会社のことはまたあとでやりますから，
心配しないでください。
①同棲する
②誓います。
③花嫁の付添い人
④一夫一婦制
⑤一親等の家族
⑥尻に敷かれている。
⑦浮気をする
⑧年の割に若く見える
⑨形見
⑩葬儀屋
これをあなたは英語でいえますか？

婚約, 結婚

婚約者	**fiancée** 男性なら **fiancé** です。フランス語から来ています。 ¶ **She is my fiancée.** 　彼女は私のフィアンセです。 ¶ **She has't been getting along with her fiancé.** 　彼女は婚約者とうまくいっていない。
プロポーズする	**propose to her** ¶ **I proposed to her.** 　彼女にプロポーズした。
(彼と)婚約した。	**I'm engaged to her.**
婚約指輪	**engagement ring** ¶ **He gave me an engagement ring.** 　彼は私に婚約指輪をくれた。
純粋なダイヤモンド	**genuine diamond** ¶ **That is a genuine diamond.** 　それは純粋なダイヤモンドだ。
本物の	① **authentic**　② **real** ¶ **This is authentic.** 　**This is real.** 　これは本物です。
偽の	① **false**　② **counterfeit** 偽物, 偽の　**fake** ¶ **This is false.** 　**This is counterfeit.** 　**This is fake.** 　これは偽物です。
貴重な	**precious** ¶ **This is very precious.** 　これはとても貴重です。
同棲する	**cohabit with him** ¶ **I cohabit with him.** 　私は彼と同棲しています。

同棲	**cohabitation** ¶ **Cohabitation has pros and cons.** 同棲には賛否両論があります。
落ち着く	**settle down** ¶ **He's finally settled down.** 彼はようやく落ち着いた。
おめでとう！	**Congratulations!** 複数になります。
結婚おめでとう。	**Congratulations on your marriage.**
祝う	**celebrate** ¶ **We celebrated her engagement.** 彼女の婚約を祝った。
お祝い，祝賀会	**celebration** ¶ **We held a celebration.** 祝賀会を開いた。
結婚する	① **get married to him**　② **marry him** **I'm married to him.**「彼と結婚している」になると②も **to** が必要になります。 ¶ **I got married to him when I was 22.** 22歳のときに彼と結婚した。
結婚してくれる？	**Will you marry me?**
いずれは	**in due course** ¶ **I'll marry him in due course.** いずれは彼と結婚します。
結婚式	**wedding（ceremony）** ¶ **Can you attend my wedding ceremony?** 私の結婚式に出席できる？
結婚証明書	**marriage certificate** ¶ **We got the marriage certificate at the city hall.** 市役所で結婚証明書をもらった。
結婚	**marriage** ¶ **Marriage has merits and demerits.**

		結婚にはメリットとデメリットがある。
結婚の	**nuptial**	
	¶ We welcomed the nuptial day.	
	私たちは結婚の日を喜んで迎えた。	
結婚前の	**prenuptial**	
	¶ There were several prenuptial ceremonies.	
	いくつか結婚前のセレモニーがあった。	
誓います。	I swear.	
二人は結婚の盃を交わした。	The two exchanged nuptial cups.	
結婚の，夫婦間の	**matrimonial**	
	¶ We took out our matrimonial vows.	
	私たちは結婚の誓いを立てた。	
結婚，夫婦関係	**matrimony**	
	¶ We are united in holy matrimony.	
	私たちは聖なる夫婦関係で結ばれている。	
旧姓	**maiden name**	
	¶ My maiden name is Nakada.	
	私の旧姓は中田です。	
女の幸福は結婚にある。	Women's happiness lies ［consists］ in marriage.	
駆け落ちする	**elope**	
	¶ They eloped.	
	二人は駆け落ちした。	
駆け落ち	**elopement**	
	¶ We were surprised at their elopement.	
	二人の駆け落ちに私たちは驚いた。	
乾杯！	Cheers!	
乾杯(する)	**toast**	
	乾杯する　make［give］a toast（to）	
	¶ I'd like to toast him.	
	I'd like to make a toast to him.	
	I'd like to give him a toast.	

	私は彼に乾杯したい。 ¶ **Let me propose a toast to Mr.White.** ホワイトさんのために乾杯の音頭をとらせてください。
ご着席ください。	**Please be seated.**
スピーチをする	**make [give] a speech** ¶ **I have to make a speech today.** 　**I have to give a speech today.** 今日スピーチをしなければならない。
長ったらしいスピーチ	**tedious speech** **tedious** 【tíːdiəs】の発音に注意してください。 ¶ **He made a tedious speech.** 彼は長ったらしいスピーチをした。
冗長な	**redundant** ¶ **He made a redundant speech.** 彼は冗長なスピーチをした。
今日ここでお話させていただけるとは光栄です。	**It's a great honor for me to speak to you today.**
雄弁な	**eloquent** ¶ **She is eloquent.** 彼女は雄弁だ。
雄弁	**eloquence** ¶ **The eloquence of the speaker was moving.** その講演者の雄弁さは感動的だった。
話がうまい。	**He has a way with words.**
即席で話す	**speak off the cuff** **cuff** は「袖口」のことです。 ¶ **I spoke off the cuff** 私は即席で話した。
花嫁，新婦	**bride** ¶ **She is the bride.** 彼女が花嫁です。
花嫁の付添い人	**bridesmaid**

Part 16 結婚から老年まで　359

	¶**She is a bridesmaid.** 彼女は花嫁の介添え人です。
花婿，新郎	① **bridegroom**　② **groom** ¶**He is the bridegroom.** 　**He is the groom.** 彼が花婿です。
花婿の付添い人	**best man** 付添い人が複数いるときは **groomsman** とも言います。 ¶**He is the best man.** 彼は花婿の介添え人です。
独身の男性	**bachelor** 気ままな独身時代　**carefree bachelor days** **bachelor's degree** といえば「大学の学士号」のことです。 ¶**He is a bachelor.** 彼は独身男性です。 ¶**I said goodbye to my carefree bachelor days.** 僕は気ままな独身時代に別れを告げた。 ¶**I got my bachelor's degree at Yale.** イエール大学で学士号を取った。
結婚にふさわしい男性	**eligible man** ¶**He is an eligible man.** 彼は結婚にふさわしい男だ。
花束	**bouquet**【boukéi】 ¶**The bride is holding a bouquet.** 新婦は花束（ブーケ）をもっています。
新婚(の)	**newlywed**
新婚ホヤホヤだ。	① **They are newlyweds.** ② **They just got married.**
一夫一婦制	**monogamy**【mənágəmi】「マナガミー」 ¶**I support monogamy.** 私は一夫一婦制を支持します。
一夫一婦の	**monogamous** ¶**We have a monogamous society.** 私たちの社会は一夫一婦制です。

一夫多妻制	**polygamy** ¶ **I object to polygamy.** 　私は一夫多妻制に反対します。
一夫多妻の	**polygamous** ¶ **They have a polygamous society.** 　彼らの社会は一夫多妻制です。
どのくらい続いたの？	**How long did it last?**
長続きする関係	**lasting relationship** ¶ **We need a lasting relationship.** 　私たちには長続きする関係が必要だ。
安定した ⇕	**stable** ¶ **Our relationship is stable.** 　私たちの関係は安定している。
不安定な	**unstable** ¶ **Our relationship is unstable.** 　私たちの関係は不安定だ。
しゅうと，義理の父	**father-in-law** さすがに欧米は法律社会ですから，「法律上の父母，きょうだい」という言い方をするわけです。それに対して義理と人情の国・日本では，それが「義理の」になるわけです。言葉には国民性が表れますね。 ¶ **He is my father-in-law.** 　彼は私の義理の父です。
しゅうとめ，義理の母	**mother-in-law** ¶ **She is my mother-in-law.** 　彼女は私の義理の母です。
こじゅうと，義理の兄弟	**brother [sister] -in-law** ¶ **He is my brother-in-law.** 　彼は私の義理の兄(弟)です。 ¶ **She is my sister-in-law.** 　彼女は私の義理の姉(妹)です。 子供から見て親が再婚した相手，つまり「継母」「継父」はそれぞれ **stepmother**，**stepfather** といいます。家族としては **stepfamily** です。

	¶ **He is my stepfather.** 　彼は私の継父です。 ¶ **She is my stepmother.** 　彼女は私の継母です。 ¶ **The number of stepfamilies is increasing.** 　ステップファミリーの数が増えている。
配偶者	**spouse** **better half** という言い方もあります。 ¶ **He is my spouse.** 　彼は私の配偶者です。 ¶ **She is my better half.** 　彼女は私の配偶者です。
一親等の家族	**immediate family** ¶ **They are my immediate family.** 　彼らは私の一親等の家族です。
親戚	**relative** ¶ **He is my relative.** 　彼は私の親戚です。
一家の稼ぎ手，世帯主	**breadwinner** ¶ **He is the breadwinner.** 　彼が一家の稼ぎ手です。
亭主関白	**male chauvinist** これは厳密には，「男性優越主義者」のことです。 ¶ **He is a male chauvinist.** 　彼は亭主関白です。
尻に敷かれている。	¶ **His wife wears the pants.** 「妻がズボンをはいている」というわけです。
マイホーム主義	① **family-oriented lifestyle**　② **family-first way of life** ¶ **A family-oriented lifestyle is popular now.** 　**A family-first way of life is popular now.** 　今はマイホーム主義が人気です。
マイホーム主義の	① **family-oriented**　② **family-centered** マイホーム主義者　**family man** ¶ **He is a family-oriented man.** 　**He is a family-centered man.**

	He is a family man.
	彼はマイホーム主義者です。
家庭的な	**homely**
	homely は人に対していうと、「不器量な」の意味になるので注意してください。
	¶**She is good at making homely food.**
	彼女は家庭料理がうまい。
世間並みにやっていく	**keep up with the Joneses**
	アメリカの人気漫画の主人公の家族の名前から生まれた表現です。
	¶**Everyone wants to keep up with the Joneses.**
	だれもが世間並みにやっていきたいと思っている。
収入の範囲内でやっていく	**live within my means**
	¶**You should live within your means.**
	収入の範囲内でやっていくべきです。
見栄をはる、世間体をつくろう	① **show off**　② **put on a front**
	¶**She is showing off.**
	あの人見栄を張ってるのよ。
	¶**Don't put on a front.**
	見栄をはるな。

妊娠，出産

妊娠している。	**I'm pregnant.**
不妊の，不毛の	① **barren**　② **sterile**
	¶**She is barren.**
	She is sterile.
	彼女は子供ができない。
不妊手術をする	**sterilize**
	¶**The vet sterilized my cat.**
	獣医が私の猫に不妊の手術をした。
多産の，肥沃な	**fertile**
	¶**She is fertile.**
	彼女は多産だ。
不妊治療	**fertility treatment**
	肥料　**fertilizer**

	¶ **She underwent fertility treatment.** 　彼女は不妊治療を受けた。 ¶ **This waste makes one of the best fertilizers.** 　この廃棄物は最高の肥料になります。
避妊	① **contraception**　② **birth control** ¶ **She doesn't practice contraception.** 　**She doesn't practice birth control.** 　彼女は避妊していない。 ¶ **Young women need a good knowledge of contraception.** 　若い女性には避妊についての十分な知識が必要です。
避妊薬, 避妊具	**contraceptive** ¶ **I don't use any contraceptives.** 　私は避妊薬を使っていない。
経口避妊薬	**oral contraceptive** ¶ **I don't use any oral contraceptives.** 　私は経口避妊薬を使っていない。
中絶	**abortion** 中絶をする　**have an abortion** ¶ **I had an abortion.** 　私は中絶をした。
骨盤	**pelvis** ¶ **My pelvis hurts.** 　骨盤が痛い。
子宮	**womb** ¶ **The baby feels comfortable and safe in the womb.** 　赤ん坊は子宮の中で居心地よく安全だ。
胎児	**fetus 【fíːtəs】** **fetus** は妊娠 3 ヶ月以後の胎児のことで，それ以前は **embryo** といいます。【émbriòu】「エンブリオウ」と発音します。 ¶ **An embryo is called a fetus after three months.** 　3 ケ月を過ぎると，胎児（**embryo**）は **fetus** と呼ばれます。
子をはらむ, 宿す	**conceive a child** **concept** は「はらまれたもの」というところから「コンセプト，概念」の意味になります。 ¶ **I conceived his child.**

私は彼の子を宿した。
¶The concept is still not clear.
コンセプトがまだ明確ではない。

つわり	**morning sickness** ¶I've been having morning sickness lately. このところ，つわりがある。
予定日はいつ？	**When is your baby due?**
出産前の	**prenatal** ¶She needs prenatal care. 彼女は出産前の世話を必要としている。
出産前祝いパーティー	**baby shower** ¶I'll hold a baby shower tomorrow. 明日，出産前祝いパーティーを開きます。
臨月	**last month of pregnancy** ¶This is the last month of pregnancy. 今月が臨月だ。
産む	① **give birth to him**　② **deliver him** ¶I gave birth to a boy. 　I delivered a boy. 　男の子を産んだ。
陣痛	**labor pains** ¶I had severe labor pains. 陣痛がひどかった。
安産	**easy delivery** ¶It was an easy delivery. 安産だった。
難産	**difficult [hard] delivery** ¶It was a difficult delivery. 　It was a hard delivery. 　難産だった。
分娩室	**delivery [labor] room** ¶She was in the delivery room for three hours. ¶She was in the labor room for three hours. 彼女は分娩室に三時間いた。

早産	**premature birth** ¶ **It was a premature birth.** 　早産だった。
死産	**stillbirth** ¶ **It was a stillbirth.** 　死産だった。
流産	**miscarriage** ¶ **It was a miscarriage.** 　流産だった。
流産する	**miscarry** ¶ **I miscarried when I was three-months pregnant.** 　三か月のときに流産した。
帝王切開	**Caesarean section** ¶ **He was born by Caesarean section.** 　彼は帝王切開で生まれた。
へその緒	**umbilical cord** ¶ **She cut the umbilical cord.** 　彼女はへその緒を切った。
逆子出産	**breech birth [delivery]** breech は昔の言葉で「お尻」の意味です。 ¶ **It was a breech birth.** 　逆子出産だった。
未熟児	**premature baby** ¶ **He was a premature baby.** 　未熟児だった。
奇形児	**deformed baby** ¶ **He was a deformed baby.** 　奇形児だった。
一卵性双生児	**identical twin(s)** ¶ **They are identical twins.** 　彼らは一卵性双生児です。
二卵性双生児	**fraternal twin(s)** ¶ **They are fraternal twins.** 　彼らは二卵性双生児です。

産科医	**obstetrician** 【ɑ̀bstətríʃən】 ¶ She is an obstetrician. 　彼女は産科医です。
婦人科医	**gynecologist** 【gàinikɑ́lədʒist】 「ガイニカラジスト」と発音します。 欧米では産科と婦人科は分かれているので注意してください。 ¶ She is a gynecologist. 　彼女は婦人科医です。
小児科医	① **pediatrician**　② **pediatrist** ¶ He is a pediatrician. 　He is a pediatrist. 　彼は小児科医です。
小児科	**pediatrics** ¶ He is a doctor of pediatrics. 　彼は小児科の先生です。

浮気

記念日	**anniversary**
結婚記念日	**wedding anniversary** ¶ This is our wedding anniversary. 　今日は私たちの結婚記念日です。
15周年	**fifteenth anniversary** ¶ This is our fifteenth anniversary. 　今日は15周年です。
浮気をする	**have an affair with him** ¶ I had an affair with him. 　彼と浮気をした。
性的関係をもつ	**have a sexual relationship with him** クリントン大統領の不倫疑惑のときに話題になった「不適切な関係」は，**inappropriate relationship** と表現されます。「適切な」は **appropriate** で，これに **in-** をつけると「不適切な」になります。 ¶ I had a sexual relationship with him. 　彼と性的な関係をもった。 ¶ I had an inappropriate relationship with her.

Part 16 結婚から老年まで

彼女と不適切な関係をもった。
¶**Our relationship is an appropriate one.**
私たちの関係は適切なものです。

このように，**in-** や **im-** を単語の前につけると反対の意味になる単語はかなりあります。

礼儀正しい　**polite** ⇔ 無礼な　**impolite**
適当な　**proper** ⇔ 不適当な　**improper**

「適した，十分な」というと **adequate** です。発音【ǽdəkwit】に注意してください。

¶**This is the proper way to learn English.**
これが英語を学ぶのに適当な方法です。
¶**That bright dress is improper for this ceremony.**
その明るいドレスはこの儀式には不適当だ。
¶**His pay is adequate to support his family.**
彼の給料は家族を支えるのに十分です。
¶**He is adequate for the assignment.**
彼はその任務に適している。

結婚外の	**extramarital** ¶**I had an extramarital relationship with her.** 私は彼女と結婚外の関係をもった。
女の尻を追い回す	**womanize** ¶**He is always womanizing.** あいつはいつも女の尻を追い回している。
姦通	**adultery** ¶**She committed adultery.** 彼女は姦通をした。
愛人	**mistress** 「情婦」の意味もあります。昔の「内縁の妻」は **concubine** です。 ¶**She is his mistress.** 彼女は彼の愛人だ。 ¶**She was his concubine.** 彼女は彼の内縁の妻だった。
恋人	**lover** ¶**She is his lover.** 彼女は彼の恋人だ。
貞操	**chastity**

貞操を守る ⇕	**keep my chastity** ¶ **I kept my chastity until marriage.** 　結婚まで貞操を守った。
貞操を失う	**lose my chastity** ¶ **I lost my chastity.** 　貞操を失った。
処女，童貞	**virgin** ¶ **She is a virgin.** 　彼女は処女だ。 ¶ **He is a virgin.** 　彼は童貞だ。
処女性	**virginity** ¶ **I was 16 when I lost my virginity.** 　処女［童貞］をなくしたのは16のときだった。
処女を奪う	**take her virginity** ¶ **He took my virginity.** 　彼は私の処女を奪った。
私たちのことをそんなに軽く考えているなんて信じられない！	**I can't believe you are so casual about us!** 夫婦喧嘩については，Part 21でじっくりやりますから，もう少し（怒りを抑えて？）待っていてください。

別居，離婚

別居する（させる）	**separate**
私たちは別居しています。	**We are separated.**
離婚する	① **get divorced**　② **divorce** ¶ **They got divorced.** 　**They divorced.** 　彼らは離婚した。
離婚	**divorce** ¶ **The divorce rate has been going higher.**

	離婚率が上がってきている。
離婚を申請する	①file for divorce　② apply for a divorce ¶ I filed for divorce. 　I applied for a divorce. 　私は離婚を申請した。
離婚訴訟を起こす	file a lawsuit for divorce ¶ I filed a lawsuit for divorce against my husband. 　夫に対して離婚訴訟を起こした。
離婚判決	divorce decree ¶ The divorce decree was given in May. 　離婚判決は5月に言い渡された。
離婚届	divorce notice ¶ We submitted our divorce notice. 　私たちは離婚届を出した。
元の妻	ex-wife ¶ She is my ex-wife. 　彼は私の元の妻です。
元の恋人	ex-girlfriend［ex-boyfriend］ ¶ She is my ex-girlfriend. 　彼女は私の元の恋人です。 ¶ He is my ex-boyfriend. 　彼は私の元の恋人です。
慰謝料	①alimony　② consolation money console といえば「慰める」の意味です。月々の離婚手当の意味では，alimony を使います。また，「手切れ金」は palimony といいます。友達の pal と alimony を合わせて作られた言葉です。 ¶ Alimony was ordered during the course of the suit. 　裁判の過程で慰謝料の支払いが命じられた。 ¶ Consolation money was paid after their divorce. 　離婚のあと，慰謝料が支払われた。 ¶ The palimony was fixed at one million dollars. 　手切れ金は100万ドルと決められた。
養育費	① child support payment　② alimony ¶ The child support payment was fixed at $ 20,000 a year. 　養育費は毎年2万ドルと決められた。

(子供の)養育権,親権	**custody**（**of the children**） **in custody** は「(容疑者などが) 拘束中の」の意味になります。 ¶ **The divorce decree gave her custody of the children.** 　離婚判決は彼女に子供の養育権を認めた。
養育権を求めて争う	**fight for custody** ¶ **They are fighting for custody.** 　彼らは養育権を求めて争っている。
養育権を求めて訴える	**sue for custody** ¶ **She sued for custody.** 　彼女は親権を求めて訴えた。

引っ越し

引っ越しをする	**move** ¶ **I'm moving to Kamakura.** 　鎌倉に引っ越すつもりです。
引っ越し	① **moving**　② **removal** ¶ **I don't like moving.** 　引っ越しは好きではない。 ¶ **Removals are unpleasant.** 　引っ越しは嫌なものだ。
引っ越し屋(業者)	**mover** ¶ **I hired a mover.** 　引っ越し屋を頼んだ。
ダンボール箱	**cardboard box** ¶ **I need lots of cardboard boxes.** 　段ボール箱がたくさん必要です。

中年

中年	**middle age** ¶ **I haven't reached middle age.** 　私はまだ中年になっていない。
中年男になる	**become a middle-aged man** ¶ **I'm becoming a middle-aged man.** 　中年男になりつつある。

40代の男性	**men in their forties** ¶ They are men in their forties. 　彼らは40代の男性です。
白髪	**gray [white] hair** ¶ I have gray hair like many. ¶ I have white hair like many. 　多くの人と同じように私も白髪が生えてきた。 　こういう **many** の使い方も覚えておいてください。
白髪になった。	**My hair went [turned] gray.**
はげの	**bald** ¶ He is bald. 　彼ははげている。
はげた。	**I went [became] bald.**
体力	① **stamina**　② **(physical) strength** ¶ My stamina is declining. 　My physical strength is declining. 　体力の衰えを感じる。
若さを保つ	**stay young** ¶ I want to stay young. 　若さを保ちたい。
老ける，年を取る	**grow old** ¶ I don't want to grow old. 　老けたくない。
年の割に若く見える。	**He looks young for his age.** ⇔ 年の割に老けて見える。　**He looks old for his age.**
年相応に振舞う	**act my age** ¶ You should act your age. 　あなたは年相応に振舞うべきだ。
更年期障害	**ménopause disorder [trouble]** menopause は「閉経期」の意味です。 ¶ I'm suffering from a menopause disorder. 　I'm suffering from menopause trouble. 　更年期障害に苦しんでいる。

老年

年寄り	① elderly [old] people ② elders ¶ We have to be kind to elderly people. We have to be kind to old people. We have to be kind to our elders. 年寄りをいたわらなければならない。
高齢	advanced age ¶ My grandfather lived to the advanced age of 90. 私の祖父は90歳の高齢まで生きた。
高齢者, 老齢者	senior citizen ¶ They are senior citizens. 彼らは老齢者です。
年を取る	get old ¶ You'll get old like everyone. あなただってみなと同じように年を取る。
老化	aging 老化現象　sings of aging ¶ I noticed some sings of aging. 私はいくつかの老化現象に気づいた。
退職する, 引退する	retire (from) ¶ I retired from business at 60. 60歳で仕事を引退した。
退職, 引退	retirement ¶ His retirement was regretted by the company. 彼の退職は会社に惜しまれた。
退職金	retirement payment [allowance] allowance には「お小遣い」の意味もありましたね。 ¶ I live on my retirement payment. 私は退職金で生活している。 ¶ His retirement allowance was 20 million yen. 彼の退職金は2千万円だった。
年金	pension ¶ I live on my pension. 私は年金で生活している。

	ここでも **on** という前置詞があると,「その上に乗っかって」という感じが出るわけです。
年金受給者	**pensioner** ¶ **I am a pensioner.** 　私は年金受給者です。
趣味	**hobby**
趣味に生きる。	**He lives for his hobby.**
老後	**after retirement** ¶ **I made plans for after retirement.** 　私は老後の計画を立てた。
老衰	**senility** 【siníləti】「スィニリテイ」 ¶ **He is suffering from senility.**
老衰した, もうろくした	**senile** 【síːnail】 ¶ **He is senile.** 　彼は老衰している。
ボケる	**become senile** ¶ **He became senile.** 　彼はボケた。
ボケ, 健忘症	**memory loss** **amnesia** 【æmníːʒə】という言葉を使うこともあります。本来は「記憶喪失」の意味です。 ¶ **I suffer from memory loss.** 　**I suffer from amnesia.** 　私は健忘症だ。
痴呆, 認知症	**dementia** ¶ **Aging can cause dementia.** 　老化は痴呆を引き起こすことがある。
老人性痴呆	**senile dementia** ¶ **Aging can cause senile dementia.** 　老化は老人性痴呆を引き起こすことがある。
寝たきりの	**bedridden** ¶ **He is bedridden.** 　彼は寝たきりだ。

未亡人	**widow** ¶ **She is a widow.** 彼女は未亡人だ。
男やもめ	**widower** ¶ **He is a widower.** 彼は男やもめだ。
長寿	**longevity** ¶ **Good eating habits promote longevity.** 正しい食習慣は長生きを促進する。
社会福祉の充実	**improvement of social welfare** ¶ **Improvement of social welfare is a matter of great urgency.** 社会福祉の充実は急務である。
社会保障	**social security** ¶ **Improving the social security system is a matter of great urgency.** 社会保障制度の充実は急務である。
福祉改革	**welfare reform** ¶ **Welfare reform is a pressing issue.** 福祉改革は急務である。
寿命	① **life span**　② **life expectancy**　③ **longevity** ¶ **The life span has increased by ten years.** 　**The life expectancy has increased by ten years.** 　**The longevity has increased by ten years.** 寿命が10年伸びている。
平均寿命	**average life span** ¶ **The average life span has been extended by eight years.** 平均寿命が8年伸びている。
寿命が伸びている。	**People live longer.**
死すべき運命 ⇕	**mortality** ¶ **You must accept mortality.** 死すべき運命を受け入れなければならない。
不死	**immortality**

	¶ **I believe in the immortality of the soul.** 私は霊魂の不滅を信じている。
永遠の	**eternal** 永遠(性) **eternity** ¶ **One hour seemed eternal to me.** **One hour seemed an eternity to me.** 一時間が私には永遠に思われた。 ¶ **We waited an eternity for the ambulance to arrive.** 私たちは救急車が到着するのを際限なく待ち続けた。

死

死ぬ	**die** ¶ **He died of cancer.** 彼はガンで死んだ。
死	**death** ¶ **His death was calm and peaceful.** 彼の死は穏やかで安らかだった。
逝去する	**pass away** ¶ **She passed away on July 7th.** 彼女は7月7日に逝去した。
逝去	① **passing away**　② **demise** 【dimáiz】 ¶ **Upon his passing away, the legacy passed to his son.** **Upon his demise, the legacy passed to his son.** 彼の逝去に伴って，遺産は彼の息子に渡った。
死亡(する)	**decease** ¶ **She bought a Buddhist altar for her deceased husband.** 彼女は亡き夫の仏壇を買った。 ¶ **The news of his decease shocked the nation.** 彼の訃報は国民に衝撃を与えた。
安楽死	① **euthanasia** 【jù:θənéiʒə】　② **mercy killing** ¶ **He wanted euthanasia.** 彼は安楽死を望んだ。 ¶ **He is opposed to mercy killing.** 彼は安楽死に反対だ。

死の定義	**definition of human death** ¶ **Finding a definition of human death is difficult.** 　死の定義はむずかしい。
自殺する	① **commit suicide**　② **kill himself**　③ **take his own life** ¶ **She committed suicide.** 　**She killed herself.** 　**She took her own life.** 　彼女は自殺をした。
毒を飲んで自殺する	**commit suicide by taking poison** ¶ **He committed suicide by taking poison.** 　彼は服毒自殺をした。
自殺	**suicide** ¶ **He attempted suicide.** 　彼は自殺をはかった。
自殺未遂	**attempted suicide** ¶ **It was an attempted suicide.** 　自殺未遂だった。
殺人未遂	**attempted murder** ¶ **He was indicted for attempted murder.** 　彼は殺人未遂で起訴された。
遺体	① **body** 　生死にかかわらず使います。 ② **corpse** 【kɔ́ːrps】 「死体」の意味で使います。綴りに注意してください。また似た言葉で「軍隊の隊や班」を意味する **corps** は，単数の場合は【kɔ́ːr】，複数形は【kɔ́ːrz】と発音するので注意してください。 ¶ **I saw his body lying in the coffin.** 　**I saw his corpse lying in the coffin.** 　私は棺の中に横たわる彼の遺体を見た。
形見	**keepsake** ¶ **This is a keepsake from my father.** 　これは父の形見です。
死亡広告	**obítuary** ¶ **I found out about his death from the obituaries.** 　私は死亡記事を見て彼の死を知った。

死亡証明書	**death certificate** ¶ I received the death certificate. 　死亡証明書を受け取った。
埋葬する	**bury**【béri】 ¶ We buried his body in the graveyard. 　私たちは彼の遺体をお墓に埋葬した。
埋葬	**burial**【bériəl】 ¶ The burial took an hour. 　埋葬には一時間かかった。
棺	① **coffin**　② **casket**
霊柩車	**hearse** ¶ We carried the coffin to the hearse. 　We carried the casket to the hearse. 　棺を霊柩車まで運んだ。
お墓	① **grave**　② **tomb**【túːm】 **grave** には「深刻な」という意味もあります。 ¶ He dug a grave. 　彼は墓穴を掘った。 ¶ This is my uncle's tomb. 　これは私の叔父の墓です。
花をたむける	**lay**〔**offer**〕**flowers**（**on, to**） ¶ I laid flowers on the tomb. 　I offered flowers to the tomb. 　私はその墓に花をたむけた。
墓地	① **graveyard**　② **cemetery** ¶ I accompanied the coffin to the graveyard. 　墓地まで棺に付き添っていった。 ¶ He is buried in this cemetery. 　彼はこの墓地に葬られています。
十字架	**cross** ¶ There were lots of crosses in the graveyard. 　墓地にはたくさんの十字架があった。
葬儀	**funeral** ¶ We'll hold the funeral the day after tomorrow.

	あさって葬儀を行なう予定です。
葬儀屋	① funeral director ② mortícian ¶He is a funeral director. 　He is a mortician. 　あの人は葬儀屋です。
火葬する	cremate 西洋では土葬がふつうなので，「土葬」のことは単に「埋葬」burial といいます。 ¶We had the body cremated. 　私たちは遺体を火葬してもらった。
火葬	cremation ¶Cremation is common in this country. 　この国では火葬が普通です。
遺骨	cremated remains ¶We gathered up the cremated remains. 　私たちは遺骨を拾った。
遺灰	ashes 通例，複数で使います。
まく	① sprinkle ② scatter ¶We scattered his ashes at sea. 　私たちは遺灰を海にまいた。
哀悼の意を表す	condole ¶The widow's friends condoled with her at the funeral. 　未亡人の友人たちが葬儀の場で哀悼の意を表した。
哀悼の意，お悔やみ	condólences ふつう複数で使います。 ¶People expressed their condolences to the family. 　みな家族に哀悼の意を表した。
弔電	telegram of condolence ¶Many telegrams of condolence arrived. 　多くの弔電が届いた。 ¶I sent him a telegram of condolence. 　私は彼に弔電を打った。
花輪	wreath

	¶ **The coffin was covered with wreaths.** 棺は花輪で飾られていた。
ご愁傷さまです。	① **I'm so sorry.** ② **I sympathize with you.** ③ **You have my sympathy.** **sympathize** は「同情する，共感する」の意味で，名詞は **sympathy**。
死を嘆く，悼む	**lament〔be saddened by〕his death** ¶ **A lot of people lamented his death.** 　**A lot of people were saddened by his death.** 　多くの人が彼の死を嘆いた。
喪，喪服	**mourning** ¶ **She wore mourning clothes.** 　彼女は喪服を着ていた。
喪に服する	**mourn**
喪に服して	**in mourning** ¶ **She is mourning for her husband.** 　**She is in mourning for her husband.** 　彼女は夫の喪に服している。
遺言	**will**
遺言を作る	**make a will** ¶ **I made my will.** 　私は遺言を作った。
遺言を残す	**leave a will** ¶ **He left his will.** 　彼は遺言を残した。
遺言を執行する	**execute the will** ¶ **We executed his will.** 　私たちは彼の遺言を執行した。
財産	**fortune**
財産を分ける	**divide the fortune** ¶ **We divided the fortune.** 　私たちは財産を分けた。

まったく高くついた。	① **It cost me a fortune.** ② **It cost me an arm and a leg.**
遺産	legacy
相続する	inherit ¶ **His daughter inherited the legacy.** 　彼の娘が遺産を相続した。
相続した遺産	inheritance ¶ **The house was an inheritance form her father.** 　その家は父から彼女が相続した遺産だった。
相続人	heir 【ɛər】 「エア」と発音します。発音に注意してください。 ¶ **He is an heir.** 　彼は相続人です。
女相続人	heiress ¶ **She is an heiress.** 　彼女は相続人です。

Part 16 結婚から老年まで

part 17

天気

さあ，だいぶ英語の単語や表現が覚えられましたか。
少しずつやっていきましょう。「あれは何というのだっけ」と，ときどき
思い出すようにしてください。そうすると，覚えたことが
より頭に残りやすくなりますから。何だか空模様が怪しくなってきたよ
うなので，
次に天気予報を調べてみることにしましょう。
①気圧配置
②寒冷前線
③桜前線
④晴れときどき曇りでしょう。
⑤雨が降るでしょう。
⑥小降りになってきた。
⑦記録的な大雨
⑧春がそこまで来ている。
⑨台風が吹き荒れた。
⑩余震
これをあなたは英語でいえますか？

天気予報

天気	**weather**
厳しい天気[暑さ,寒さ]	**sevére weather [heat, cold]** ¶ **We expect severe weather tomorrow.** 　明日は厳しい天気が予想される。 ¶ **We expect severe heat this summer.** 　今年の夏は厳しい暑さが予想される。 ¶ **We expect severe cold this winter.** 　今年の冬は厳しい寒さが予想される。
荒れ模様の天気	**inclément weather** ¶ **We expect inclement weather.** 　荒れ模様の天気が予想される。
いい天気,晴天	**fair [fine] weather** ¶ **We expect fair weather.** 　**We expect fine weather.** 　晴天が予想される。
穏やかな天気	**mild [quiet] weather** ¶ **We expect mild weather.** 　**We expect quiet weather.** 　穏やかな天気が予想される。
気候	**climate**
温暖な気候	**mild climate** ¶ **We have a mild climate here.** 　ここは気候が温暖だ。
自然現象	**natural phenómenon** 複数形は **phenomena** となります。 ¶ **Lightning is a natural phenomenon.** 　稲妻は自然現象だ。
日本は四季がはっきりしている。	**Japan has four distinct seasons.**
秋より春の方が好き。	**I prefer spring to fall [autumn].** **spring** には動詞で「(植物が)芽を出す,生じる」の意味もありま

	す。
天気予報	**weather forecast〔report〕** ¶ **What is the weather forecast for tomorrow?** **What is the weather report for tomorrow?** 明日の天気予報は？
天気図	**weather map** ¶ **Look at the weather map.** 天気図を見てください。
次に3時間ごとの天気の移り変わりです。	①**Here's how the wether is expected to change every three hours.** ②**Here's the forecast for every three hours.**
むこう一週間の予報です。	**Here's the forcast for the next seven days.**
気象予報士	**meteorologist【míːtiərάlədʒist】** 「ミーティアララジスト」と発音します。 ¶ **He is a meteorologist.** 彼は気象予報士です。
(日本の)気象庁	**Meteorológical Agency** ¶ **This is an announcement from the Meteorological Agency.** これは気象庁の発表です。
気象衛星	**meteorological satellite** ¶ **This is a picture from the meteorological satellite.** これは気象衛星からの映像です。
天気予報では雨だったけれど，晴れた。	**Although the weather report predicted rain, it turned out to be sunny.**
今日は雨のはずだったのに。	**It was supposed to rain.**
気圧	①(**atmospheric**) **pressure** ②(**barometric**) **pressure** ¶ **The atmospheric pressure is going down.** **The barometric pressure is going down.** 気圧が下がっている。
気圧配置	**pressure pattern**

	¶ **Take a closer look at the pressure pattern.** 気圧配置を詳しく見てください。
気圧計	**barómeter** ¶ **I checked the barometer.** 気圧計をチェックした。
高気圧 ⇕	**high pressure** ¶ **There is a high-pressure system over Japan.** 日本の上空に高気圧(の帯)がある。
低気圧	**low pressure** ¶ **There is a low-pressure system over Japan.** 日本の上空に低気圧(の帯)がある。
熱帯低気圧	**tropical low pressure** ¶ **There is a tropical low-pressure system over the Pacific.** 太平洋上に熱帯低気圧(の帯)がある。
このあたりに低気圧ができた。	**A low pressure has formed in this area.**
この低気圧は関東地方に大雨をもたらすでしょう。	**This low pressure will bring heavy rain to the Kanto area.** **heavy rain**(大雨)のように，形容詞を伴うと，**rain** は数えられる名詞にもなります。また **bring** は，代わりに **produce** も使えます。 内陸部(に)　**inland** ¶ **This low pressure will produce rain inland.** この低気圧は内陸部に雨をもたらすでしょう。
高気圧が海上へ抜けた。	**The high pressure headed out to sea.**
寒冷前線	**cold front** ¶ **The cold front is approaching Tohoku.** 東北に寒冷前線が近づいている。
温暖前線	**warm front** ¶ **The warm front is approaching Kyushu.** 九州に温暖前線が近づいている。
梅雨前線がここで停滞している。	**The seasonal rain front is staying here.** 前線が停滞している。**The front is not moving.**
桜前線	**cheery-blossom front**

	¶ **The cherry-blossom front is approaching Osaka.** 桜前線が大阪に近づいている。 ¶ **The cheery-blossom front reached [arrived in, got to] Akita Prefecture.** 桜前線が秋田県に到達した。 **approach to, reach to** とはなりません。
今年の桜は平年通りの時期に咲くでしょう。	**Cherry blossoms will appear [come out] at the usual time.** 花見　**cherry-blossom viewing（party）** ¶ **We'll have a cheery-blossom viewing party tomorrow.** 明日花見をするよ。
秋雨前線	**autumn rain front** ¶ **The autumn rain front is going north.** 秋雨前線は北上している。
紅葉	**autumn [red] leaves** ¶ **I went to see the autumn leaves.** 　**I went to see the red leaves.** 紅葉を見に行った。
枯れ葉	**dry leaf** ¶ **We gathered dry leaves to make a bonfire.** 枯れ葉を集めてたき火をした。

晴れ, 曇り

東京は晴れるでしょう。	① **It will be sunny [fine] in Tokyo.** ② **Tokyo will enjoy a sunny day.**
晴天が広がるでしょう。	**It will be clear.**
太陽がさんさんと降り注ぐ一日になるでしょう。	**We'll have sun all day today.**
このままこの天気が続いてほしい。	**I hope it stays like this all day.**
すばらしい日, すばらしい天気	**lovely day** 他に **perfect [wonderful] day** ということもできます。「最高の天

Part 17 天気

気」という場合には **bliss**（「無上の喜び」の意味もあります）という表現を使います。**blissful** は「至福の」という意味です。
¶ **It's a lovely day, isn't it?**
  It's a perfect day, isn't it?
  It's a wonderful day, isn't it?
  すばらしい天気ですね。
¶ **This is bliss.**
  最高の天気です。
¶ **This is my blissful time.**
  これは私の至福の時間です。

ひどい天気	**horrible [terrible] weather**
	他に，**awful**，**miserable**，**nasty** などの言葉が使えます。
	¶ **We are having horrible weather.**
	  We are having terrible weather.
	  ひどい天気です。
	¶ **The weather is awful.**
	  The weather is miserable.
	  The weather is nasty.
	  ひどい天気だ。
	「ひどい」**horrible**, **terrible** の動詞の **horrify**, **terrify** は「恐がらせる」の意味で，**horrifying [terrifying] story** といえば「恐ろしい話」のことです。
	¶ **He told us a horrifying story.**
	  He told us a terrifying story.
	  彼は私たちに恐ろしい話をした。

さわやかな朝	**brisk morning** ¶ **What a brisk morning!** 何てさわやかな朝なの！
紫外線	**ultraviolet rays** ¶ **I want to avoid the ultraviolet rays.** 紫外線を避けたい。
赤外線	**infrared rays** ¶ **He carried out a treatment using infrared rays.** 彼は赤外線を使った治療を行なった。
曇りでしょう。	**It will be cloudy.** もっと雲が多いときは，**overcast** といいます。「曇りがち」のとき

	は，**partly cloudy** となります。 ¶ **It will be overcast.** 　雲が多いでしょう。 ¶ **It will be party cloudy.** 　曇りがちでしょう。
東北地方ではときどき青空がのぞくでしょう。	**There will be patches of blue sky over Tohoku.** **patch** は本来「つぎ当て」の意味ですが，ここでは「小片」とか「切れはし」の意味になります。
晴れときどき曇りでしょう。	**It will be sunny, sometimes cloudy.** ときどき　① **sometimes**　② **once in a while**　③ **occasionally** ¶ **It will be cloudy once in a while.** 　**It will be cloudy occasionally.** 　ときどき曇りでしょう。
雲	**cloud** ¶ **The sky is covered with dark clouds.** 　空は暗い雲でおおわれている。
うきうきしている。	① **He is on a cloud.** ② **He is on cloud nine.**
うわの空だ。	**She is (up) in the clouds.**

雨，雷

雨でしょう，雨が降るでしょう。	① **It will be rainy.** ② **We are expecting some rain.** ③ **It's going to rain.**
雨が降りそうだ。	① **It looks like rain.** ② **It is likely to rain.**
雨は午後にはやむでしょう。	**The rain (shower) will come to an end in the afternoon.**
曇りでときどき雨が降るでしょう。	**It will be cloudy with occasional rain.** 降ったりやんだり　**with intermittent rain.** ¶ **It will be cloudy with intermittent rain.** 　曇りで雨が降ったりやんだりでしょう。
ときどき雨が降るでしょう。	**It will rain occasionally.**

Part 17 天気

小降りになってきた。	**It's letting up.** **let up**で「(雨などが) 弱まる」の意味になります。
梅雨，雨期 ⇕	**rainy season** ¶ **We have a rainy season in June.** 　6月に梅雨があります。
乾期	**dry season** ¶ **January to March is the dry season.** 　1月から3月までが乾期です。
気象庁は関東地方が梅雨入りしたと発表した。	**The Meteorological Agency announced the Kanto area enterd the rainy season.**
年間の降雨量	**yearly〔annual〕rainfall** ¶ **The yearly rainfall was lighter than usual.** 　年間の降雨量は例年より少なかった。 ¶ **The annual rainfall was heavier than usual.** 　年間の降雨量は例年より多かった。
降水量	**precipitation** **precipitation** は気象用語です。「降水する」は **precipitate** といいます。 ¶ **This year's precipitation will be lighter than last year's.** 　今年の降水量は昨年より少ないでしょう。
雨雲	**rain cloud** ¶ **There is a rain cloud in the sky.** 　空に雨雲がある。
雨天 ⇕	**wet weather** ¶ **I don't like wet weather.** 　雨天は好きじゃない。
カラカラ天気	**dry weather** ¶ **This dry weather might cause fires.** 　カラカラ天気で火事が起こる危険がある。
湿気のある，雨の多い	**moist** ¶ **The air is moist today.** 　今日は湿気がある。
湿気	**moisture**

	¶ **The air contains little moisture.** 空気はほとんど湿気を含んでいない。
じめじめする	**damp** ¶ **The house is damp.** この家はじめじめする。
うっとうしい	**gloomy** ¶ **Gloomy weather gets me down.** うっとうしい天気で気が滅入る。
水たまり	**puddle** ¶ **I put my foot in the puddle.** 水たまりに足を入れてしまった。
夕立	**evening shower** ¶ **We might have an evening shower.** 夕立があるかもしれない。
雷雨	**thunderstorm** 激しい雷雨　severe [heavy] thunderstorm ¶ **Tokyo was hit by a severe thunderstorm.** 　**Tokyo was hit by a heavy thunderstorm.** 東京は激しい雷雨に見舞われた。
暴風雨	**rainstorm** ¶ **Tokyo was hit by a rainstorm.** 東京は暴風雨に見舞われた。
雷	① **thunder**　② **thunderbolt** ¶ **The thunder came after the lightning.** 稲妻のあと，雷が鳴った。 ¶ **We've had lots of thunder lately.** 最近，雷が多い。 ¶ **A thunderbolt struck the building.** 雷がそのビルに落ちた。
稲妻	① **lightning**　② (**lightning**) **bolt** ¶ **Lightning struck the building.** 稲妻がそのビルに落ちた。
晴天のへきれきだ。	**It was a bolt from the blue.** 突然に　out of the blue

Part 17 天気

¶He announced his resignation out of the blue.
彼は突然に辞任を発表した。

土砂降りの雨	**driving rain** ¶I got wet in the driving rain. 土砂降りの雨で濡れた。
土砂降りだ。	① **It's pouring.** ② **It's raining cats and dogs.** ②の表現は日本の英語の試験問題にはまだ出ることがありますが，アメリカでは少し古い言い方になっています。 他に猫や犬を使った言い方で，lead a cat-and-dog life といえば「喧嘩ばかりして暮らす」という意味になります。lead a dog's life と犬だけなら，「惨めな生活を送る」という意味です。 ¶They lead a cat-and-dog life. 彼らは喧嘩ばかりして暮らしている。 ¶He leads a dog's life. 彼は惨めな生活を送っている。
濡れる	**get wet**
雨でびしょ濡れになった。	I got wet [soaked, drenched] to the skin in the rain.
震える	**shake** ぶるぶる震える　**tremble** 震え上がる　**shiver** 身震いする　**shudder** ¶She is shaking with cold. 彼女は寒さで震えている。 ¶She is trembling with cold. 彼女は寒さでぶるぶる震えている。 ¶The lightning made her shiver. その雷は彼女を震え上がらせた。 ¶The lightning made her shudder. その雷は彼女を身震いさせた。
傘を忘れた。	**I forgot my umbrella.** 家に傘を忘れた。**I left my umbrella at home.** 「どこそこに忘れた」となると，forget は使えないことに注意してください。part 10 の鍵のところでやりましたね。

折りたたみ傘	**folding umbrella** ¶ **I have a folding umbrella.** 折りたたみの傘をもっている。
雨が降るといけないから傘をもっていきなさい。	**Take your umbrella in case of rain.** **in case of** は「〜の場合（のために）」という意味です。
念のために	**just in case** ¶ **Take your umbrella just in case.** 念のために傘をもっていきなさい。
集中豪雨	**concentrated heavy rain** ¶ **New York was hit by concentrated heavy rain.** ニューヨークは集中豪雨に襲われた。
記録的な大雨	**record rainfall** ¶ **Crops were destroyed by the record rainfall.** 記録的な大雨で農作物は壊滅的な被害を受けた。
雨天順延券	**rain check** これが転じて、「果たせなかった約束の埋め合わせ」といった意味でも使われます。 ¶ **I got a rain check.** 雨天順延券を手に入れた。 ¶ **I can't go today, but I'll take a rain check on it.** 今日は行けないけど、この埋め合わせはするよ。
雨で中止になった。	**It was rained out.**
激しい雨で出かけられなかった。	**The heavy rain prevented me from going out.**
地滑り，土砂崩れ	**landslide** ¶ **There was a landslide in the mountains.** 山間部で土砂崩れが起きた。
洪水	**flood** ¶ **The heavy rains caused a serious flood.** 大雨がすごい洪水を起こした。
鉄砲水	**flash flood** ¶ **The flash flood swept through the area.** 鉄砲水がその地域を襲った。

多くの家が浸水した。	Many houses were inundated.
避難	**evacuátion** ¶ **The evacuation was carried out smoothly.** 　避難はスムーズに行なわれた。 ¶ **Evacuation orders were issued.** 　避難命令が発せられた。 「勧告」なら **advice** や **recommendation** を使います。
避難民	**evacuée** ¶ **The evacuees from the flood are housed in the schools.** 　洪水の避難民は学校に収容されている。
5千人が避難した。	Five thousand people were evacuated.
溺れる，溺死する	① **drown**　② **be drowned** ¶ **A lot of people drowned.** 　**A lot of people were drowned.** 　多くの人が溺れた。
救助隊員	**rescue workers [people]** ¶ **Rescue workers arrived at the spot.** 　**Rescue people arrived at the spot.** 　救助隊員が現場に到着した。
深い ⇕	**deep** （学識などが）深い　**profound** ¶ **This pool is deep.** 　このプールは深い。 ¶ **His knowledge is profound.** 　彼の学識は深い。
浅い	**shallow** ¶ **This pool is shallow.** 　このプールは浅い。

風

風が強いでしょう。	It will blow hard.

風が強い	**windy** ¶ **It's windy today.** 　今日は風が強い。
すごい風だね。	**Quite a wind.**
北風	**north wind** 肌を刺すような北風　biting north wind ¶ **The north wind is blowing.** 　北風が吹いている。 ¶ **The biting north wind is blowing.** 　肌を刺すような北風が吹いている。
南風	**south wind** ¶ **The south wind is blowing today.** 　今日は南風が吹いている。
そよ風	**breeze** ¶ **The breeze is pleasant.** 　そよ風が気持ちいい。
突風	① **blast**　② **gust** ¶ **A blast upset our boat.** 　**A gust upset our boat.** 　突風で船が転覆した。
貿易風	**trade wind** ¶ **A good trade wind is blowing.** 　いい貿易風が吹いている。
偏西風	**westerlies** 複数で使います。 ¶ **The westerlies brought us here.** 　偏西風に運ばれてここまで来た。

雪, 霧

雪でしょう, 雪が降るでしょう。	① **It will snow.** ② **It will be snowy.**
雪になるかもしれません。	① **We could see snowfall.** ② **Snow is possible.** **possible** は「あり得る」,「あり得ない」は **impossible** ですね。

	¶ It's impossible to have snow at this time of the year. この時期に雪が降ることはあり得ない。
雨から雪に変わるでしょう。	The rain is going to change to snow.
関東地方では雪が残るでしょう。	The snow shower will linger in the Kanto area. linger は「ぐずぐず残る」の意味です。 ¶ Customers lingered around until late. 客が遅くまで帰らなかった。
大雪	heavy snow ¶ We will have heavy snow today. 今日，大雪が降るだろう。
雪だるま	snowman ¶ We made a snowman. 雪だるまを作った。
季節はずれの	unseasonable ¶ We had unseasonable snow. 季節はずれの雪が降った。
雪が2メートル積もった。	① We had snow two meters deep. ② The snow was two meters deep.
吹雪	snowstorm ¶ This is a snowstorm. 吹雪だ。
猛吹雪	blizzard【blízɚd】 ¶ We couldn't go out because of a blizzard. 猛吹雪で出かけられなかった。
なだれ	avalanche【ǽvəlæntʃ】 ¶ There was an avalanche. なだれがあった。
雪かきをする	① remove the snow ② shovel the snow away shovel は名詞で「シャベル」の意味もあります。 ¶ You have to remove the snow. 　 You have to shovel the snow away. あなたは雪かきをしなければならない。

霧	**fog** 霧のたちこめた　**foggy** haze，mist，fog の順に霧が濃くなっていきます。 ¶ **I couldn't see anything due to the fog.** 　霧で何も見えなかった。 ¶ **It's foggy.** 　霧がたちこめている。
もや	**mist** もやのたちこめた　**misty** ¶ **The mist has cleared.** 　もやが晴れた。 ¶ **It's misty.** 　もやがたちこめている。
かすみ	**haze** かすんだ　**hazy** ¶ **A thin haze veiled the distant mountains.** 　うすいかすみが遠くの山々をおおっていた。 ¶ **The mountains were hazy.** 　山はかすんでいた。
あられ(が降る)， ひょう(が降る)	**hail** ¶ **It hailed.** 　あられ（ひょう）が降った。
みぞれ(が降る)	**sleet** ¶ **It sleeted.** 　みぞれが降った。
霜	**frost** ¶ **Frost came early this year.** 　今年は霜が早かった。
霜が降りた。	**We had frost.**
露	**dew** ¶ **There is dew on the grass.** 　芝生が露に濡れている。
蜃気楼	**miráge** ¶ **I saw a mirage ahead of me.** 　前方に蜃気楼が見えた。

暑さ，寒さ

暑い	**hot**
暑くなってきた。	**It's getting hot.**
暖かい	**warm** ¶ **It's getting warm.** 　暖かくなってきた。
寒い	**cold**
寒くなってきた。	**It's getting cold.**
涼しい	**cool** ¶ **It's getting cool.** 　涼しくなってきた。
冷えびえする	**chilly** ¶ **It's chilly.** 　冷えびえする。
寒々とした	**bleak** ¶ **The bleak winter wind made her shiver.** 　冬の寒々とした風が彼女を震え上がらせた。 ¶ **The future of the company is bleak.** 　その会社の未来は寒々としている。
ひどく寒い	**frigid** ¶ **It was a frigid winter night.** 　それはひどく寒い冬の夜だった。
凍てつく	**freezing** ¶ **It's freezing.** 　凍えそうだ。
むしむしする	① **humid** 〔hjúːmid〕　② **muggy** ¶ **It's humid.** 　**It's muggy.** 　むしむしする。
湿度	**humídity** ¶ **The humidity is high.** 　湿度が高い。

春がそこまで来ている。	**Spring is just around the corner.**
寒い冬が暖かい春になった。	**The chilly winter gave way to a warm spring.** **give way to** は「〜に負ける，屈する」の意味です。
厳しい暑さがぶり返すでしょう。	**The intensive heat will be back again.**
暑さにまいった。	**I was overcome by the heat.** **overcome**（**by**, **with**）は「圧倒される」という意味です。
暑さ[寒さ]が気にならない。	**I don't mind the heat [cold].**
暑さ[寒さ]に強い。	**I'm strong in the heat [cold].** ⇔ 暑さ[寒さ]に弱い。 **I'm weak in the heat [cold].**

気温

最高気温 ↕	**highest temperature** ¶ **What is the highest temperature today?** 　今日の最高気温は？
最低気温	**lowest temperature** ¶ **What is the lowest temperature today?** 　今日の最低気温は？
平均気温	**average temperature** ¶ **The average temperature will be higher than usual.** 　平均気温は例年より高いでしょう。
記録的高温 ↕	**record-high**（**level**）**temperature** ¶ **This is a record-high temperature for spring.** 　これは春としては記録的な高温です。
記録的低温	**record-low**（**level**）**temperature** ¶ **This is a record-low temperature for fall.** 　秋としては記録的な低温です。
気温が少し緩むでしょう。	（**The**）**temperature will be mild [moderate].** **mild** は「穏やかな」，**moderate** は形容詞が「適度な」，動詞が「適度にする」の意味です。**mild winter** といえば，「温暖な冬」の意味になります。

Part 17 天気

零度以下，氷点下	**below zero** 【zíərou】 ¶ **The temperature will be below zero.** 気温は氷点下でしょう。
零度以上	**above zero** ¶ **The temperature will be above zero.** 気温は零度以上になるでしょう。
つらら	**icicle** 【áisikl】 ¶ **Icicles hung from the edge of the roof.** 軒先につららが下がっていた。
華氏(の)	**Fahrenheit** 【fǽrənhàit】 **Fahrenheit** も **Celsius** も，華氏温度計と摂氏温度計の発案者の名前です。華氏と摂氏の換算は，$C=(F-32)\times 5/9$ という式に数字をあてはめて行ないますが，面倒なので，華氏70°≒摂氏20°と覚えておいて，あとは華氏10°ごとに摂氏が約5°動くと考えればいいでしょう。 ¶ **It will be 70 degrees Fahrenheit.** 華氏70度でしょう。
摂氏(の)	① **Célsius** ② **centigrade** 摂氏20度 **20 degrees Celsius** **degrees** と複数になることに注意してください。 ¶ **It will be 20 degrees Celsius.** **It will be 20 degrees centigrade.** 摂氏20度でしょう。

異常気象，災害

台風	① **typhoon** 太平洋西部や中国近海で発生するものを指します。 ¶ **A typhoon formed 500 kilometers south of the Ogasawara islands.** 小笠原諸島の南500キロの地点で台風が発生した。 ¶ **The typhoon is approaching Japan.** その台風は日本に近づいている。 ② **húrricane** **hurricane** はカリブ海，メキシコ湾地区で発生するものを指します。よってアメリカでは **hurricane** をよく使います。 ¶ **A hurricane formed.**

ハリケーンが発生した。
③ **cyclone**
インド洋で発生するものを指します。
¶ **A cyclone was spawned.**
　サイクロンが発生した。

竜巻	**tornado** ¶ **A tornado hit the city.** 　竜巻がその街を襲った。
旋風	**twister** ¶ **A twister hit the city.** 　旋風がその街を襲った。
（台風が）発達する，勢力を増す ⇅	**gain strength** Part 7 の「体重が増える」「体重が減る」と同じ動詞ですね。 ¶ **The typhoon is gaining strength.** 　台風が発達している。
（台風が）衰える	**lose strength** ¶ **The typhoon is losing strength.** 　台風の勢力が衰えている。
風速	**wind velócity** ¶ **The wind velocity is 30 meters per second.** 　風速は（秒速）30メートルです。
中心付近の最大風速は（秒速）40メートルです。	**The maximum center winds of the typhoon are moving at 40 meters per second.**
台風が九州地方を襲った。	**The typhoon hit the Kyushu area.**
台風がその地域に吹き荒れた。	**The typhoon swept through the region.**
迷走台風	**freak typhoon** **freak** は「熱狂者，気まぐれ，オタク」などの意味でしたね。 ¶ **This is a freak typhoon.** 　これは迷走台風です。
熱波	**heat wave**

⇕	¶A heat wave hit the United States. 熱波がアメリカを襲った。
寒波	**cold wave** ¶A cold wave hit Washington. 寒波がワシントンを襲った。
異常気象	**unusual weather** ¶We are having unusual weather for this time of the year. 　The weather is unusual for this time of the year. 異常気象だ。
いつもの，年来の	**usual** ¶The weather is usual for this time of the year. 天気は例年通りです。
自然災害	**natural disaster** ¶This is a natural disaster. これは自然災害だ。
人災	**man-made disaster** ¶This is a man-made disaster. これは人災だ。
地震	① **earthquake**　② **quake** ¶There was an earthquake in the morning. 朝，地震があった。
震源地	① **center of the earthquake**　② **épicenter**　③ **hypocenter** ④ **seismic center** ④の **seismic** は「地震の」を意味します。 ¶The center of the earthquake was around Yokohama. 　The epicenter was around Yokohama. 　The hypocenter was around Yokohama. 　The seismic center was around Yokohama. 震源地は横浜付近です。
地震計	**seismograph 【sáizməgræf】** 「サイズマグラフ」と発音します。 地震学者　**seismologist** ¶Check the seismograph. 地震計を調べろ。 ¶He is a seismologist.

彼は地震学者です。

震度 | ① seismic intensity　② intensity of the quake
¶ The seismic intensity was 3 in Tokyo.
　The intensity of the quake was 3 in Tokyo.
　東京の震度は3でした。

耐震構造 | quake-proof structure
¶ This building has a quake-proof structure.
　この建物は耐震構造をもっている。

震動 | tremor
（地震に）耐える　withstand
¶ This building can withstand the tremors of big quakes.
　この建物は大きな地震の震動に耐えられる。

耐震強度 | quake resistance
¶ He falsifiedd quake-resistance data.
　彼は耐震強度を偽装した。

津波 | ① tidal wave　② tsunami　③ seismic sea wave
¶ There is no need to worry about tidal waves.
　There is no need to worry about tsunamis.
　There is no need to worry about seismic sea waves.
　津波の心配はありません。

警報 | warning
¶ A tsunami warning has been issued.
　津波警報が出ている。

注意報 | watch
¶ A watch is being kept for strong winds.
　強風注意報が出ている。

大波 | surge
¶ A surge hit the beach.
　大波が海岸を襲った。

潮の干満 | ebb and flow of the tide
ebb は「引き潮」，flow は「満ち潮」です。
¶ The ebb and flow of the tide repeats everyday.
　潮の干満は毎日繰り返される。
¶ The ebb uncovered the seaweed.

	引き潮で海草が見えていた。 ¶ The flow of the tide covered the seaweed. 満ち潮が海草をおおった。
寄せ波	**surf** ここから **surfing**（サーフィン）という言葉が生まれました。 ¶ The surf is high today. 今日は寄せ波が高い。 ¶ I like to surf I like surfing. 波乗りが好きだ。
余震	**aftershock** ¶ We have to be alert to aftershocks. 余震を警戒する必要がある。
（事件の）余波	**aftermath** ¶ Security was tightened in the aftermath of the event. 事件の余波で警備が厳しくなった。
断層	**fault** ¶ There is a fault under the area. その地域の下に断層がある。
かんばつ	**drought**
飢饉	**fámine** ¶ North Korea suffers from drought and famine. 北朝鮮はかんばつと飢饉に苦しんでいる。
農作物	**crop** ¶ Corn is one of the main crops of America. トウモロコシはアメリカの主要な農作物のひとつです。
収穫	**harvest**
豊作 ⇕	**abundant [rich, generous] harvest** ¶ We will have an abundant harvest this year. We will have a rich harvest this year. We will have a generous harvest this year. 今年は豊作だ。
凶作	**bad [poor] harvest** ¶ We had a bad harvest last year.

去年は凶作だった。
¶ The harvest is poor this year.
今年は凶作だ。

予報で使う言葉

東部	**eastern part** ¶ It will be sunny in the eastern part. 東部では晴れるでしょう。
西部	**western part** ¶ It will be cloudy in the western part. 西部では雲が多いでしょう。
南部	**southern part** ¶ It will be rainy in the southern part. 南部では雨でしょう。
北部	**northern part** ¶ It will be snowy in the northern part. 北部では雪でしょう。
大陸	**continent** ¶ There are seven large continents on the earth. 地球上には7つの大きな大陸がある。
海岸	**coast** ¶ A tsunami is approaching the coast. 津波が海岸に近づいている。
水平線, 地平線	**horízon** ¶ The sun was setting beyond the horizon. 太陽が水平線のかなたに沈んでいっていた。
赤道	**equator** [ikwéitər] ¶ Australia is south of the equator. オーストラリアは赤道の南側にある。
日はまた昇る。	**The sun rises again.** ⇔ 日はまた沈む。 The sun sets again. ¶ In summer, the sun rises early. 夏は日が早く昇る。 ¶ In winter, the sun sets early.

	冬は日が早く沈む。
日の出	**sunrise**
日没	**sunset**
	¶ **He works from sunrise to sunset.**
	彼は一日じゅう働いている。
北半球	**Northern hémisphere**
	sphere は「球体」のことです。
⇕	¶ **Japan is in the Northern hemisphere.**
	日本は北半球にある。
南半球	**Southern hemisphere**
	¶ **New Zealand is in the Southern hemisphere.**
	ニュージーランドは南半球にある。
地球	① **earth**（天体としての地球）
	② **globe**（人の住む世界としての地球）
	「地球儀」のことも **globe** といいます。
	¶ **The earth is round.**
	地球は丸い。
	¶ **We must protect the environment of the globe.**
	地球の環境を守らなければならない。
	¶ **I want a globe for my birthday.**
	誕生日に地球儀がほしい。
地球温暖化	① **global warming**　② **greenhouse warming**
	greenhouse は「温室」のことです。
	¶ **We should stop global warming.**
	We should stop greenhouse warming.
	地球の温暖化を食い止めるべきだ。
世界標準	**global standard**
	¶ **We have to meet global standards.**
	世界標準を満たす必要がある。
	¶ **We have to adjust ourselves to global standards.**
	世界標準に合わせなければならない。
北極（地方）	**Arctic**
	¶ **The Arctic has extremely cold winters.**
	北極の冬は極寒だ。

北極圏	**Arctic Circle** ¶ **The Arctic Circle has extremely cold winters.** 北極圏の冬は極寒だ。
北極点	**North Pole** ¶ **The explorers arrived at the North Pole.** 探検隊は北極点に到着した。
南極(地方)	**Antarctic** ¶ **There is no darkness for six months in the Antarctic.** 南極では6ケ月間，夜がない。
南極圏	**Antarctic Circle** ¶ **There is no darkness for six months in the Antarctic Circle.** 南極圏では6ケ月間，夜がない。
南極点	**South Pole** ¶ **The adventurer has arrived at the South Pole.** その冒険家は南極点に到着している。
北極星	① polestar ② North Star ③ Polaris ¶ I saw the polestar. I saw the North Star. I saw Polaris. 北極星を見た。
北斗七星	**Dipper** ¶ **I found the Dipper.** 北斗七星を見つけた。
南十字星	**Southern Cross** ¶ **I found the Southern Cross.** 南十字星を見つけた。
緯度	látitude
経度	lóngitude ¶ **The latitude of our ship is 20 degrees North, and the longitude is 10 degrees West.** 我々の船は北緯20度，西経10度の位置にいます。

月

月	**moon** ¶ **The moon was out.** 月が出ていた。
三日月	**crescent moon** ¶ **There was a crescent moon.** 三日月が出ていた。
半月	**half moon** ¶ **There was a half moon.** 半月が出ていた。
満月	**full moon** ¶ **The moon was full.** 月は満月だった。
月の	**lunar** 【lúːnɚ】
太陽の	**solar** 「精神障害者」のことを **lunatic**,「精神障害,心神喪失」を **lunacy** といいますが,これはむかし精神障害が月の満ち欠けによるものと信じられていたことから来ています。
月食	**lunar eclípse** ¶ **We might be able to see a lunar eclipse.** 月食が見られるかもしれない。
日食	**solar eclipse** **We might be able to see a solar eclipse.** 日食が見られるかもしれない。
皆既日食	**total solar eclipse** **This is a total solar eclipse.** 皆既日食だ。
部分日食	**partial solar eclipse** **This is a partial solar eclipse.** 部分日食だ。
陰暦	**lunar calendar** ¶ **Obon is observed in July of the lunar calendar.** お盆は陰暦の7月に行なわれる。

天文学

① 太陽系　solar system
　We live in a solar system.
　私たちは太陽系に住んでいる。
② 銀河系，天の川　(1) Galaxy　(2) Milky Way
　「(銀河系以外の) 銀河」なら galaxy と，小文字になります。
　Each galaxy holds many solar systems.
　各々の銀河にはたくさんの太陽系がある。
　The Galaxy is composed of millions of stars.
　The Milky Way is composed of millions of stars.
　天の川は何百万もの星から出来ている。
③ 火星　Mars
　That is Mars.
　あれが火星だ。
④ 水星　Mercury【mə́ːrkjuri】
　That is Mercury.
　あれが水星だ。
⑤ 木星　Jupiter【dʒúːpətər】
　That is Jupiter.
　あれが木星だ。
⑥ 金星　Venus【víːnəs】
　That is Venus.
　あれが金星だ。
⑦ 土星　Saturn【sǽtərn】
　That is Saturn.
　あれが土星だ。
⑧ 天王星　Uranus【juréinəs】
　That is Uranus.
　あれが天王星だ。
⑨ 海王星　Neptune【néptjuːn】
　That is Neptune.
　あれが海王星だ。
⑩ 冥王星　Pluto【plúːtou】
　That is Pluto.
　あれが冥王星だ。
⑪ 彗星　comet【kɑ́mit】
　I saw a comet.
　彗星を見た。

⑫ ハレー彗星　**Halley's Comet**
That is Halley's Comet.
あれがハレー彗星だ。

⑬ 流星　**meteor**【míːtiɚ】
隕石　**meteorite**
I saw a meteor.
流星を見た。
Many meteorites will fall to earth.
多くの隕石が地球に降ってくるだろう。

⑭ 惑星　**planet**
The earth is one of the planets in our solar system.
地球は太陽系のひとつの惑星だ。

⑮ 恒星　**fix star**
Fixed stars are very distant from Earth.
恒星は地球からとても遠い。

⑯ 小惑星　**asteroid**【ǽstərɔ̀id】
I found an asteroid.
小惑星を発見した。

⑰ 新星　**nova**【nóuvə】
I found a nova.
新星を発見した。

⑱ 星雲　**nébula**
複数形は **nebulae** です。
Nebulae are clouds of luminous gas and dust particles.
星雲は光を発するガスとちり片の雲だ。

⑲ 星くず　**stardust**
That is stardust.
あれは星くずだ。

part 18

人の性格

さて，それでは今度は少し人の性格について考えてみましょう。
「あいつはいい奴だ」とか「嫌な奴だ」とか，いろいろありますよね。
①誰にも欠点がある。
②内にこもっている。
③心の広い
④口数が少ない。
⑤存在感がある。
⑥お天気屋の
⑦短気な
⑧倹約家の
⑨目立ちたがり屋
⑩なれなれしい
これをあなたは英語でいえますか？

特徴

特徴	**characteristic** この言葉には，形容詞で「～に特有の」という意味もあります。 ¶ **Cheerfulness is one of his characteristics.** 　明るさは彼の特徴のひとつです。 ¶ **That is a tendency which is characteristic of Americans.** 　それはアメリカ人に特有の傾向です。
目立った	① **outstanding**　② **noticeable**　③ **notable**　④ **remarkable** ¶ **He is an outstanding statesman.** 　彼は傑出した政治家だ。 ¶ **The class has made outstanding improvement.** 　**The class has made noticeable improvement.** 　**The class has made notable improvement.** 　**The class has made remarkable improvement.** 　そのクラスは目立った進歩を遂げている。
目立つ	① **stand out**　② **stick out** ¶ **Agatha Christie stands out among mystery writers.** 　アガサ・クリスティはミステリー作家の中で際立っている。 ¶ **His foolishness sticks out like a sore thumb.** 　彼の愚かさがひときわ目立つ。
卓越した	**prominent** ¶ **He is a prominent politician.** 　彼は卓越した政治家だ。
長所 ⇕ 短所	**good [strong] point** **bad [weak] point** 「短所」は **shortcoming** ともいいます。 ¶ **Rudeness is his serious shortcoming.** 　粗野なのが彼の重大な短所だ。
誰にも長所と短所がある。	① **Everyone has his good points and bad points.** ② **Everyone has their strong points and weak points.** ② の **their** も文法的には **his** が正しいのですが，男女平等の流れで，現在は **their** か **his or her** が一般に使われます（時には省略も）。
この計画には一長一短がある。	**This plan has both merits and demerits.**

欠点，過失	fault
誰にも欠点がある。	Everyone has faults.

性格

性格	character ¶ That is his character. 　それが彼の性格なのだ。
柄にもない	out of character ¶ It's out of your character to do that. 　そんなことをするなんてあなたの柄でもない。
性格がいい。	He has a good character [temper]. ⇔ 性格が悪い。 He has a bad character [temper].
気だてのいい，性格のいい ⇕	① good-natured　② good-tempered ¶ She is a good-natured girl. 　She is a good-tempered girl. 　彼女は気だてのいい少女だ。
性格の悪い	① ill-natured　② bad-tempered ¶ She is an ill-natured girl. 　She is a bad-tempered girl. 　彼女は性格が悪い。
機嫌がいい。	She is in a good mood. ⇔ 機嫌が悪い。She is in a bad mood.
不機嫌な	sullen ¶ She is sullen. 　彼女は不機嫌だ。
明るい ⇕	cheerful ¶ He is cheerful. 　彼は明るい。
暗い	gloomy ¶ He is gloomy. 　彼は暗い。
優しい，温和な	① gentle　② genial [dʒíːnjəl]　③ tender　④ soft

¶She is gentle.
She is genial.
She is tender.
She is soft.
彼女は優しい。

思いやりのある | ① **thoughtful**　② **compássionate**　③ **sympathétic**　④ **consíderate**
¶He is thoughtful of others.
He is compassionate towards others.
He is sympathetic to others.
He is considerate of others.
彼は他人に対して思いやりがある。

思いやり，同情 | ① **compassion**　② **sýmpathy**
¶He has compassion for the poor.
He has sympathy for the poor.
彼は貧しい人に思いやりをもっている。

sympathy には，「共感」という意味もあります。「反感」は **antipathy**。また，considerate と共に，consider「考慮する」，consideration「考慮」，considerable「考慮に値する，量が相当な」なども一緒に覚えてください。

¶She feels sympathy for him.
彼女は彼に共感を抱いている。
¶I have antipathy to him.
私は彼に反感をもっている。
¶I'll consider it.
それを考慮しましょう。
¶Give careful consideration before making up your mind.
決心をする前に十分考慮しなさい。
¶He made a considerable sum of money in real estate.
彼は不動産で相当な額のお金を稼いだ。

素直な | **obedient**【oubíːdiənt, əb-】
これは文字どおりには「従順な」という意味です。日本語の「素直な」は，この obedient と honest「正直な」を合わせた感じでしょうか。
¶She is obedient.
彼女は素直だ。

おとなしい，従 | **docile**【dóusail】「ドウサイル」

順な	¶ She is docile. 彼女はおとなしい。
純粋な, 無邪気な	**innocent** 「(物質が) 純粋な, 混じり気がない」という場合は **pure** といいます。 ¶ She is innocent. 彼女は無邪気だ。 **innocent** には「無罪の」, **innocence** には「無罪」という意味もあります。「明らかに」は **obviously**,「明らかな」は **obvious** です。 ¶ He is obviously innocent. 彼は明らかに無罪だ。 ¶ He proved his innocence. 彼は自分の無実を証明した。 ¶ His innocence is obvious. 彼の無罪は明らかだ。
純粋さ, 無邪気さ	innocence ¶ He has the innocence of a child. 彼は子供の純粋さをもっている。
社交的な, 愛想のいい	① sociable　② social　③ affable ¶ She is sociable. She is social. She is affable. 彼女は社交的だ。
社交界, 社会	society ¶ She made her debut in society. 彼女は社交界にデビューを飾った。
無愛想な	① unsociable　② blunt ¶ He is unsociable. He is blunt. 彼は無愛想だ。
人間嫌いの人	misanthrope ¶ He is a misanthrope. 彼は人間嫌いだ。
外向的な	outgoing ¶ She is outgoing.

外向的な人	**éxtrovert** ¶ She is an extrovert. 彼女は外向的だ。
内向的な	**withdrawn** ¶ She is withdrawn.
内向的な人	**íntrovert** ¶ She is an introvert. 彼女は内向的だ。
彼は社会的に引きこもっている。	He is socially withdrawn.
内にこもっている。	He keeps to himself.
めったに外出しない。	He seldom goes out.
うちとけてきている。	He is opening up to me.
率直な	① **frank** ② **candid** 「あけすけな」になると，**outspoken** という言葉を使います。 ¶ He is frank. 　He is candid. 　彼は率直だ。 ¶ He is outspoken. 　彼はあけすけだ。 ¶ Give me your frank opinion. 　Give me your candid opinion. 　率直な意見を聞かせてくれ。
率直に言って	**frankly speaking** ¶ Frankly speaking, you are wrong. 率直に言って，あなたは間違っている。
率直さ	**candor** ¶ He expressed his view with candor. 率直さをもって彼は自己の見解を表明した。
率直に言ってくれ。	**Talk turkey.** もちろん **Talk frankly.** ともいえます。**cold turkey** というと「あ

からさまに，ぶっきらぼうに，きっぱりと」の意味になります。
¶He quit smoking cold turkey.
彼はきっぱりと煙草をやめた。

寛大な	① génerous　② lenient 【líːniənt】 ¶She is a generous person. 　She is a lenient person. 　彼女は寛大な人だ。
寛大さ	① generosity　② leniency ¶She is widely known for her generosity. 　She is widely known for her leniency. 　彼女はその寛大さで広く知られている。
心の広い，偏屈でない	broad-minded ¶He is broad-minded. 　彼は心が広い。
偏屈な	narrow-minded ¶He is narrow-minded. 　彼は偏屈だ。
オープンな	open-hearted ¶He is open-hearted. 　彼はオープンだ。
慎重な	① discreet　② prudent ¶She is discreet. 　She is prudent. 　彼女は慎重だ。
分別のある	sensible ¶She is sensible. 　彼女は分別がある。
穏和な，穏健な	moderate ¶He is a moderate person. 　彼は穏和な人物だ。
静かな，無口な	① quiet　② réticent ¶She is quiet. 　She is reticent. 　彼女は静かだ。

うるさい	**loud** ¶ **She is loud.** 彼女はうるさい。
口数が少ない。	**He is a man of few words.**
よそよそしい	**remote [distant, aloof] from others** ¶ **He is remote [distant, aloof] from others.** 彼はよそよそしい。
ぶしつけな	**brash** ¶ **She is brash.** 彼女はぶしつけだ。
控えめな，謙虚な	① **humble**　② **modest** ¶ **She is humble.** 　**She is modest.** 彼女は控えめだ。
謙遜	**humility** ¶ **Humility is a virtue.** 謙遜は美徳だ。
尊大な	**árrogant** ¶ **She is arrogant.** 彼女は尊大だ。
薄情な	**cold-hearted** ¶ **She is cold-hearted.** 彼女は薄情だ。

立派な人，名声

礼儀正しい ⇕	① **polite**　② **courteous** ¶ **He is polite.** 　**He is courteous.** 彼は礼儀正しい。
無礼な	**impolite** ¶ **He is impolite.** 彼は無礼だ。
礼儀正しさ	① **politeness**　② **courtesy**

	¶ Politeness is a virtue. Courtesy is a virtue. 礼儀正しさは美徳だ。
立派な	① decent 【díːsənt】　② honorable ¶ He is a decent man. He is an honorable man. 彼は立派な人だ。
名誉 ⇕	honor ¶ He won honor for saving his friend. 彼は友人を救ったことで名誉を勝ち得た。
不名誉	dishonor ¶ He brought dishonor to our family. 彼は家族に不名誉をもたらした。
不名誉な	dishonorable ¶ That was a dishonorable action. それは不名誉な行為だった。
名誉挽回	vindication
名誉を回復する	vindicate（my honor） ¶ The report brought him vindication. The report vindicated him. The report vindicated his honor. その報告は彼の名誉を回復した。
上品な	gracious ¶ She is gracious. 彼女は上品だ。
優雅な	elegant ¶ She is elegant. 彼女は優雅だ。
しとやかな	graceful ¶ She is graceful.
品がある。	She has class.
育ちのいい	well-bred ¶ She is well-bred.

	彼女は育ちがいい。
彼女は慶応出のお嬢様だ。	① She is well-bred and graduated from Keio University. ② She is a princess graduated from Keio University.
足が地に着いている。	She has her feet on the ground.
下品な	① indecent　② coarse ¶ He is indecent. 　He is coarse. 　彼は下品だ。
高尚な，洗練された	sophisticated ¶ His music is sophisticated. 　彼の音楽は洗練されている。
低俗な	vulgar ¶ His music is vulgar. 　彼の音楽は低俗だ。
気高い	noble ¶ He is noble. 　彼は気高い。
貴族	arístocrat ¶ He is an aristocrat. 　彼は貴族だ。
貴族制度，貴族社会	aristócracy ¶ I don't approve of the aristocracy. 　私は貴族制度を認めない。
俗物，お高くとまった人	snob ¶ She is a snob. 　彼女は俗物だ。
俗物根性	snobbery ¶ I can't stand her snobbery. 　彼女の俗物根性が我慢ならない。
有名な ⇕	① famous　② well-known ¶ He is famous. 　He is well-known.

	彼は有名だ。
無名の	**unknown** **infamous**【ínfəməs】, **notorious**【noutɔ́ːriəs】は「悪名高き」の意味です。 ¶ He is unkuown. 　彼は無名だ。 ¶ He is an infamous loan shark. 　He is a notorious loan shark. 　彼は悪名高き高利貸しだ。
名声	① **fame**　② **reputation** 名声を確立する　establish her fame〔reputation〕 ¶ She established her fame by writing good books. 　She established her reputation by writing good books. 　いい本を書くことで，彼女は名声を確立した。
名声を求める	**pursue a reputation** ¶ She is pursuing a reputation. 　彼女は名声を求めている。
徳 ⇕	**virtue** ¶ Kindness is a virtue. 　親切は徳だ。
悪徳	**vice** ¶ Lying is a vice. 　嘘をつくのは悪徳だ。
徳のある ⇕	**virtuous** ¶ He was leading a virtuous life. 　彼は徳のある生活を送っていた。
悪徳の	**vicious**【víʃəs】 ¶ He was leading a vicious life. 彼は悪徳な生活を送っていた。
悪循環	**vicious circle** ¶ We've fallen into a vicious circle. 　私たちは悪循環におちいってしまった。
威厳のある	**dignified** ¶ She has a dignified manner.

威厳, 品格	彼女の態度には威厳がある。 **dignity** ¶ **She has dignity.** 彼女には威厳がある。 ¶ **We should maintain our dignity.** 私たちは自らの威厳を守るべきだ。
面目を失う	**lose face** ¶ **I lost face.** 面目を失った。
面目を保つ	**save face** ¶ **I saved face.** 面目を保った。
存在感がある。	**He has a presence.**
エネルギッシュな	**energetic** 【ènərdʒétik】 ¶ **He is energetic.** 彼はエネルギッシュだ。
元気いっぱいの	**vígorous** ¶ **He is vigorous.** 彼は元気いっぱいだ。
尊敬する	① **look up to him**　② **respect him** ¶ **We look up to him as the founder of our company.** 私たちは彼を会社の設立者として尊敬している。 ¶ **I respect him.** 私は彼を尊敬している。
見下す	**look down on him** ¶ **We all looked down on him.** 私たちはみな彼を見下した。
敬意を払う	**show respect**（**to**） ¶ **We should show respect to older people.** 私たちは年上の人に敬意を払うべきだ。
崇拝（する）	**worship** ¶ **I worship her.** 私は彼女を崇拝している。

紳士と見なす	**regard him as a gentleman** ¶ **I regard him as a gentleman.** 　私は彼を紳士だと思う。
畏怖	**awe** ¶ **I felt awe when I stood in front of him.** 　彼の前に立ったとき，私は畏怖の念を感じた。
畏怖の念を起こさせる，すごい，恐ろしい	**awesome** ¶ **That was an awesome sight.** 　それは恐ろしい光景だった。 ¶ **That was awesome.** 　すごかった（畏怖の念を起こさせるほどだった）。

その他の性格，特徴

単細胞の，天真らんまんな，世間知らずの	**naive**【nɑːíːv】 ¶ **She is naive.** 　彼女は天真らんまんだ。 英語の **naive** には日本語でいう「ナイーブ」の意味はないので気をつけてください。「彼はナイーブなの」といいたければ，**He is sensitive.** とか **He is delicate.** というのがいいでしょう。
恥ずかしがりの，シャイな	**shy** ¶ **He is shy.** 　彼は恥ずかしがり屋だ。
堅苦しい	**stiff** ¶ **He is stiff.** 　彼は堅苦しい。
ぎこちない	**awkward** ¶ **His attitude was awkward.** 　彼の態度はぎこちなかった。
気むずかしい	**difficult** ¶ **He is a difficult man.** 　彼は気むずかしい男だ。
斜に構えた，シニカルな	**cynical** ¶ **She is cynical.** 　彼女はシニカルだ。

わがままな	**selfish** ¶ **She is selfish.** 　彼女はわがままだ。
へそ曲がりの，強情な	**perverse** ¶ **He is perverse.** 　彼はへそ曲がりだ。
頑固な	**stubborn** ¶ **He is stubborn.** 　彼は頑固だ。
偏屈者	**bigot** ¶ **He is a bigot.** 　彼は偏屈者だ。
プライドの高い	**too proud** ¶ **He is too proud.** 　彼はプライドが高い。
変人（の）	**eccentric** ¶ **She is eccentric.** 　彼女は変人だ。
変な，奇妙な	① **strange**　② **odd**　③ **queer**　④ **bizárre**　⑤ **weird** ③は「ゲイの」という意味にもなるので，注意してください。 ¶ **He is strange.** 　**He is odd.** 　**He is queer.** 　**He is bizarre.** 　**He is weird.** 　彼は変わっている。
ちょっと変な感じがする。	**It's kind of strange.** **kind of** は「ちょっと」という感じで，次のような使い方もあります。 **Did you enjoy the movie?—Kind of.**（まあまあだね） また，**stranger** というと「見知らぬ人，よそから来た人，異邦人」のことをいいます。 ¶ **I'm a stranger here.** 　よそから来た者です。
不思議な	**mystérious**

	¶She is a mysterious woman. 彼女は不思議な女性だ。
謎	**mýstery** ¶It's a mystery. それは謎だ。
異常な ⇕	**abnormal** ¶She is abnormal. 彼女は異常だ。
正常な	**normal** ¶She is normal. 彼女は正常だ。
気持ち悪い	**creepy** **creep** は「(虫などが) 這う」「イヤな奴」の意味です。 ¶He is creepy. 彼って気持ち悪い。 ¶He is a creep. 彼は気持ち悪い奴だ。
気味悪い	**spooky** ¶He is spooky. 彼って気味悪い。
普通の	**ordinary** 普通の人々　ordinary people ¶We are ordinary people. 私たちは普通の人間です。
途方もない	**extraórdinary** ¶He is an extraordinary person. 彼は途方もない人物だ。 ¶He made an extraordinary demand. 彼は途方もない要求をした。
常識	**common sense**
常識に欠けている。	① He lacks common sense. ② He is deficient in common sense. **deficient** の反対が **sufficient**「十分な」です。
気まぐれな	① **whimsical**　② **caprícious**　③ **fickle**(-minded)

Part 18 人の性格

	¶She is whimsical. She is capricious. She is fickle. She is fickle-minded. 彼女は気まぐれだ。
お天気屋の	**temperamental** ¶He is temperamental. 彼はお天気屋だ。
気分屋の	**moody** ¶He is moody. 彼は気分屋だ。
私あまり細かいことにはうるさくないの。	**I'm not fussy [choosey].** 「細かいことにうるさい，小うるさい」という意味の **fussy** や **choosey** は，ふつう悪い意味で使います。
細かい，細かすぎる	**metículous** ¶He is meticulous. 彼は細かい。
几帳面な，整然とした	**methodical** ¶He is methodical. 彼は几帳面だ。
大ざっぱな	**rough** 「乱暴な，粗野な」の意味もあります。 ¶He is a rough person. 彼は大ざっぱな人だ。 ¶His workmanship is rough. 彼の仕事は大ざっぱだ。
孤独な，さびしい	**lonely** ¶I'm lonely. さびしい。
孤独	**loneliness** ¶I'm not good at dealing with loneliness. 私は孤独と付き合うのがうまくない。 ¶I've been afflicted by loneliness and emptiness. 孤独と空しさに苛まれている。

ひとりぼっちの	**solitary** ¶ He leads a solitary life in the city. 彼は都会でひとりぼっちの生活をしている。
ああ，寂しい。	**I feel lonely.**
ああ，むなしい。	**I feel empty.**
自信過剰の	**too confident** ¶ She is too confident. 彼女は自信過剰だ。
自信がない。	**He lacks confidence.**
話をひとり占めする，人に話させない。	**He always monopolizes the conversation.** 独占　monopoly ¶ Microsoft has a monopoly in the market. マイクロソフトは市場を独占している。
短気な，怒りっぽい	① hot [short] -tempered　② fiery ¶ He is hot-tempered. 　He is short-tempered. 　He is a fiery person. 　彼は怒りっぽい。
乱暴な，粗野な	**rude** ¶ He is rude. 彼は乱暴だ。
攻撃的な，押しの強い	**aggressive** ニュース英語では aggressive war といえば「侵略戦争」，defensive war といえば「防衛戦争」のことです。 ¶ She is aggressive. 彼女は押しが強い。
野心的な，大志をもった	**ambitious** ¶ She is an ambitious woman. 野心をもった女性だ。
野心，大志	**ambition** ¶ Her ambition enabled her to become editor-in-chief. 野心が彼女に編集長になることを可能にした。
大望	**aspiration**

	¶She had an aspiration to be an actress. 彼女は女優になりたいという大望を抱いていた。
ムカつく，不快な	**offensive** ¶He is an offensive man. 不快な奴だ。
感情を害する，不快感を与える	**offend**
気を悪くした？	Are you offended?
彼女の気分を害したことに気づいていない。	He is unaware of having offended her. 気づいて aware (**of**) ¶He is aware of having offended her. 彼女の気分を害したことに気づいている。
感情的な	**emotional**
感情的になる	**get emotional** ¶Don't get emotional. 感情的にならないで。
愚かな	**silly**
バカな	**stupid** ¶She is silly. 彼女は愚かだ。 ¶She is stupid. 彼女はバカだ。 ¶This is silly. This is stupid. バカバカしい。
バカげた	**absurd** ¶This is absurd. こんなことバカげている。
バカげたこと，不条理	**absurdity** ¶You should know the absurdity of superstition. 迷信のバカバカしさを知るべきだ。
みすぼらしい	**shabby** ¶He looks shabby.

	彼はみすぼらしい感じだ。
無精者	**slob** ¶ **He is a slob.** 　彼は無精者だ。
貪欲な	**greedy** ¶ **He is greedy.** 　彼は貪欲だ。
ケチ	① **miser**　② **tightwad** どケチ　**Scrooge** ディケンズの名作『クリスマス・キャロル』の登場人物の名前から来ています。 ¶ **He is a miser.** 　**He is a tightwad.** 　彼はケチだ。 ¶ **He is a Scrooge.** 　彼はどケチだ。
ケチな	**stingy** ¶ **She is stingy.** 　彼女はケチだ。
ケチな奴，せこい奴。	① **He is cheap.** ② **He is small.**
金に抜け目がない。	**He is shrewd about money.**
倹約家の	① **thrifty**　② **frugal** ¶ **She is thrifty.** 　**She is frugal.** 　彼女は倹約家だ。
倹約	**thrift** ¶ **She can get along on her small salary by thrift.** 　倹約によって，彼女は少ない給料でもやっていける。
余裕，ゆとり	**leeway** ¶ **We still have a ten-dollar leeway.** 　まだ10ドルの余裕がある。
目立ちたがり屋	**exhibitionist** 【èksəbíʃənist】

「エクサビシャニスト」と発音します。この言葉には，「自己顕示欲の強い人」「露出狂」の意味もあります。
また，exhibit【igzíbit】は「展示する」，exhibítionは「展示会」の意味です。
¶ He is an exhibitionist.
　彼は目立ちたがり屋だ。
¶ This museum exhibits Asian modern arts.
　この美術館はアジアの現代美術を展示している。
¶ This exhibition will continue until August.
　この展示会は8月まで続きます。

なれなれしい

too fresh
もちろん fresh の本来の意味は「新鮮な」です。
¶ He is too fresh.
　あいつはなれなれしい。

わいせつな

① obscéne　② salácious
¶ He told an obscene joke.
　He told a salacious joke.
　彼はわいせつな冗談を言った。

わいせつなもの

obscenity
¶ I can't understand your definition of obscenity.
　私にはあなたのわいせつの定義がわからない。

卑わいな

filthy
¶ He told a filthy joke.
　彼は卑わいな冗談を口にした。

みだらな，汚らわしい

dirty
エッチな話　dirty jokes
¶ I didn't get his dirty jokes.
　彼のエッチな話が私にはわからなかった。
get には「理解する」という意味もあります。

官能的な

sultry
sultry model のように使います。sultry night「暑苦しい夜」のようにも使います。
¶ She is a sultry model.
　彼女は官能的なモデルだ。
¶ It was sultry last night.
　夕べはうだるように暑かった。

part 19

人づきあい

人の性格に続いて，人とのつきあいについて
英語で考えてみます。
①本当に助かりました。
②約束を破る
③頼みたいことがあるんだ。
④一つ借りができたね。
⑤ツケといて。
⑥信頼できる
これをあなたは英語でいえますか？

感謝

ご親切ありがとうございます。	**Thank you for your kindness.**
感謝します。	**I appreciate it.** ご親切感謝します。 **I appreciate your kindness.**
感謝のしるしに	**as a token of my appreciation** ¶ **Please take this as a token of my appreciation.** 感謝のしるしにこれをお受け取りください。
感謝しています。	① **I'm grateful [thankful].** ② **I feel obliged.**
感謝	**gratitude** ¶ **He expressed his gratitude to me in a letter.** 彼は手紙で私に感謝の気持ちを表した。
ご親切にどうも。	**It's nice of you.**
ご親切にどうもありがとう。	**That's kind of you.** **That's kind of you.** はよりかしこまった言い方ですが、日常的にも耳にします。
感謝のしようがありません。	**I can't thank you enough.**
本当に助かりました。	**You've been quite [very] helpful.**
どういたしまして。	① **You're welcome.** ② **Don't mention it.** ③ **(It's) my pleasure.** ④ **It's all right.** ⑤ **No problem.** ④, ⑤は少しくだけた感じです。
気にしないで。	① **Never mind.** ② **Think nothing of it.**
喜んでお手伝いします。	**I'm happy to help you.**

お手伝いできたらいいのですが。	**I wish I could help you.**
喜んで。	① **I'll be glad to.** ② **With pleasure.**
あなたのおかげで，おかげさまで	**thanks to you** ¶ **I managed to get over the crisis thanks to you.** 　あなたのおかげで，危機を乗り越えることができた。
あなたの助けがなかったらできなかったでしょう。	① **I couldn't do it but for your help.** ② **I couldn't have done it if it had not been for your help.** (仮定法)現在の場合には，**if it were not for your help** となります。**but for, if it were not [had not been] for** で「〜がなかったら」の意味になります。**but for** はもちろん **without** でいいかえることも可能です。

約束

約束	**promise**
約束する	① **promise**　② **make a promise** ¶ **I made my son a promise to take him to a baseball game.** 　息子に野球の試合に連れて行く約束をした。
約束するよ。	① **I promise.** ② **You have my word.**
彼のいうことを信じた。	**I took his word.**
前言を撤回する。	**I take back my word.**
約束を守る ⇕	**keep a promise** ¶ **Keep your promises.** 　約束を守りなさい。
約束を破る	**break a promise** ¶ **Don't break your promises.** 　約束を破るな。
約束を果たす	**fulfill a promise** ¶ **You should fulfill your promises.** 　約束を果たすべきだ。

Part 19 **人づきあい**

義務を果たす	**do my duty** ¶ **You should do your duty.** 　義務を果たすべきだ。
彼が約束を破るなんて考えられない。	**He is the last one to break a promise.**

頼みごと

頼みたいことがあるんだ。	① **I want to ask you a favor.** ② **I need a favor.**
頼むよ。	**Do me a favor.**
お願いがあるんですが。	**Would you do me a favor?**
それは事によりけりだ。	**It depends.** 条件によるよ。 **It depends on conditions.**
今度はあなたの番よ。	**It's your turn.**

貸し借り

お金を借りる	**borrow some money from him** お金を出さないで友達などに借りる場合は，単に **use** を使います。 ¶ **I borrowed some money from him.** 　彼から少しお金を借りた。
（部屋や車をお金を出して）借りる	**rent** ¶ **I rented a car.** 　車を借りた。 ¶ **I used his car.** 　彼の車を借りた。
5万円借りている。	**I owe you 50,000 yen.** バーなどにツケがある場合もこの表現を使えます。**owe** は「（お金を）借りている」の他，「～のおかげだ」の意味もあります。 ¶ **He owes his success to hard work.** 　彼の成功は一生懸命働いたおかげだ。

一つ借りができたね。	**I owe you one.**
バーのツケを払う	**pay my tab at the bar** **tab** は「ツケ」のことです。 ¶ **I have to pay my tab at the bar next payday.** 　次の給料日にバーのツケを払わなくちゃ。
ツケといて。	**Put it on my tab.**
借金	**debt 【dét】** 発音に注意してください。
借金がある	**in debt** ¶ **I am in debt to him for 10,000 yen.** 　彼に1万円の借金がある。
借りがある	**indebted** ¶ **I am indebted to you for saving my life.** 　命を助けてもらって借りができた。
借金が払えない。	**I can't afford to pay back the debt.** **afford to** は「～する余裕がある」の意味です。
借金で首が回らなくなる	**get〔go〕deep into debt** ¶ **He's gotten deep into debt.** 　**He's gone deep into debt.** 　彼は借金で首が回らなくなっている。
破産する	① **go bánkrupt**　② **go broke** ¶ **He went bankrupt.** 　**He went broke.** 　彼は破産した。
破産	**bankruptcy 【bǽŋkrəpsi】** 会社の「倒産」も **bankruptcy** といいます。 ¶ **He went into bankruptcy when his business failed.** 　ビジネスが失敗して，彼は破産した。
結局破産した。	**He wound up broke.** **wound** は **wind 【wáind】** の過去形です。
結局父親に援助を頼むことになった。	**He ended up asking his father for help.**

かばう，守る	① **protect him**　② **stick by him** ¶ **His wife protected him.** 　**His wife stuck by him.** 　妻は彼をかばった。
当てにする，信頼する	**rely on him** ¶ **I rely on him.** 　私は彼を当てにしている。
信頼できる ⇕	**reliable** ¶ **He is reliable.** 　彼は信頼できる。
信頼できない	**unreliable** ¶ **He is unreliable.** 　彼は信頼できない。
埋め合わせる，補償する，弁償する	① **make up for**　② **compensate** ¶ **I made up for the trouble.** 　迷惑をかけた埋め合わせをした。 ¶ **I compensated him for the trouble.** 　彼に迷惑をかけた埋め合わせをした。
補償，弁償	**compensation** ¶ **She gave me ten thousand dollars as compensation.** 　弁償として，彼女は私に1万ドルよこした。

〔著者略歴〕
井上一馬（いのうえ・かずま）
　1956年（昭和31年）、東京生まれ。都立立川高校、東京外国語大学卒業。比較文学を学んだあと、日米の文化・社会・教育などに重点を置いて作家活動を行っている。『会話編・英語できますか？』（新潮社）など、個人の英語教育の普及にも力を入れている。
　著書に、『i-Podでマスター　井上一馬の英会話入門』『音読王』（小学館）『話すための英文法』『これが英語で使える！』シリーズ（小学館文庫）『アメリカ映画の大教科書』（新潮選書）、『井上一馬の翻訳教室』（筑摩書房）『中学受験、する・しない？』『使うための大学受験英語』（ちくま新書）、ミステリー風恋愛小説『モンキーアイランド・ホテル』（講談社文庫）、長編ミステリー『二重誘拐』（マガジンハウス）など。
　訳書に、『後世に伝える言葉　新訳で読む世界の名演説45』（小学館）『次世代に伝える言葉』（新潮社）『ウディ・アレンの浮気を終わらせる3つの方法』（白水社）など。
　ホームページ（http://www001.upp.so-net.ne.jp/kazusho/）からメールマガジン「毎日英語クラブ」発行中。

英語丸のみ辞典――日常会話篇Ⅰ

　　　　　　　　　　平成19年7月31日　第1刷発行

著　　者　　井　上　一　馬
発　行　所　　麗　澤　大　学　出　版　会
発　売　所　　廣　池　学　園　事　業　部
　　　　　　〒277-8686　千葉県柏市光ヶ丘2-1-1
　　　　　　☎編売（04）-7173-3320
　　　　　　　販売（04）-7173-3331
　　　　　　　FAX（04）-7173-3154
　　　　　　　http://www.rup.reitaku.jp/
印刷・製本　　東光整版印刷株式会社

©2007　Kazuma Inoue　　　　　　　　　　Printed in Japan
ISBN 978-4-89205-523-2　C0082
落丁・乱丁本はお取替えいたします